Redaktion: Gabriele Dietz, Maruta Schmidt, Anne Honkomb, Elvira Schmiel
Layout und Umschlag: Jürgen Holtfreter
Satz: VA Peter Großhaus, Wetzlar
Lithografie: Spönemann, Berlin (West)

EP 270
1. Auflage, Berlin (West) 1987
Printed in The Federal Republic of Germany
ISBN 3-88520-270-0

ELEFANTEN PRESS VERLAG
Postfach 303080
1000 Berlin 30

ELEFANTEN PRESS GALERIE
Zossener Str. 32
1000 Berlin 61

CIP-Kurztitelaufnahme der Deutschen Bibliothek

Klamm, Heimlich & [und] Freunde : d. 70er Jahre / [Red.: Gabriele Dietz . . .]. – 1. Aufl. – Berlin (West) : Elefanten Press, 1987.
(EP ; 270 : Bilder-Lese-Buch)
USBN 3-88520-270-0
NE: Dietz, Gabriele [Red.]; GT

Bildquellenverzeichnis

Antrazit: S. 166
Udo Bracht: S. 39 oben
Helga Bugdoll: S. 145
Richard Cross: S. 129, 133
Cornelia Dilg: S. 131
dpa: S. 51, 158
Uschi Dresing: S. 9 oben, 33, 144, 146/147, 150 oben
Fehr/Koch: S. 5, 14 (2), 15 unten, 17 (2), 43
Petra Gall: S. 6, 71, 150 unten, Umschlag Rückseite
Georg Heinzen: S. 13, 15 oben
Friedhelm Hoffmann: S. 41
Jakob Holdt: S. 92, 93, 95 (3)
Thomas Höpker: S. 91
Jürgen Holtfreter: S. 106, 112
Paul Langrock: S. 169 unten
Anette Lesniewski: S. 168
Susan Meiselas: S. 127
Hans Mende: S. 1, 75, 77, 159, 164/165, 169 oben
Michael Meyborg: S. 31
Klaus Pohl: S. 170
Klaus Rose: S. 21, 23, 53 oben
Witich Rossmann: S. 39 unten
H. J. Scheffer: S. 58, 167 oben
Volker Schöbel: S. 10 (2), 11, 12 (2)
Manfred Scholz: S. 48, 53 unten, 54, 55
Urte Sperling: S. 62 unten
Roman Sprenger: S. 62 oben
Stern-Archiv: S. 114/115
Stiftung Deutsche Kinemathek: S. 152, 153, 154, 155, 156, 157
E. Sulzer-Kleinemeier: S. 26
Manfred Tripp: S. 22, 38
Ullstein Bilderdienst: S. 58, 84, 85, 86, 87, 104 (2), 125
Koen Wessing: S. 126
Günter Zint / Pan Foto: S. 3, 7 (2), 8, 9 unten, 16, 66, 67, 105, 161, 162/163, 163, 164

Wir danken dem Verlag Kiepenheuer & Witsch für die Nachdruckgenehmigung für das Biermann-Lied »Chile-Ballade vom Kameramann«, aus: Wolf Biermann, Preußischer Ikarus · Lieder, Balladen, Gedichte, Prosa. © by Kiepenheuer & Witsch, Köln 1978, sowie für die Genehmigung zum Abdruck des gekürzten Textes »Freies Geleit für Ulrike Meinhof« aus: Heinrich Böll, Essayistische Schriften und Reden, Bd. 2, © by Kiepenheuer & Witsch, Köln 1979

© »Die Besetzung des Nationalpalastes in Managua am 22. August 1978« von Gabriel García Márquez in der Übersetzung von Gerda Schattenberg: Agentur Carmen Balcells / Spanien. Wir danken für die Genehmigung zum Abdruck.

Klamm, Heimlich & Freunde

DIE SIEBZIGER JAHRE

ELEFANTEN PRESS

Inhaltsverzeichnis

Altenzentrum
JUGEND ZENTRUM
Sportzentrum
Westenfeld
FREIZEITZENTRUM KEMNADE GmbH
GESELLSCHAFTER
Stadt Bochum
Stadt Witten
Siedlungsverband Ruhrkohlenbezirk
Ruhrverband
BAUT HIER DEN STAUSEE KEMNADE
Dieses Bauvorhaben wird mit finanzieller Beteiligung des Landes Nordrhein-Westfalen errichtet
Nordrhein - Westfalen Programm 1975
Kulturzentrum
WASCHCENTER
Spiel-u. Sportcenter
Rechenzentrum
NA
KÜCHENZENTRUM
TAXI
uni
center
möbel-zentrum
Goldin REIFENCENTER
KELLY REIFEN
GARTEN-CENTER
Thiele
deco-center
Neues Justizzentrum ist größtes in Deutschland
Schwimmzentrum
Rüttenscheid
Shell
Reifen Center

Uwe Koch

Gelockerte Bindungen

Neue Kultur und neue Beweglichkeit

Kurz nachdem zum ersten Mal ein Atheist Bundeskanzler geworden war, sah der Osservatore Romano das Anwachsen des Erotismus in der Bundesrepublik in direktem Zusammenhang mit dem Vordringen der Sozialdemokratie. Dabei gab es in den wilden Zeiten, als eine Wohngemeinschaft schlicht Kommune hieß und der voreheliche Geschlechtsverkehr begangen wurde, noch immer ziemlich strenge Gesetze.

Die Ehe war, von ihrem christlichen Grundsatz her, unauflöslich, es galt kein Auseinanderleben und keine Trennung aus freiem Willen. Scheidungsgründe schuf im allgemeinen nur die Sexualität, zum einen als Ehebruch, zum anderen als schwere Eheverfehlung.

Da die Gründe für ein »Schuldig geschieden« eindeutig sein mußten, beschäftigten sich die Gerichte mit feinen Unterschieden. Ist Cunnilingus Ehebruch? Und Fellatio? Oder ist es eher eine Eheverfehlung? Kein Ehebruch, entschieden die Richter, denn dazu gehöre »die Vereinigung der Geschlechtsteile, das aber auch ausreichend; ihre Berührung genügt nicht.«[1]

Soviel zu den Außenbeziehungen. Im Innern der Ehe konnte mangelnde Willfährigkeit geahndet werden. »Die Frau genügt ihren ehelichen Pflichten nicht schon damit, daß sie die Beiwohnung teilnahmslos geschehen läßt«,[2] hieß es 1970 in der Begründung eines Scheidungsurteils. Noch stand die Liebe zwischen Männern unter Strafe, noch wurde, zuletzt 1971, eine Frau zu Gefängnishaft verurteilt, weil sie geduldet hatte, daß die Verlobte ihres Sohns über Nacht geblieben war. Noch mußten Frauen, die eine Schwangerschaft abbrechen wollten, ins Ausland fahren oder das Risiko eines geheimen Eingriffs auf sich nehmen. Der Verkauf von Kondomen in Friseursalons galt als Verstoß gegen die guten Sitten. Schülerzeitungen wurden von der Polizei beschlagnahmt, weil in ihnen über die Pille geschrieben wurde, und die Kripo holte die verantwortlichen Schüler aus dem Unterricht. Unverheiratete Paare erschwindelten sich Aufgebotsbescheinigungen, um eine Wohnung zu bekommen.

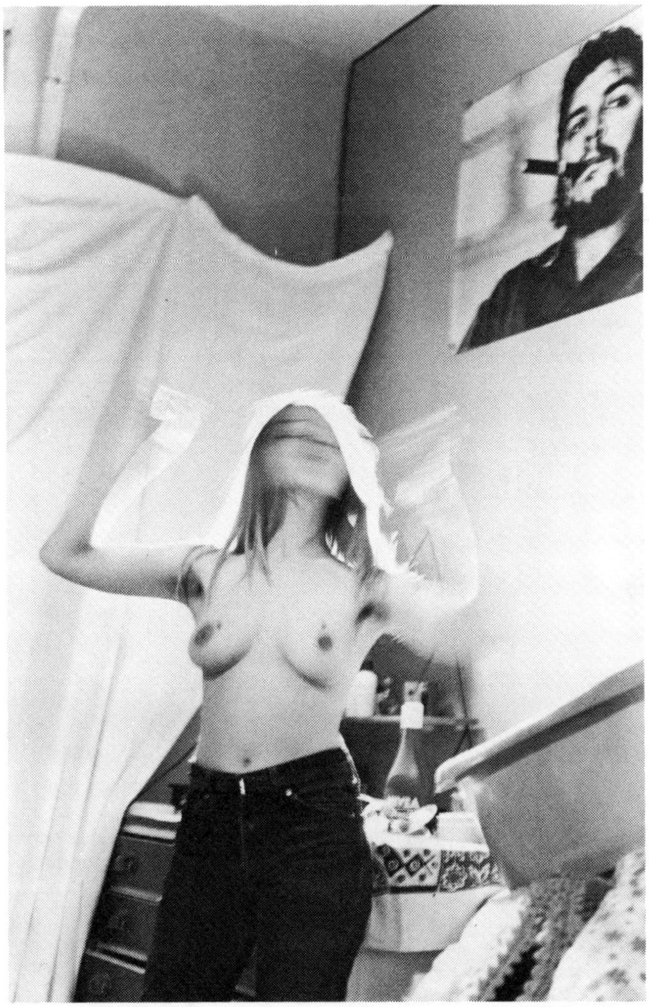

Natürlich geschah dies alles zu Zeiten der sexuellen Revolution. Die alten religiösen Normen hatten noch Bestand, aber sie wurden zunehmend erfolgloser verteidigt. Die tatsächlichen Veränderungen waren nicht aufzuhalten: Endgültig löste sich die Bindung von Sexualität und Zeugung, von Sexualität und Ehe, ein wenig lockerte sich sogar der Zusammenhang von Zeugung und Ehe. Dagegen wehrten sich die Vertreter der christlichen Ideologie, und da sie viele Schaltstellen der Macht besetzt hielten, bedienten sie sich auch staatlichen Zwangs. Daraus entwickelte sich dann das Mißverständnis, dieser Staat, da er doch allgemein im Interesse der ökonomischen Strukturen handele, unterdrücke die Sexualität ebenfalls im Auftrag der wirtschaftlichen Macht. Im Zuge der Wiederentdeckung Wilhelm Reichs wurde diese These hier und da in den studentischen Klassenkampf integriert, bevor sie, wegen nachlassender Unterdrückung, in Vergessenheit geriet. Das moderne Deutschland mit seinen sexuell einsatzfreudigen Sozialpartnern und erotisch motivierten Konsumenten konnten wir uns damals noch nicht vorstellen.

Zu Beginn des Jahrzehnts begann die Hälfte der Gesellschaft, öffentlich über Sex zu reden, und die andere Hälfte protestierte dagegen. Jeder Film von Oswalt Kolle erreichte Millionen Zuschauer. Aus den Innenseiten von »Jasmin«, die vor dem Lesen aufgeschnitten werden mußten, lernten die Erwachsenen neue Worte. Auf Litfaßsäulen durfte ein nackter Busen noch nicht gezeigt werden, auf Illustrierten schon. Da man allgemein dafür war, daß die Schule besser auf die Anforderungen unserer modernen, wissenschaftlichen Welt vorbereiten sollte, und da man herausgefunden

Das »Love and Peace-Festival« im September 1970 auf der Insel Fehmarn

hatte, daß die Sexualität irgendwie dazugehörte, erfand man den Aufklärungsunterricht, in Biologie physisch und in Religion metaphysisch. Lehrer, die dann wirklich sagten, worum es ging, riskierten aber immer noch einiges.

Doch in kurzer Zeit änderte sich vieles. Das Scheidungsrecht wurde in Richtung einfaches Vertragshandeln verweltlicht,[3] die Paragraphen 175 und 218 des Strafgesetzbuchs erheblich gelockert. Verschiedene Unzuchtsverbote wurden aufgehoben, und die unehelichen Kinder waren von nun an sogar mit ihren Vätern verwandt.

In der Miederwarenbranche kriselte es. Erst wurden keine Korsetts mehr gekauft, dann ging auch der Büstenhalter-Umsatz zurück. Für den BH wurden große Kampagnen gestartet. Die neuen Modelle waren »sanft und anschmiegsam wie die Haut, unsichtbar und eigentlich so gut wie kein BH«. Bei Karstadt gab es Hot pants, und auch die Männer durften sich erleichtern. Rodier Monsieur warb für das Hemd, das es dem Herrn erlaubte, im Büro das Jackett getrost einmal abzulegen. Ansonsten gingen die zornigen jungen Männer in den Verwaltungsetagen im Rollkragenpullover, und zeitgleich zur Einführung von Wasserbett und Dosenbier bekamen die Jeans der neuen Zeit ein ganz erotisches Accessoire: einen Reißverschluß statt der hinderlichen Knöpfe.

Noch war Nacktheit eine Provokation. Wenn im Stadtgarten eine Skulptur aufgestellt werden sollte, ein männlicher Akt zumal, brachte das den Bürgerverein in Rage. Und dann gab es Anschläge mit Hammer und Meißel. Zehn Jahre später konnten die lebendigen Nackten im Englischen Garten kein Sommerloch mehr füllen. Überall wurde mit Haut geworben, und die Libertinage war eingebaut in einen neuen Zusammenhang: den des schönen Scheins. Die sexuelle Ratgeberliteratur durchlief verschiedene Zärtlichkeitswellen, weil das nackte Interesse an der Sensation des Vollzugs stark nachgelassen hatte. Und die Pornografie in Wort und Bild war auf den normalen Platz trivialer Genres verwiesen: umsatzstark und wenig beachtet.

In späterer Beurteilung schrumpfte die einstige sexuelle Revolution zur Lockerungsübung, nach der bei leicht geänderten Sitten doch alles beim alten geblieben sei. Hier und da wurde messerscharf geschlossen, es sei gar keine Revolution gewesen, da doch die Machtverhältnisse der Klassen und Geschlechter noch ganz dieselben waren.

Oben: Schlafzimmerstilleben 1977. Unten: AAO-Kommune 1977 (Aktions Analytische Organisation)

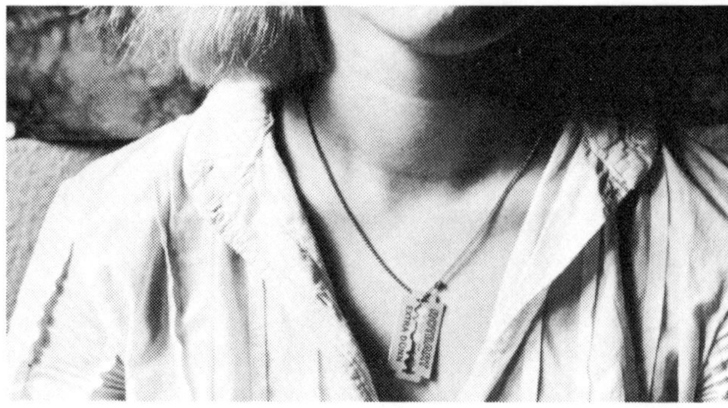

II.
Was macht es aus, daß die Nackten und die Angezogenen nebeneinander im Park spazieren gehen können? Ist es mehr als ein kleiner Zugewinn an Toleranz? Ist es wenigstens das?

Die Veränderungen im Alltag, die in den Jahren der Reformen um sich griffen, sind jedenfalls viel schwerer rückgängig zu machen als die politischen Schritte ins moderne Deutschland. Es endete eine Art Diktatur, in der die einen den anderen vorschreiben durften, daß sie nach ihrer Familiennorm zu leben hatten. Es zerbrach die ideologische Einheit der Gesellschaft, jene nur von Außenseitern gestörte Übereinkunft, wie zu leben sei, was Erfolg, was Glück und was Vernunft ausmache. Verloren ging die Gewißheit über die Moral der Arbeit und der freien Zeit. Neben der hergebrachten Kultur entstand, zunächst in den Großstädten, eine zweite Wirklichkeit, ein zweites Wertesystem, ein zweites Wirtschaftsleben.

Diese Koexistenz der Kulturen war von Beginn an mehr als der Gegensatz von Erwachsenenwelt und Jugendszene oder von bürgerlicher und alternativer Kultur. Mit Generationen hat der Wandel natürlich zu tun, mit dem Älterwerden von uns schon in der Bundesrepublik Geborenen, die wir die siebziger Jahre meist damit zubrachten, etwas zu lernen, ohne allzu genaue Vorstellungen davon zu haben, auf was es uns vorbereiten sollte. Was wir mitbrachten ins Erwachsenenleben, war eine neue Bereitschaft, draußen und dabei zu sein.

Kritische Öffentlichkeit war bis dahin durch ein Nachrichtenmagazin ausreichend repräsentiert gewesen. Jetzt hatten wir eine ganz neue Art von Öffentlichkeit geschaffen, nicht jene vielzitierte, wachsame, um das Gemeinwohl oder um die Glaubwürdigkeit besorgte; auch nicht die später erfundenen Menschen draußen im Lande, die ich mir immer vorstelle als die verlegene Hausfrau, die dem Wahlkreiskandidaten die Hand schüttelt, oder den gutwilligen Angestellten, dem das Kreisvorstandsmitglied am Tresen geduldig die Zusammenhänge erklärt. Unsere neue Öffentlichkeit war zwar draußen, aber nicht im Lande, sondern auf der Straße, und sie war draußen vor den Institutionen, den Fernsehprogrammen und Parlamenten. Dort kamen wir vor, aber wir kamen nicht zu Wort: extrovertierte Menschen, die die Politik nicht mehr im Geheimen erledigten und sich auch sonst nicht mehr hinter Gardinen verstecken wollten. Privatheit war eine Sache der Nachkriegsjahre gewesen, als die Eltern sich im öffentlichen Raum nicht sicher fühlten und sich in der Wohnung verschanzten als einem Schutzraum, der in paternalistischer Ordnung Sicherheit zu gewähren schien. Das öffentliche Leben hatte sich derweil nicht in der Öffentlichkeit abgespielt. Es kam aus Kanälen in der Zimmerecke.

Im Anfang plakatierten wir uns selbst mit allerlei Meinungsbuttons, dann plakatierten wir die Wände. Im Laufe der Zeit entstanden an den Großstadtmauern inoffizielle Schwarze Bretter, an denen eine Veranstaltungsankündigung so lange hängenbleibt, bis sie vom nächsten Konzertplakat überklebt wird.

Als ich 1972 meinen ersten Infostand anmeldete, mußte ich dafür dreimal beim Ordnungsamt vorstellig werden. Gegen Kauf einer Gebührenmarke bekam ich eine Genehmigung, in der die Quadratmeter des Stands ebenso festgelegt waren wie eine eventuell fällige Reinigungsgebühr. Am Ende des Jahrzehnts, als Infostände zum gewohnten Bild samstäglicher Einkaufstraßen gehörten, leisteten sich die Behörden solchen Aufwand nicht mehr.

Überall entschloß man sich, bunt zu sein. Mit Wandbildern eilte die Malerei, ehe sie vergessen wurde, dem Betrachter hinterher. Für die Belebung von Fassaden gab es Zuschüsse, die Hauswände wurden pastell. Überhaupt fand vieles unter freiem Himmel statt. Schon an kühlen Märztagen trank man gern einen Espresso auf dem Bürgersteig. Es war, als hätten alle aus Italien den Vorsatz mitgebracht, den Alltag ein wenig – wie hieß es doch gleich? – zu transformieren. Bald gehörte das Straßenfest zum Sommerprogramm der Bezirksverwaltung, und die Interessengemeinschaft der Einzelhändler veranstaltete einen Flohmarkt. Die Hundehalter demonstrierten für Steuererleichterungen, junge Unternehmer skandierten Sprechchöre auf dem Asphalt, und auch der Werbering verstand sich als Bürgerinitiative. Sich in die Politik einzumischen, hielt niemand mehr für das Vorrecht von Parteien und Verbänden, und selbstverständlich traf man sich, ohne beim Finanzamt als gemeinnützig angemeldet zu sein, im Hinterzimmer der Kneipe, um über eine Mülldeponie oder eine Schulreform zu reden.

Die Hinterzimmer allerdings waren weniger geworden. Mit dem Niedergang der traditionellen Vereinskultur verschwand der abgetrennte Gesellschaftsraum, wich einem Poolbillardtisch oder allgemeiner Erweiterung. Mit dem Ortsverein konnte der Wirt keinen Staat mehr machen, und die schnell entstehenden und schnell vergehenden Initiativen fanden neue Treffpunkte, etwa in Stadtteilzentren.

Die neue Kultur stellte Zusammenhänge her, während der Zusammenhalt in der herkömmlichen Lebensweise verloren ging. Aus großen Belegschaften wurden kleine, an die Stelle von Maschinen, die drei Menschen bedienen mußten, traten Maschinen, die nur einer bedient. Betriebssiedlungen kamen erst unter den Hammer, dann unter den Bagger, und die Kollegen eines Betriebs wohnten jetzt verstreut auf vier, fünf Städte und Kreise. Den Betriebssportverein ersetzte das Squashcenter an der Peripherie. Das Vereinsleben insgesamt hatte dem strengen Vergleich mit der allabendlich versendeten Unterhaltung nicht standgehalten, auch wenn die Clownsnummer auf dem letzten bunten Abend »fast fernsehreif« war. Erst in der alternativen Kultur entstand wieder trotzige Genügsamkeit mit dem Unprofessionellen.

Anders als unsere Eltern konnten wir die Faszination des

← 5 DM
Tour Of Europe 76
← 15 DM
STUTTGART

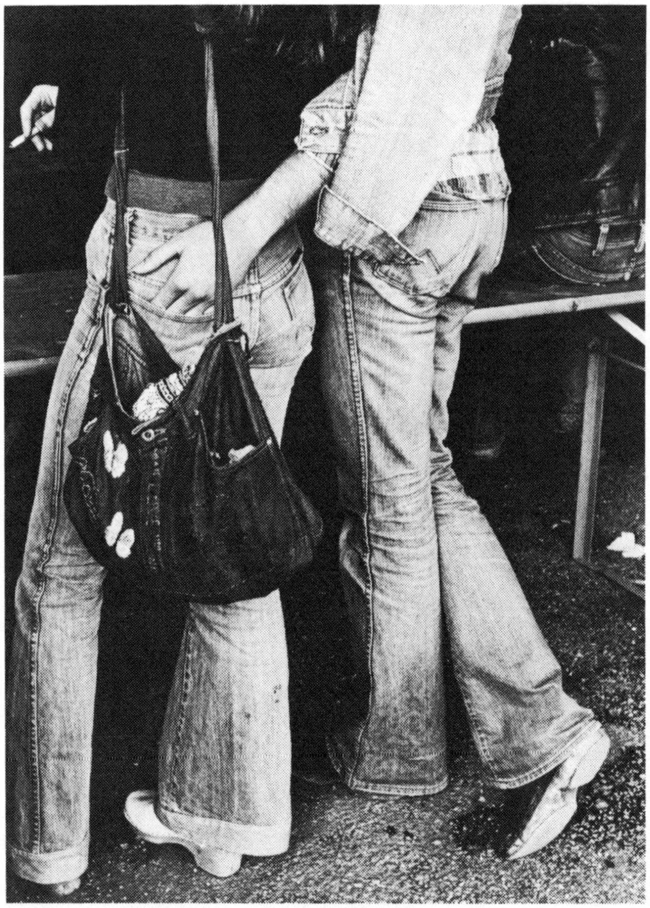

Fernsehens schon in unserer Kindheit erfahren. Das erste Schwarzweißgerät gab der Familie zurück, was sie seit der Wohnküche nicht mehr besessen hatte, einen Versammlungsraum, wo sich die Angehörigen um eine Wärmequelle neuerer Art gruppierten, die Box mit dem Milchglasfenster, durch das der Staat seine Informationen, seine Werte und Witze in alle Wohnungen ausstreut.

So wurden die wichtigsten Wirklichkeitserfahrungen wieder im Schoß der Familie gemacht, ein Umstand, den wir solange geduldig in Kauf nahmen, wie es keinen Streit über die Programmauswahl gab. Aber irgendwann war es dann auch zu wenig, die Abenteuer dieser Welt mit Mutti und Vati statt mit der Freundin zu erleben. Wir gingen nach draußen und schufen wieder ein Stück neue Kultur: den Cineasmus.

Zunächst sah es aus, als sollten die Filmtheater den Wettlauf verlieren gegen die wachsende Zahl betriebsbereiter Fernsehempfänger. Dann war das Kino ein Jugendzentrum ohne größeren Kunstanspruch, bot einen kuscheligen Fernsehsessel für Paare ohne eigenes Wohnzimmer. Was das Lichtspielhaus und den deutschen Film schließlich rettete, war das neue Verständnis von Öffentlichkeit. Der private Bildschirm sendet für die Allgemeinheit, die öffentliche Leinwand ist für den Individualismus da. Das Fernsehen bietet an, was der Mehrheit, wie sie in der Phantasie der Intendanten jeweils durch eine vollständige Familie vertreten wird, zumutbar ist. Spezielle Interessen wie Solidaritäts- oder Pornofilme werden in die öffentlichen Häuser verwiesen. Im Wohnzimmer wird die gesamtgesellschaftliche Erfahrung vermittelt, im Kino die Sonderfälle des fernsehfreien Films.

Daheim blieben die Eltern und die vielen unseres Alters, die wieder daheim angekommen waren. Sie hatten ihre Ehe schon mit dem Fernsehen begonnen. Und sie hatten sich zunächst vorsichtigen Gebrauch davon versprochen, bis der Alltag, dessen höhnischer Trost das Fernsehen ist, sie eingeholt hat.

Die zweite Kultur jedoch umging die Kanäle der Sendeanstalten, war der fürs ganze Land vereinheitlichten Erfahrung überdrüssig und suchte den direkten Zugang zur wirklichen Welt. Die eigene Teilnahme bedeutete stets mehr als das Erlebnis, das durch Medien übermittelt wird. Die Anwesenheit bei einem Konzert ist schöner als die tontechnisch ausgefeiltere Konserve. Nicht die Fernsehvermittlung entschied darüber, ob eine Veranstaltung ein Ereignis war.

Ähnlich fiel das Verständnis von Politik auseinander, die doch herkömmlich gerade dort stattfand, wo der einzelne nicht teilnehmen konnte: in Plenar- und Verhandlungssälen ohne Zutrittsrecht und in einem Regelsystem, dessen Kenntnis einen überforderte.

Politik in unserer neuen Kultur entstand statt dessen immer erst durch Dabeisein: bei Diskussionen, Aktionen, Demonstrationen. Was über die Nachprüfbarkeit eigenen Erlebens hinausging, wurde schnell bezweifelt – so wie die anderen alles bezweifelten, was nicht in den Medien vermeldet wurde. Und wo jetzt eigene Medien aufkamen, die im Anfang alternativ genannt wurden, ging es wiederum um Live-Erlebnisse. Die Stadtmagazine wuchsen wegen ihrer mittleren Seiten, auf denen die Ereignisse angekündigt werden, an denen man selbst teilnehmen konnte. So entstand die neue Kultur nicht nur als Antwort auf die zurückgebliebenen Normen der Wirtschaftswunderspießigkeit. Sie war immer auch ein leicht anachronistischer Versuch, sich in einer elektronisch vermittelten Welt wieder leibhaftige Gewißheit zu verschaffen.

III.

In den Siebzigern sind die Deutschen erst richtig beweglich geworden. 25 Millionen Bundesbürger reisten jährlich ins Ausland, und das bedeutete Weltspitze in Landesflucht. Wir Jüngeren fuhren außer mit dem Rucksack zumeist mit einem schlechten Gewissen ans Mittelmeer, weil wir leider Deutsche waren und unsere Gastgeber also ständig daran erinnerten, daß unsere Väter schon mal in Uniform dagewesen waren.

Wieder daheim, veränderten wir wegen der schönen Urlaubserinnerungen unsere Eßgewohnheiten: Noch einmal Souvlaki, noch einmal Sirtaki. Die Kneipen wurden jung, die Vorherrschaft der Butzenscheiben wich, statt zwischen schmiedeeisernen Trenngittern saßen wir zwischen Palmen und Farnen. Aus dem Bierhaus wurde das Bistro und aus dem Krug zum Grünen Kranze das Café Fellini. Mit Unterstützung immigrierter Gastronomen wandelten wir, die nach Mykonos fuhren statt nach Mayrhofen, wieder ein Stück Alltag: eine nicht sonderlich ausländerfreundliche Gesellschaft nahm multinationale Eßkultur an.

Und auch die Hörerfahrungen der Mehrheit wurden internationaler. Die Rockmusik hörte auf, schrill zu sein – nicht nur durch eigene Bravheit, sondern weil wir mit dem geglätteten Echo dieser einmal eruptiven Musik überall behelligt wurden – beim Einkaufen, bei der Sportschau oder im Restaurant. Wir gewöhnten uns daran, mittelmäßige Dissonanzen noch als harmonisch zu empfinden, und mehr wurde uns nicht zugemutet. Das wenige aber um so öfter, und so wurde das Mehrheitserbe der Rockmusik zur Musik der Mehrheit. Im Hörfunk flog die traditionelle Volksmusik in die kleineren Programme. Im übrigen schafften es die Deutschen immer wieder, Weltläufigkeit und Fremdenangst zu kombinieren. Eine »Reise rund um die Welt« bot Touropa 1971 an und riet den Teilnehmern vor dem Start: »Vermeiden Sie jeden persönlichen Kontakt mit der Bevölkerung, Händeschütteln usw. Die uns so selbstverständliche Hygiene ist in vielen Ländern mangelhaft bis unbekannt.«[4]

Die Zivilluftfahrt durchbrach die Schallgrenze, und Dr. Tigges sah unbegrenzte Möglichkeiten: »Bis zum Jahr 1980 werden wir mit zwölf Wochen Ferien im Jahr rechnen können. Arbeitszeit und Freizeit werden sich die Waage halten.«[5] Ähnlich sah auch der »Spiegel« die Mobilität der Zukunft: »1985 – wenn 30-Stunden-Wochen die Norm sind – werden auf westdeutschen Straßen mehr als 20 Millionen Autos rollen.«[6]

Der zweite Teil der Prognose hat sich bereits 1974 erfüllt. Überhaupt waren die Fortschritte im Individualverkehr bedeutend größer als bei der Organisierung der Arbeit.

Die Städte entwickelten sich auseinander, und den Menschen erging es ähnlich. Was vorher eine Siedlung gewesen war, wurde jetzt ein Funktionssegment. Worte wie Mittelzentrum, Industriepark oder Schlafstadt wurden geläufig. Am Anfang des Jahrzehnts hätte sich niemand vorstellen können, daß wir einmal, wie in Amerika, den Wagen benutzen würden, um Butter, Tomaten oder Shampoo kaufen zu fahren. Aber als die flachen Hallen mit den vielen Parkplätzen erst einmal auf der Wiese standen, planten wir sie in unsere Alltagsversorgung ein – mürrisch und voller Verachtung.

Überall wurde entmischt, die Hochschulen ins Vorland ausgebürgert, für die Freizeit gab es spezielle Zentren, und im Naherholungsgebiet luden verschlungene Wege zum Flanieren ein. Alle Dinge des Lebens hatten eigene Stadt-Teile bekommen, und die schönsten waren den Büros zugefallen.

Großbanken und Kleinhändler verachteten jetzt den Beton. Die Bauten aus Glas und Stahl waren dynamisch und der Außenwelt zugewandt wie die neue Lebensweise.

Die großzügigen Planungen hatten den massenhaften Abriß alter Wohnhäuser erforderlich gemacht, Millionen Menschen wurden umgesiedelt. Sie verließen die Kernstädte, die einen gezwungen durch die Marktlage, die anderen angelockt vom versprochenen Leben im Grünen. Zwischen ihren dortigen Tiefgaragen und den diversen Bedürfnisbefriedigungszonen wurden als kommunizierende Röhren kreuzungsfreie Straßen geschaffen: ein graues Band des Lebenszusammenhangs, während die althergebrachten Zusammenhänge der Großstadt sich verflüchtigten.

Die Fußgänger konnten, piktogrammgesteuert, im Zentrum kursieren, mal ins Unterirdische verwiesen, mal auf Rollbändern in die Luft gehoben. In der Mitte wurde für sie ein kulissenhafter Ersatz geschaffen: die Fußgängerzone.

Viele Jahre zuvor, als Grün bloß eine Farbe war, hatten die Alternativen in Amsterdam Provos geheißen und gefordert, die Innenstadt für den Individualverkehr zu sperren. Dieser Vorschlag schien damals so utopisch wie heute der Gedanke, der Rhein solle sauber gehalten werden, damit man darin baden kann.

Wie alle Reformen dieser Zeit sahen auch die autofreien Straßen schließlich etwas anders aus, als wir es uns gedacht hatten. Auch sie waren einfunktionale Stadtteile geworden, Präsentationszonen des Einzelhandels, nach Ladenschluß ohne Bedeutung. Ihre Inneneinrichtung war bundeseinheitlich wie Fahrbahnmarkierungen: Blumenkübel aus Eternit und Bänke, die nicht zum Verweilen einladen, Straßenlaternen, zunächst halogen, später antikisiert, und ein Brunnen zumeist, früher abstrakt, bei späteren Gründungen wieder gegenständlich. Das Fachwerk blieb, wo möglich, ab erstem Stock erhalten, und das Parterre ist für die Schaufenster da. Die Fußgängerzone war, noch vor dem Begriff, die erste Stadtplanung der Postmoderne.

Das Einkaufszentrum

Die Fußgängerzone

Die Wohngemeinschaft. Rechts: Die Parteienlandschaft

IV.

In der Mitte des Jahrzehnts, als die da oben vom Nullwachstum in die Tendenzwende steuerten und wir hier unten uns aus den Beziehungskisten in die Fußreflexzonen flüchteten, kam der Mikrochip in der Bundesrepublik an. Er ist der symbolische Durchbruch in den Alltag für jene neue wissenschaftlich-technische Revolution, die vorher die Bildungsreform erforderlich und später die Nachrüstung möglich gemacht hat.

Die veränderte Produktionsweise erzeugte nicht nur neue Interieurs in den Büros, sie förderte ein modernes Arbeitsethos, schuf neue Leitbilder der jugendlichen Mehrheit. Jetzt erst recht wurden deutsche Sekundärtugenden von atlantischen Qualitäten abgelöst, war statt formierter Gesellschaft die Assoziation der Individualisten verlangt, wurde der Mensch als dialogfähige Software benötigt, lieber einsatzfreudig als spezialisiert. Militärische Überwachung dieser Arbeitswelt war nicht mehr vonnöten, Konformität erzwangen die Maschinen von allein. Die Großraumbüros setzten sich nicht durch, die gleitende Arbeitszeit erwies sich als ertragreicher. Als der Lochstreifen kam, waren die Nadelstreifen verschwunden, jede Art von Berufsuniform auf dem Rückzug. Als solle man sich bei der Arbeit stets wie in schöpferischer Freizeit fühlen, verschwanden die Grenzen zwischen Arbeitskleidung und Freizeitdress. Die Kantine stellte um auf kalorienbewußt, und in den Ladenpassagen der Bürohäuser eröffneten die kleinen Lokale mit Salatbar und Minutenmahl.

Die siebziger Jahre sind das Jahrzehnt der gelösten Bindungen. Ehe- und Familienbande, textile Bande, die Fesseln kleinstädtischer Kulturnorm, die Bindung des Menschen an genau einen Lebensort, an einen Arbeitsplatz oder eine Wohnung – all das lockerte sich in einer liberalen, individualistischen, beziehungsloseren Gesellschaft. Während Wohn- und Lebensgemeinschaften in verschiedener Form ausprobiert wurden, ist das eigentliche Leitbild doch der ungebundene Mensch: eine Monade der Arbeitswelt und ein Nomade in der Liebeswelt, beweglich in Beruf und Behausungen, narzistisch in Begegnungen und Beziehungen. Es wächst die Zahl der Cluburlaube und Kontaktanzeigen. In Hamburg, West-Berlin und München gab es 1979 zusammen mehr als eine Million Ein-Personen-Haushalte.

Etwa zeitgleich griffen die Erosionen der Ehe und des Normalarbeitsverhältnisses um sich. An die Stelle des herkömmlichen Vollzeit-Arbeitsvertrags mit gewissen Rechten, die die Trennung erschwerten, sind stundenweise Arbeiten und befristete Beziehungen getreten, sogar unentgeltliche oder kaum bezahlte Arbeiten mit Optionen auf künftige Besserstellung. Das freie Kommunizieren und gelegentliche Freigesetztwerden schlug auch in der Organisation des Privaten durch. Die Welt der Arbeit erforderte ohnehin, daß an die Stelle langlebiger Hausgemeinschaften aus mehreren Generationen leichter lösliche Bindungen mit Geburtenplanung traten. Was als »vollständige Familie« bis heute den Maßstab staatlicher Sozialpolitik bildet, nämlich das Zusammenleben eines Mannes und einer Frau mit ihren gemeinsamen Kindern, blieb zwar Lebensmodell der Mehrheit, war aber in Wirklichkeit zur Wohnform der Minderheit geworden. Nicht nur, weil man sich häufiger trennte und häufiger neue Familien unter Einschluß der Kinder aus erster Ehe gründete – vor allem verlängerte sich die Lebensphase, in der die Elternpaare ohne ihre Kinder leben, weil die Kinder früher aus dem Haus gingen und ihnen weniger jüngere Geschwister folgten. Und schließlich fand die Ehe ohne Trauschein mehrheitliches Einverständnis – zumindest als Probezeit vor der Ehe mit Trauschein. Am Ende des Jahrzehnts lebten schon ein Drittel der Dreißigjährigen nicht in einer gesetzlichen Ehe.

Anmerkungen

1 Zit. n. Der Spiegel, 10/1970, S. 57.
2 Ebd.
3 Vorsitzender der Kommission zur Ausarbeitung der Eherechtsreform war übrigens der damalige Ministerialrat Dr. Kurt Rebmann.
4 Zit. n. Pardon, 2/1971, S. 86.
5 Dr. Reinhold Tigges in: Jahrbuch der Werbung, Düsseldorf 1970, S. 11.
6 Der Spiegel, 27/1970, S. 49.

SPD

Sicher in die 70'er jahre
CDU

Georg Fülberth

Neubau oder Reparatur?

Die Bundesrepublik 1969–1982

»So wird das alles nicht in den Geschichtsbüchern stehen, in die es aber doch gehört: dieses wilde, füßescharrende Geschubse der Photographen plötzlich; die Sekunde der Atemlosigkeit; das Erschrecken. Wo ist er? Was ist denn passiert? Ist er gestürzt? Ohnmächtig geworden?

Willy Brandt kniet. Er hat mit zeremoniellem Griff die beiden Enden der Kranzschleife zurechtgezogen, obwohl sie kerzengerade waren. Er hat einen Schritt zurück getan auf dem nassen Granit. Er hat einen Augenblick verharrt in der protokollarischen Pose des kranzniederlegenden Staatsmanns. Und ist auf die Knie gefallen, ungestützt, die Hände übereinander, den Kopf geneigt."

So schilderte der SPIEGEL-Reporter Hermann Schreiber eine Szene im Warschauer Ghetto am 7. Dezember 1970.

Der Kniefall vor dem Mahnmal im Warschauer Ghetto bei einem Kanzler-Besuch anläßlich der Unterzeichnung des Vertrages zwischen der Volksrepublik Polen und der Bundesrepublik – er wäre geeignet gewesen, einen Umsturz in den Köpfen und Empfindungen der Menschen in der BRD auszulösen. Seit fünfundzwanzig Jahren waren sie – die sich am liebsten als »Die Deutschen« anreden ließen – es gewöhnt, Forderungen an ihre Nachbarn im Osten zu stellen. Die Rechnung, die manche mit den Polen aufmachten, war sogar noch älter, ging zurück bis zum Versailler Vertrag von 1919, der Westpreußen vom Reich losgetrennt hatte. Nach dem Ende des zweiten Weltkrieges verlangte die Bundesrepublik die Revision der Oder-Neiße-Linie, also die Angliederung Schlesiens und Ostpreußens an ein Deutsches Reich, das nach der offiziellen Doktrin der BRD nach wie vor in den Grenzen von 1937 weiterbestehen sollte.

Und nun demonstrierte der Bundeskanzler, daß die Deutschen um Verzeihung zu bitten hätten, daß eine moralische Schuld in umgekehrter Richtung zu begleichen war.

Die neue Ostpolitik

Brandts Geste symbolisierte die sittlichen Perspektiven der Ostpolitik, die er seit seiner Regierungsübernahme im Oktober 1969 durchzusetzen bemüht war. Diese Politik aber war nicht nur eine moralische Angelegenheit, sondern zugleich Ausdruck eines militärischen und außenpolitischen Kräfteverhältnisses. Konrad Adenauers Strategie, durch Integration der Bundesrepublik in ein starkes militärisches Bündnis die Sowjetunion und Polen zur Aufgabe ihrer im zweiten Weltkrieg erreichten Positionen zu zwingen und einen Anschluß der DDR an die kapitalistische Bundesrepublik zu erreichen, war gescheitert. Das seit dem Ende der fünfziger Jahre hergestellte atomare Patt zwischen der Sowjetunion und den Vereinigten Staaten ließ eine solche Politik als aussichtslos, das Festhalten an ihr als gefährlich erscheinen: ihre Durchsetzung wäre nur durch einen Nuklearkrieg erreichbar gewesen, der aber hätte den Untergang aller Beteiligten bedeutet. Seit dem Beginn der sechziger Jahre waren die USA dazu übergegangen, die Auseinandersetzung mit dem Sozialismus in erster Linie in der sogenannten »Dritten Welt« zu suchen und den status quo in Mitteleuropa zu akzeptieren. Die SPD hatte sich diese Politik zu eigen gemacht und war dadurch zum Interpreten der US-amerikanischen Strategie in der Bundesrepublik geworden, eine Position, die bis dahin die CDU/CSU innegehabt hatte. Auch hatten einige Manager der westdeutschen Exportindustrie die Stirn zu runzeln begonnen: die Konfrontation gegenüber den Staaten des Ostens erschwerte ihnen die Arbeit auf den Märkten der sozialistischen Länder, wo man ihren kapitalistischen Konkurrenten einstweilen eher entgegenzukommen bereit war. Diese Sorge war mehr präventiv als aktuell begründet. Im Jahre 1969 exportierte die Bundesrepublik Güter im Wert von 1272,0 Millionen Dollar in die sozialistischen Länder Europas und Asiens, den sogenannten »Interzonenhandel« mit der DDR nicht eingerechnet. Damit hatte sie eine klare Führungsposition inne. Erst mit großem Abstand (598,8 Millionen) folgte Frankreich. Doch die Zuwächse der Konkurrenten Italien und Japan stiegen deutlich schneller. Offensichtlich hatte die außenpolitische Sturheit bei den Partnern im Osten, die es sich leisten konnten, zu handelspolitischer Hartleibigkeit geführt. Schon befürchtete man, daß in absehbarer Zeit Japan die Westdeutschen als Hauptexporteur in die sozialistischen Länder ablösen werde.

So trug die Ostpolitik, zu der die Bundesrepublik Ende der sechziger Jahre ansetzte, durchaus ein Janusgesicht: Sie konnte als prinzipielle Friedenspolitik verstanden werden, in der das Eingeständnis einer Schuld der Vergangenheit in Respekt vor den Sicherheitsinteressen der 1939 und 1941 überfallenen Nachbarstaaten umgesetzt wurde. Diese hatten immer wieder gefordert, daß die Bundesrepublik auf den Besitz von Atomwaffen verzichten, also dem 1968 zwischen den USA und der UdSSR abgeschlossenen Vertrag über die Nichtweitergabe von Atomwaffen beitreten solle. Aber die »Neue Ostpolitik« konnte auch nur eine zeitweilige taktische Hinnahme zunächst unveränderbarer Machtverhältnisse sein – notgedrungen zugestanden und jederzeit revidierbar, wenn man militärisch wieder in der Vorderhand war. Welcher Weg tatsächlich beschritten werden würde, stand 1969 noch nicht fest.

Die erste Variante – prinzipieller Ausstieg aus dem kalten Krieg und aktive Mithilfe bei der Herstellung einer europäischen Friedensordnung – ist von dem Gießener Staatsrechtler Helmut Ridder, einem langjährigen Sprecher der außerparlamentarischen Opposition, einmal als die Chance zur »Umgründung« der Bundesrepublik bezeichnet worden, eben wegen des Verzichtes auf die Raubtraditionen des Deutschen Reiches. Alles andere wäre nur eine taktisch-schlaue Reparatur gewesen.

Abschied von gestern

Ähnliche Widersprüche bestanden in der Innen- und Infrastrukturpolitik. Seit Jahrzehnten hatten die Sozialdemokraten die Aufhebung sozialer Ungleichheit durch die Schaffung umfassender Bildungsmöglichkeiten für alle gefordert. Die Studentenbewegung rüttelte in den sechziger Jahren an den autoritären Strukturen der Ordinarienuniversität. Zugleich aber war der Zustand des Schul- und Hochschulwesens auch zu einem Hemmnis für eine weitere dynamische kapitalistische Entwicklung geworden. Der eher konservative Philosoph Georg Picht hatte 1963 in der Wochenzeitschrift »Christ und Welt« eine drohende »deutsche Bildungskatastrophe« ausgerufen. Ohne zusätzliche Investitionen in diesen Bereich werde es in absehbarer Zeit zu wenige Lehrer und Ingenieure geben. Die FPD proklamierte durch ihren jung-dynamischen Senkrechtstarter Ralf Dahrendorf: »Bildung ist Bürgerrecht« und forderte ein Ausschöpfen von Begabungsreserven, die sich jetzt noch am ehesten in den bisher benachteiligten Schichten finden ließen. So schienen ein sozial und humanistisch motivierter Emanzipationsanspruch und die Interessen an Reparaturen der Infrastruktur der kapitalistischen Gesellschaft zeitweise ein Bündnis miteinander einzugehen.

Als es Ende 1966 erstmals in der Geschichte der Bundesrepublik eine Wirtschaftskrise gab, war ein bisher unumstößliches Dogma der westdeutschen Wirtschaftspolitik zerbrochen: die von Ludwig Erhard immer wieder vorgetragene

These, der Kapitalismus sei völlig krisenfrei, wenn man ihm nur nicht zu sehr ins Handwerk pfusche.

Unter dem Problemdruck, der so plötzlich sichtbar geworden war, schlossen CDU/CSU und SPD im Herbst 1966 eine Große Koalition. Zur Konjunkturstützung wurde ein neues wirtschaftspolitisches Instrumentarium entwickelt: mittelfristige Finanzplanung und staatliche Investitionsprogramme. Unternehmer, Gewerkschaften und Staat fanden sich in einer »Konzertierten Aktion« zusammen; hier sollten die Eckdaten der wirtschaftlichen Entwicklung gemeinsam ausgehandelt werden, darunter auch »Lohnleitlinien«. Das schien zu klappen, die Konjunktur sprang wieder an. Dennoch war die Große Koalition nur auf Zeit angelegt. Deren Fortdauer widersprach den Eigeninteressen von SPD und CDU/CSU.

An den Hochschulen war die Reform nicht nur als technokratischer Eingriff von oben möglich gewesen. Die Ordinarienuniversität konnte letztlich nur mit Hilfe einer ab 1965 immer stärker werdenden Studentenbewegung geknackt werden. Diese beschränkte sich aber keineswegs auf hochschulpolitische Themen, sondern protestierte gegen den Vietnam-Krieg sowie gegen die Notstands-Gesetze und übte antikapitalistische Systemkritik. In dem Maße, in dem eine solche Tendenz auch auf den linken Flügel der SPD und der Gewerkschaften übergriff, Einfluß auf die entstehende Schülerbewegung gewann und sich mit älteren Bewegungen – etwa dem Ostermarsch der Atomwaffen-Gegner – verband, entstand eine breite außerparlamentarische Opposition. Hier konnte auch die in der Bundesrepublik noch immer verbotene Kommunistische Partei (die sich erst 1968 wieder legal konstituieren durfte) mitwirken. Das Potential jenseits der SPD hätte langfristig deren parlamentarisches Monopol auf der Linken gefährden können. Durch das Bündnis der Sozialdemokratie mit den Konservativen wurde der Zustrom zur außerparlamentarischen Opposition größer. Um diese Kräfte integrieren zu können, mußte sich die SPD wieder von der CDU/CSU lösen.

Auf der Rechten hatte die Union das gleiche Problem. Unmittelbar vor dem vollen Ausbruch der Rezession hatte ein Teil ihrer bisherigen Anhänger die neonazistische NPD gewählt und dieser zu Landtagsmandaten verholfen. Der Abwanderungsprozeß setzte sich nach der Bildung der Großen Koalition fort. Solange sie im Bündnis mit der SPD blieb, hatte die CDU/CSU keine Chance, die äußerste Rechte zu integrieren. Eine Aufkündigung der Großen Koalition nach der Bundestagswahl 1969 lag also auch in ihrem Interesse.

Ohne Zöpfe, mit drei Punkten

Falls keine der beiden Hauptparteien die absolute Mehrheit erhielt und die NPD den Sprung in den Bundestag nicht schaffen sollte, waren für eine Regierungsbildung wieder einmal die Freien Demokraten wichtig. Die FDP war nicht mehr nur die Partei von Handwerksmeistern, Zahnärzten, Rechtsanwälten und Steuerberatern, in ihr fanden sich zunehmend auch leitende Angestellte, deren Prinzipale zu dem Ergebnis gekommen waren, dem Kapitalismus könne es noch viel besser gehen, wenn die Infrastruktur erneuert werde, zum Beispiel durch aktivere Bildungspolitik. Sie waren auch der Ansicht, daß für die Neugestaltung der Städte mehr getan werden sollte. Dazu mußte die individuelle Verfügungsgewalt über das Eigentum an Grund und Boden – etwa bei Sanierungen oder zum Zweck des Straßenbaus – gelockert werden. Das Kapital sollte sich in diesem Bereich freier bewegen können. Das ging nicht, wenn jedermann auf seiner Scholle und Kate klebenblieb. Wichtiger als die Interessen des einzelnen Besitzers war das Funktionieren des kapitalistischen Gesamtsystems. In diesem Sinne konnte die FDP sich sogar bereitfinden, im Widerspruch zu herkömmlichen bürgerlichen Vorstellungen der Reform des Bodenrechts das Wort zu reden. Das nannten ihre Ideologen dann »sozialliberal«. In der Ostpolitik laborierten die Freien Demokraten schon seit längerem an Formeln herum, die es ermöglichen sollten, aus den Dogmen der Adenauer-Zeit herauszukommen. Ihre Nähe zu unmittelbar großkapitalistischen Interessen machte sie hellhörig für die Sorgen der Exportwirtschaft. Voller Stolz darüber, daß sie in mehreren Punkten nunmehr eine Eigenständigkeit gegenüber ihrem ehemaligen Bürgerblock-Partner, der CDU/CSU, gewonnen hatte, verkündete die FDP im Bundestagswahl-Kampf 1969: »Wir schneiden die alten Zöpfe ab«. Manchmal kam sie sich so vor, als sei sie eine völlig neue Partei geworden. Um dies zu dokumentieren, veränderte sie sogar die Abkürzung ihres Namens und setzte drei Pünktchen: F.D.P.

Im März 1969 probten die Liberalen erstmals das Bündnis mit der SPD. Ein neuer Bundespräsident war zu wählen. Die Sozialdemokraten stellten als ihren Kandidaten Dr. Gustav Heinemann auf. Für die CDU/CSU war das eine besondere Provokation. Immerhin war Heinemann bis 1950 als Christdemokrat Innenminister im ersten Kabinett Adenauer gewesen, hatte aus Protest gegen die Wiederbewaffnung aus Protest seinen Rücktritt erklärt und mit einer neuen Organisation, der »Gesamtdeutschen Volkspartei«, die Remilitarisierung bekämpft. 1957 war er in die SPD eingetreten. Als Justizminister in der Großen Koalition hatte er Verständnis für die Studentenbewegung gezeigt. Die Unionsparteien stellten gegen ihn Verteidigungsminister Gerhard Schröder auf. Er konnte mit der Unterstützung der NPD rechnen. Es kam also dringend auf die F.D.P. an. Diese brachte so viele Stimmen für Heinemann auf, daß er Bundespräsident wurde. Damit war eine Vorentscheidung für eine künftige Regierungskoalition gefallen.

Gustav Heinemann wird Bundespräsident

März 1970: Willy Brandt trifft sich in Erfurt mit dem DDR-Ministerpräsidenten Willi Stoph

1969–1974: Anlauf mit Bremse

Die Bundestagswahl vom 28. September 1969 ergab erst einmal business as usual: CDU/CSU auf Platz eins (46,1 Prozent), SPD Zweite (42,7 Prozent), F.D.P. Dritte (5,8 Prozent). Die NPD bleib draußen (4,3 Prozent).

Neu war allerdings die Neigung der F.D.P., mit der SPD zu koalieren. Ihre Wandlung hin zum »Sozialliberalismus« war etwas schnell erfolgt, so daß einige ältere Herrschaften nicht richtig mitkamen und im Oktober dem neuen Bundeskanzler Willy Brandt (SPD) ihre Zustimmung verweigerten. Er hatte nur drei Stimmen Mehrheit.

Ostpolitisch legte die neue Regierung aus Freien Demokraten und Sozialdemokraten ein flottes Tempo vor. Sie unterzeichnete noch 1969 das Abkommen über die Nichtweitergabe von Atomwaffen. Im März 1970 reiste Brandt zu Gesprächen mit dem DDR-Ministerpräsidenten Willi Stoph nach Erfurt. Vor seinem Hotel drängelten sich Brüder und Schwestern und riefen: »Willy, Willy«. Sie meinten damit das Ypsilon und nicht das i. Bei Stophs Gegenbesuch in Kassel im Mai 1970 ging es noch lebhafter zu. Ein ganzer Haufen Neonazis war angereist und brüllte: »Stoph und Brandt – an die Wand«. Sie holten vor dem Sitzungs-Saal die DDR-Fahne herunter und zerrissen sie. Die »Arbeitsgemeinschaft Unabhängiger Deutscher« (AUD) zeigte ein Pappschild mit der Aufschrift: »Zwei Willis – ein Wille«. Die DKP skandierte: »Willi Stoph – hoch, hoch, hoch!« Ich aber hauchte einem Fernseh-Reporter, der mich als Volkes Stimme befragte, ins Mikro, daß meiner Meinung nach eine Anerkennung der DDR die Kämpfe der westdeutschen Arbeiterklasse enorm beflügeln werde. Das haben die aber dann nicht gesendet.

Ostverträge – die Chance zur guten Nachbarschaft

Am 12. August 1970 schlossen die Bundesrepublik und die Sowjetunion in Moskau einen Vertrag über Gewaltverzicht, in dem sie auch die Staatsgrenzen »einschließlich der Oder-Neiße-Linie, die die Westgrenze der Volksrepublik Polen bildet, und der Grenze zwischen der Bundesrepublik Deutschland und der Deutschen Demokratischen Republik« für unverletzlich erklärten. Im Dezember des gleichen Jahres einigten sich die Bundesrepublik und die Volksrepublik Polen in Warschau auf einen Vertrag, der die neue Westgrenze Polens, wie sie bereits 1950 zwischen Polen und der DDR festgelegt worden war, bestätigte.

Das waren die beiden »Ostverträge«, die bis 1972 den Mittelpunkt der politischen Auseinandersetzung in der Bundesrepublik bildeten. Dabei war klar, daß sie nur dann eine Chance hatten, eine Mehrheit im Bundestag sowie Unterstützung durch die westdeutsche Bevölkerung zu finden, wenn zuvor das »Berlin-Problem« geregelt war. Dieses bestand, seit 1958 Nikita Chruschtschow die Vereinigten Staaten, Großbritannien und Frankreich in einer Note darauf hingewiesen hatte, daß nach Auffassung der UdSSR kein Rechtsgrund mehr für ein Verbleiben der Westmächte in ihren bisherigen Berlin-Sektoren bestehe. Das Potsdamer Abkommen von 1945, welches ihnen dies ursprünglich verbrieft hatte, sei von ihnen inzwischen so oft und gründlich verletzt worden, daß es in dieser Hinsicht nicht mehr bestehe. Westberlin aber sei ein Teil der DDR. Allenfalls könne es noch als »Freie Stadt« eine Selbständigkeit erhalten – aber auch diese müsse durch die DDR garantiert sein. Ganz offensichtlich sollte damals das Westberlin-Problem als Hebel zur Anerkennung des zweiten deutschen Staates benutzt werden.

Mai 1970: Rechte Parolen gegen das Treffen Brandt-Stoph in Kassel

Der Zugang zur Stadt über das Gebiet der DDR, ihre Bindung an die Bundesrepublik sowie das Stationierungsrecht für britische, französische und US-amerikanische Truppen waren für die Westmächte Essentials, doch die UdSSR erkannte zunächst keine rechtliche Garantie dafür an. Sie beharrte vielmehr auf ihrem Standpunkt, daß Westberlin kein Teil der Bundesrepublik sei. Zuständig für dieses Problem waren ausschließlich die vier Hauptsiegermächte des zweiten Weltkriegs. Am 3. September 1971 schlossen sie ein Abkommen, das die internationale rechtliche Stellung Westberlins regelte. Die UdSSR garantierte den freien Transitverkehr zur Halbstadt. Die Westmächte räumten ein, daß Westberlin kein Teil der Bundesrepublik sei und auch nicht von ihr regiert werde. Zugleich wurden die besonderen »Bindungen« der drei Westsektoren an die BRD anerkannt.

Das »Konstruktive Mißtrauensvotum«

Die CDU/CSU opponierte scharf gegen die Verträge von Moskau und Warschau. Sie fand Unterstützung durch Überläufer aus der FDP und aus dem Vertriebenen-Flügel der SPD. Im Frühjahr 1972 schien es einen Moment so, als wären die Mehrheitsverhältnisse im Bundestag auf diese Weise umgekippt. Die CDU/CSU versuchte am 27. April mit einem »Konstruktiven Mißtrauensvotum« den Kanzler Brandt zu stürzen und durch ihren Partei- und Fraktionsvorsitzenden Rainer Barzel zu ersetzen. Der Coup galt als sicher – und er scheiterte doch: Zwei oder drei Fraktionsmitglieder der CDU/CSU müssen Barzel ihre Stimme verweigert haben. Wie das im einzelnen vor sich ging, weiß man nicht genau, allerdings ist bekannt geworden, daß in den Tagen vor der Abstimmung Abgeordnete mit Geld umgedreht wurden. Beide Seiten haben einander da nichts vorzuwerfen, es war eben ein reges Hinüber und Herüber. Der Kandidat der Opposition hatte Feinde von rechts in den eigenen Reihen, die fanden, daß er die Ostverträge zu lasch bekämpfe. Vielleicht ist Rainer Barzel auch von dieser Seite ein Stein in den Weg gerollt worden. Die Stimmung in der Bevölkerung aber sprach für Willy Brandt. In vielen Orten fanden Demonstrationen und Protestkundgebungen am 26. und 27. April statt. In einigen Städten hatten Belegschaften spontan die Arbeit niedergelegt. Als dann im Fernsehen die Niederlage Barzels bekanntgegeben wurde, befand sich ein großer Teil der Nation in einer Stimmung, als hätten wir alle im Lotto gewonnen.

Bei den Beratungen über den Kanzler-Haushalt in den nächsten Tagen zeigte sich allerdings, daß auch die Koalition keine Mehrheit hatte. Da sie unbedingt die Ostverträge durchbringen wollte, machte sie einen Deal mit der Opposition: diese würde im Bundestag und im Bundesrat stillehalten, wenn vorher in einer »Gemeinsamen Entschließung« aller drei Fraktionen auch ihre eigene Sicht der Dinge zur Geltung gebracht werde. Und so geschah es: Am 17. Mai stellte der Bundestag fest, die Verträge von Moskau und Warschau seien auf deutscher Seite nur für die Bundesrepublik, nicht aber für ein künftiges Gesamtdeutschland verbindlich. Das bedeutete, daß die Ansprüche auf die Gebiete

Gelsenkirchener Arbeiter demonstrieren vor dem Mißtrauensvotum für die Ostverträge

östlich von Oder und Neiße nicht für alle Zeit, sondern nur für die Dauer der Existenz zweier deutscher Staaten aufgegeben worden waren. Anschließend verabschiedete der Bundestag die Ostverträge mit den Stimmen von SPD und FDP. Die Abgeordneten der Union konnten sich gerade noch zur Enthaltung durchringen, einige votierten sogar dagegen.

Da es im Bundestag jetzt keine regierungsfähige Mehrheit mehr gab, wurde er im September 1972 aufgelöst und im November neu gewählt. Die bisherige Koalition gewann sehr deutlich, die SPD wurde erstmals in der Geschichte der Bundesrepublik stärkste Partei: sie bekam 45,8 Prozent der Stimmen. (CDU/CSU: 44,9; F.D.P.: 8,4).

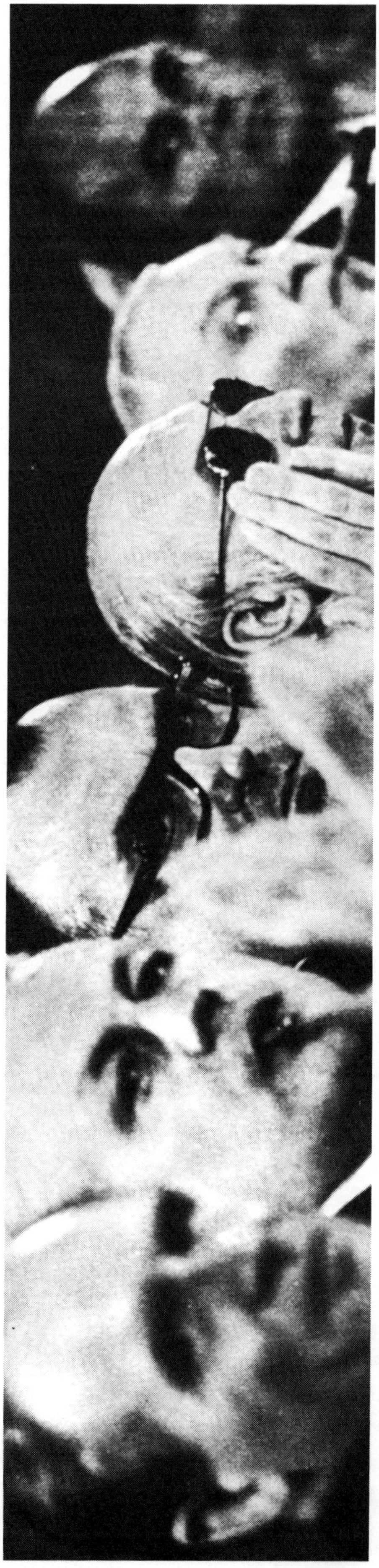

Kampf zweier Linien in der CDU

Mit diesem Ergebnis im Rücken, konnte die Koalition ihre Ostpolitik fortsetzen. Noch kurz vor der Wahl war ein »Vertrag über die Grundlagen der Beziehungen zwischen der Bundesrepublik Deutschland und der Deutschen Demokratischen Republik« (»Grundlagen-« oder »Grundvertrag«) abgeschlossen worden. Beide deutsche Staaten vereinbarten den Austausch von »Ständigen Vertretern« (nicht Botschaftern) und wollten gleichzeitig ihre Aufnahme in die UNO beantragen. Der Bundestag ratifizierte 1973 den Grundlagenvertrag – gegen die Stimmen der CDU/CSU. Diese schaffte sich bei dieser Gelegenheit gleich ihren Fraktionsvorsitzenden Rainer Barzel vom Hals. Er hatte ihre Zustimmung zum UNO-Beitritt erreichen wollen, scheiterte aber damit. Voraussetzung war die Ratifizierung des Grundlagenvertrags, und über diesen Stock wollte die Fraktion nicht springen. Auf die UNO-Mitgliedschaft hätte sie sowieso gern gepfiffen, solange auch die DDR dort vertreten war. Rainer Barzel aber war politisch eigentlich schon ein toter Mann gewesen, seit er sowohl beim Mißtrauensvotum gegen Brandt als auch in der Bundestagswahl 1972 unterlegen war. Konzeptionell scheiterte er an dem tiefen ostpolitischen Gegensatz, der die Union seit Anfang der sechziger Jahre durchzog und der auch heute noch fortbesteht. Zwei Linien kämpften dort gegeneinander. Die Vertreter der einen hielten es für nötig, Zugeständnisse an die Entspannungspolitik zu machen. Da sich diese Leute seit 1961 in Übereinstimmung mit den USA befanden und insofern nur deren Strategie nachvollziehen wollten, wurden sie Mitte der sechziger Jahre als die »Atlantiker« bezeichnet. Ihre Gegner in der Partei hielten am Adenauer-Kurs fest. Zu ihren Vormännern gehörte Franz Josef Strauß. Da sie zeitweilig ihre Vorstellungen im Bund mit Frankreich durchsetzen wollten, nannte man sie die »deutschen Gaullisten«. Diese Namen waren Anfang der siebziger Jahre gegenstandslos geworden, aber der Konflikt in der Union war geblieben: Die eine Richtung wollte unbedingte Ablehnung der Ostverträge, die andere eine Anpassung an die Politik der Entspannung. Barzel, ein öliger Opportunist – Rudolf Augstein nannte ihn einmal eine »Zelluloid-Ente ohne Blei im Bürzel« –, schwankte zwischen beiden Positionen. Weil er nun mal Kanzler werden wollte und sich von Zugeständnissen an die Ostpolitik ein besseres Abschneiden bei der Bundestagswahl 1972 versprach, neigte er der flexibleren Richtung zu. Damit verdarb er es sich ein für alle Mal mit den Hardlinern in der Fraktion (den Herren Birrenbach, Hallstein, Strauß). Deren nunmehr nicht mehr reparable Ablehnung seiner Person veranlaßte ihn 1973 zur Flucht nach vorn, also zur Befürwortung auch des Grundlagenvertrags mit der DDR. Das brach ihm endgültig das Genick. Sein Nachfolger als Parteivorsitzender wurde noch im gleichen Jahr Helmut Kohl.

Die von der CSU gestellte Bayerische Staatsregierung versuchte der Ostpolitik ein Bein zu stellen, indem sie vor dem Bundesverfassungsgericht gegen den Grundlagenvertrag klagte: Er verstoße gegen das Wiedervereinigungsgebot des Grundgesetzes. Die Klage wurde abgewiesen. Dennoch tat ihr das Gericht einen großen Gefallen mit seiner Urteilsbegründung. Es schrieb fest, daß das Deutsche Reich in den Grenzen von 1937 tatsächlich fortbestehe, weshalb zum Beispiel die Staatsgrenze zur DDR nicht anders zu bewerten sei als etwa Ländergrenzen in der Bundesrepublik. Leider seien 1945 einzelne Teile dem alten Reich abhanden gekommen. Aufgabe jeder Bundesregierung bleibe es, diesen traurigen Zustand zu überwinden. Der Grundlagenvertrag stehe diesem Ziel aber nicht prinzipiell im Wege. Damit hat das Bundesverfassungsgericht der Ostpolitik eine Interpretation gegeben, die auf der Linie der »Gemeinsamen Entschließung« des Bundestages vom Mai 1972 liegt: Der Ausgleich mit dem Osten ist nur eine Übergangserscheinung. Sind die Kräfteverhältnisse für den Westen besser, dann gilt: neues Spiel, neues Glück.

West-östliche Flitterwochen

1973 brachte die Bundesrepublik noch ihr Verhältnis zur CSSR ins Reine. Hier bestand bislang ein harter Gegensatz in der Beurteilung des Münchener Abkommens von 1938. Dort hatten Großbritannien, Frankreich und Italien Hitler-Deutschland die Annektion des Sudetenlandes ermöglicht. Die CSSR verlangte, daß das Münchener Abkommen als »von Anfang an ungültig« zu gelten habe. Die BRD war bislang nur bereit gewesen einzuräumen, daß es mit dem Überfall Hitlers auf die Tschechoslowakei 1939 liquidiert worden sei. Die Einigung, die nun zwischen BRD und CSSR getroffen wurde, berücksichtigte die Vorstellungen der Tschechoslowakei.

Die Verbesserung der Beziehungen zwischen der Bundesrepublik und der UdSSR äußerte sich auch in eindrucksvollen Gesten jenseits des Austausches von Urkunden; so zum Beispiel bei einem Aufenthalt Willy Brandts in Oreanda in der UdSSR 1971 und bei einem Besuch des sowjetischen Staats- und Parteichefs Breschnew in der Bundesrepublik 1973. Schon argwöhnten die Rechten in der Bundesrepublik eine ostpolitische Schieflage. Die US-amerikanische Administration wurde zunehmend mißtrauisch, obwohl sie doch ursprünglich die Voraussetzung für die westdeutsche Korrektur der Ostpolitik mitgeschaffen hatte und auch jetzt noch auf dem Gebiet der Rüstungskontrolle partiell mit der Sowjetunion kooperierte. Allerdings war in den USA längst nicht mehr Kennedy Präsident, sondern Richard Nixon.

Willy Brandt und Leonid Breschnew

1973, nach dem Vertrag mit der CSSR, war die Reform der Ostpolitik abgeschlossen. Die Bundesrepublik nahm diplomatische Beziehungen auch zu anderen sozialistischen Ländern auf. Nach wie vor befand sie sich hier in Übereinstimmung mit einer dominanten Tendenz der internationalen Beziehungen: 1972 hatten die Vereinigten Staaten und die Sowjetunion einen Vertrag zur Begrenzung der Strategischen Rüstung (SALT I) geschlossen.

Heißer Herbst

Viel schwieriger war es in der Sozial- und Wirtschaftspolitik. Hier verlief die Trennungslinie nicht nur zwischen F.D.P. und Sozialdemokraten, sondern auch mitten durch die SPD. Die Grauen Herren fanden wohl, nach der Bereinigung der Wirtschaftskrise von 1967 gebe es nicht mehr allzuviel zu reformieren. Aber da war noch Momo, und das machte die Sache kompliziert.

Schon im September 1969 – unmittelbar vor der Bundestagswahl – hatten spontane Arbeitsniederlegungen von Berg- und Metallarbeitern die »Lohnleitlinien« durchbrochen. Damit begann in der Bundesrepublik eine Periode erhöhter Streikaktivität, die bis Anfang 1974 dauerte. 1973 konnte die IG Metall in Nordwürttemberg-Nordbaden eine qualitative Verbesserung der Arbeitsbedingungen durchsetzen: Erweiterung der Erholungszeiten pro Stunde bei Akkord, Milderung der Monotonie einzelner Arbeitsgänge, Absicherung des Verdienstes der im Akkord Beschäftigten auch im höheren Alter.

Bei Tarifauseinandersetzungen insbesondere in der Automobilbranche fiel 1973 die starke Aktivität ausländischer Arbeiter auf, die besonders schlechte Bedingungen hatten. So war es höchste Eisenbahn, im Vorfeld einer sich bereits abzeichnenden neuen Wirtschaftskrise einen Anwerbestopp für ausländische Arbeiterinnen und Arbeiter zu verhängen, was im November 1973 auch geschah. Konflikte zwischen türkischen und westdeutschen Arbeitern, z.B. bei Ford in Köln, wurden in chauvinistischer Weise von der BILD-Zeitung hochgeputscht. Bei einem Streik in dem Betrieb Pierburg Autogerätebau in Neuss aber solidarisierten sich deutsche Arbeiter mit ihren ausländischen Kolleginnen, die die Arbeit niedergelegt hatten. Hätte dieses Beispiel Schule gemacht, wäre die nationale Spaltung der Arbeiterklasse in der Bundesrepublik auf Dauer nicht länger ein Unterpfand des »sozialen Friedens« geblieben, auf den das Kapital so baute.

In der Chemie- und in der Metallindustrie sowie im öffentlichen Dienst waren die Streikauseinandersetzungen am heftigsten. Auch solche Kategorien von Lohnabhängigen, welche bislang eher als zahm und fromm, da »privilegiert«, gegolten hatten, legten nun zuweilen auf teilweise spektakuläre Weise die Arbeit nieder, um Forderungen durchzusetzen, zum Beispiel die Fluglotsen. Dem Kanzler Brandt setzte längst schon die Kritik der Medien sowie des »Sachverständigenrates zur Begutachtung der Gesamtwirtschaftlichen Entwicklung« (eines von der Bundesregierung in den sechziger Jahren eingerichteten Gremiums) zu, wonach die hohen Lohnforderungen die Stabilität der Wirtschaft gefährdeten und die Inflation anheizten. So ließ er sich zu öffentlichen Mäßigungsappellen herbei. Die SPD hing in diesen Fragen

ohnehin häufig zwischen Stamm und Borke, da im öffentlichen Dienst ihre Ministerpräsidenten und Bürgermeister auch »Arbeitgeber«-Funktionen wahrnahmen. Anfang 1974 rasselte die Gewerkschaft ÖTV mit der Bundesregierung aneinander. Ihre Forderungen standen in Widerspruch zu einem Konzept der Ausgabendämpfung, welches die Koalition inzwischen propagierte. Sie setzte in einem Streik Lohn- und Gehaltserhöhungen von elf Prozent durch, obwohl der Kanzler öffentlich einen niedrigeren Abschluß empfohlen hatte. Als einige Monate später Willy Brandt aus ganz anderen Ursachen zurücktrat, wurde kolportiert, einer der Gründe sei auch darin zu suchen, daß ihn die ÖTV durch die Ablehnung seiner Empfehlung bloßgestellt habe. Darüber waren die Gewerkschaftsführer so erschrocken, daß sie künftig stillehielten.

Die Jusos werden munter

Die Gesetzgebungsmaschinerie förderte in jenen Jahren immerhin auch einiges Vernünftige zu Tage: Kürzung des Grundwehrdienstes von achtzehn auf fünfzehn Monate, Mieterschutz, flexible Altersgrenze bei der Ruhestandsregelung, erweiterte innerbetriebliche Mitbestimmung in sozialen und personellen Fragen nach dem 1972 novellierten Betriebsverfassungsgesetz, Milderung der Strafbarkeit von Homosexualität. Das verbesserte insgesamt die Lage von Diskriminierten und sozial Schwächeren und gab dem Kapitalismus noch mehr – wie man heute sagen würde – »Akzeptanz«.

In der SPD ging es in jenen Jahren zeitweise etwas laut zu. Bis 1969 hatte die Partei bei den Jungsozialisten lediglich ihre Konfirmandenstunden abgehalten. Nun aber ließen die das Hemd aus der Hose hängen, turnten auf den Bänken herum und sprachen, dies sei der Sozialismus. In München vergraulten sie den autoritären Oberbürgermeister Hans-Jochen Vogel. Er hielt vom imperativen Mandat in der Kommunalpolitik nichts, sie aber viel. Den Jusos und ihren Verbündeten gelang es schließlich, den örtlichen Parteivorstand zu besetzen. Sie forderten Nulltarif im öffentlichen Nahverkehr, Kommunalisierung von Grund und Boden, Vergesellschaftung der Arzt-Praxen, kostenlosen Gesundheitsdienst, und ihr Oberbürgermeister sollte dies alles durchführen. Vogel, der darin einen Sieg des Rätesystems sah, strich vergrämt nach Bonn ab. Vergebens hatten die Metzger des städtischen Schlachthofes noch für ihn demonstriert: »Vogel, setze Dich durch!« Der Bundesvorsitzende der Jusos, Wolfgang Roth, nahm mit einer Delegation an den Weltjugendfestspielen in Berlin/DDR teil. Die Jungsozialisten diskutierten lauthals eine »Doppelstrategie«: Kombination von parlamentarischem und außerparlamentarischem Kampf, Mobilisierung innerhalb und außerhalb der Partei. Am rechten Rand der SPD drohten ihnen die Kanalarbeiter mit der Faust. Dabei waren sich die Jusos untereinander gar nicht mal so einig. Eine Richtung vertrat die marxistische Theorie vom »Staatsmonopolistischen Kapitalismus« (Stamokap), die besagte, der Staat sei letztlich nur ein Instrument in den Händen des Monopolkapitals, das deshalb in einer »antimonopolistischen Demokratie« entmachtet werden müsse. Da diese Theorie auch von den Kommunisten vertreten wurde, waren die »Stamokaps« harten Anfeindungen ausgesetzt. Eine zweite Richtung sah die Welt in einem milderen Licht: der parlamentarische Staat sei jetzt schon – ohne daß man vorher den Monopolen den Kragen umdrehen müsse – ein mögliches Instrument zur gesellschaftlichen Transformation.

Immerhin vermochten die Jungsozialisten seit Ende der sechziger Jahre Teile der ehemaligen außerparlamentarischen Opposition aufzusaugen. Andere Kämpferinnen und Kämpfer der APO schlossen sich den damals schnell entstehenden kleinen maoistischen Gruppen an; auch die Deutsche Kommunistische Partei (DKP) hatte zeitweiligen starken Einfluß unter jungen Intellektuellen. Viele Mitglieder der außerparlamentarischen Opposition gelangten jetzt auch zu Positionen in Unis und Schulen.

In der Bildungspolitik führte die Reformbewegung nun in einigen sozialdemokratisch regierten Ländern zu konkreter Gesetzgebung. Immerhin stieg während der Periode der sozialliberalen Koalition bundesweit der Anteil von Arbeiterkindern an den Universitäten deutlich. Mitte der sechziger Jahre hatte er sechs Prozent, 1982 vierzehn Prozent betragen. Wiederum in einigen sozialdemokratisch regierten Ländern überschritt die Hochschulreform punktuell den ausschließlich kapitalfromm-technokratischen Rahmen, vor allem durch kräftige Ausweitung der Mitbestimmung. 1973 setzte das Bundesverfassungsgericht ihr jedoch Grenzen. Es bestimmte, daß in Fragen der Forschung und bei Berufungen die Professoren bei Abstimmungen immer die Mehrheit haben müßten.

Pflaster-Parole auf dem Hamburger Uni-Campus

»Mehr Demokratie wagen«

Die CDU/CSU agitierte schon lange, die SPD wolle ihre »Neue Ostpolitik« gleichsam in die Innenpolitik verlängern: durch das Paktieren mit Verfassungsfeinden und durch Vernachlässigung der Inneren Sicherheit mache sie das Land zur Sowjetrepublik. Um zu beweisen, daß die Sozialdemokraten im Grunde doch gute Jungens waren, verbot der Parteirat der SPD im November 1970 jede Aktionsgemeinschaft mit Kommunisten. 1972 trennte sich die Partei von ihrer akademischen Nachwuchsorganisation, dem »Sozialdemokratischen Hochschulbund« (SHB). Er durfte sich jetzt nicht einmal mehr »sozialdemokratisch« nennen und heißt deshalb seitdem »Sozialistischer Hochschulbund«. Im öffentlichen Dienst klopften die Sozialdemokraten ab 1971 den wenigen Kommunisten, die es überhaupt gab, kräftig auf die Finger und verordneten ihnen Berufsverbot an Schulen und Universitäten. Am 28. Januar 1972 faßte der Bundeskanzler Brandt zusammen mit den Ministerpräsidenten von CDU/CSU und SPD einen Beschluß, wonach Radikale im öffentlichen Dienst nichts zu suchen hatten. Natürlich richtete sich dies fast nur gegen Linke. Die Berufsverbote führten zu heftigen Auseinandersetzungen in der SPD. Die Jusos und andere Parteilinke lehnten sie ab.

Die beiden Urteile des Bundesverfassungsgerichts von 1973 zum Grundlagenvertrag und zur Hochschulreform hatten den Linken in der Sozialdemokratie gezeigt, daß sie letztlich nur Gäste in den staatlichen Machtzentren waren. Wenn sie sich ungebührlich aufführten, mußten ihnen die Nägel geschnitten werden. Auch andere Institutionen warfen der Reformpolitik Knüppel zwischen die Beine. Seit 1971 schon predigte der »Sachverständigenrat zur Begutachtung der gesamtwirtschaftlichen Entwicklung«, die Staatsausgaben müßten gedrosselt werden, damit die Stabilität der Währung nicht gefährdet werde. Die Bundesbank verlieh dieser Mahnung Nachdruck, indem sie zu einer »Politik des knappen Geldes« überging. Damit wurden die Mittel gekürzt, die man für solche Reformen, welche beim besten Willen nicht kostenneutral bleiben konnten, benötigte. So ist denn vielfältig dafür gesorgt worden, daß die Politik der sozialliberalen Koalition sich letztlich doch auf einen einzigen Zweck beschränkte, nämlich den Kapitalismus frisch, flexibel und appetitlich zu erhalten.

Einige Linke hatten das schon während der Großen Koalition bemerkt und versucht, durch eine »Propaganda der Tat« die Menschen aufzurütteln. In diesem Punkt verstand der Staatsapparat aber gar keinen Spaß. 1968 waren einige Radikale wegen Kaufhausbrandstiftung in Frankfurt zu hohen Freiheitsstrafen verurteilt worden. Einer von ihnen, Andreas Baader, wurde 1970 mit Waffengewalt befreit. Ulrike Meinhof, die daran mitgewirkt hatte, ging in die Illegalität. Verfassungsschutz und Bundeskriminalamt machten sich ans Jagen, CDU/CSU und BILD-Zeitung heizten ihr Lieblings-Thema »Innere Sicherheit« auf, und die Linken von der »Roten Armee Fraktion«, RAF, wie sie sich selbst nannten, waren im Nu in einen Kampf verstrickt, der nicht die Initialzündung einer künftigen revolutionären Bewegung auslöste, sondern in dem sie nur noch zur gewalttätigen Gegenwehr fähig waren und auch hier von Anfang an auf verlorenem Posten standen. 1972 wurden Ulrike Meinhof, Andreas Baader, Gudrun Ensslin, Holger Meins und Jan-Carl Raspe gefaßt.

Das Ende der Ära Brandt

Gegen Ende 1973 begann die Konjunktur zu flattern: Ein Zyklus war mal wieder herum. Zu allem Überfluß setzten sich zur gleichen Zeit die erdölexportierenden Entwicklungsländer gegen ihre Ausplünderung zur Wehr und erhöhten die Petroleum-Preise. Damit war eine der Voraussetzungen des westdeutschen »Sozialstaates«, der billige Griff in die Tasche anderer Völker, angetastet. Die Chemie- und Elektro-Industrie aber freute sich sehr: Schon lange hatte sie den Bau von Atomkraft-Werken forciert. Jetzt konnte man so richtig zeigen, wie wirkungsvoll diese in Zukunft an der gefährdeten Energie-Front eingesetzt würden, damit der Scheich von Abu Dhabi weiche Kniee bekam. Im November 1973 wurde von der Bundesregierung ein »autofreier Sonntag« verhängt: Um Benzin zu sparen, durfte man sich einen ganzen Tag lang nicht motorisiert bewegen; nur Personen, die aus beruflichen oder gesundheitlichen Gründen nicht auf ein solches Gefährt verzichten konnten, wurden Ausnahmegenehmigungen erteilt. Der Anblick der leeren Fahrbahnen war sehr angenehm. Tatsächlich war das Erdöl akut noch nicht knapp. Offensichtlich sollte die Bevölkerung generell auf härtere Zeiten eingestimmt werden. Die Steigerung der Rohölpreise band allerdings nun Mittel, die von den Unternehmen eigentlich anderweitig verplant waren. Das beeinträchtigte die Investitionen. Die zyklische Abwärtsbewegung der Konjunktur, welche ohnehin schon eingesetzt hatte, wurde so beschleunigt.

So war es um die Jahreswende 1973/74 ein wenig ungemütlich geworden. Willy Brandt hatte 1969 so schöne Dinge

versprochen: Er wollte »mehr Demokratie wagen« und ein »Kanzler der inneren Reformen« sein. Damit war's jetzt Essig. Es wurde eher Zeit, daß er abtrat, damit er ein gutes Andenken hinterließ. Im Frühjahr 1974 kam ans Licht, daß ihm die DDR einen Spion, Guillaume, in den Pelz gesetzt hatte. Das war ja eigentlich keine Schande, doch Brandt übernahm die Verantwortung für die Affäre und trat zurück. Er hatte im Zusammenhang mit der Spionage-Affäre erleben müssen, daß er nicht mehr viel Rückhalt in der Führung seiner Partei besaß. Offensichtlich meinten einige dort – vor allem Herbert Wehner –, er sei zu sehr an die Hoffnungen gebunden, die seine bisherige Amtszeit geweckt hatte, die aber unter sich verschlechternden ökonomischen Bedingungen nicht realisiert werden konnten. Im übrigen hat in der bisherigen Geschichte der Bundesrepublik noch niemals ein Kanzler eine Wirtschaftskrise im Amt überstehen können. Erhard mußte 1966 zurücktreten, als sein »Wirtschaftswunder« auf die Talsohle geraten war, und Schmidt scheiterte 1982 ebenfalls während einer tiefen Rezession. Dieses spezifisch westdeutsche Phänomen hängt mit der inoffiziellen Staatsideologie der Bundesrepublik zusammen, welche Legitimität von Herrschaft an ökonomischen Erfolg bindet. Bleibt er aus, gerät auch alles andere ins Rutschen: die Sicherheit der Renten und der Kanzler.

Brandts Nachfolger, Helmut Schmidt, hatte schon lange vor seiner Regierungsübernahme in innerparteilichen Diskussionen klargemacht, daß seiner Meinung nach Reformen nicht durch Umverteilung zwischen den Klassen finanziert werden könnten, sondern nur im Rahmen eines hohen Wirtschaftswachstums. Damit hatte es sich aber nun auf unabsehbare Zeit.

1974–1982: »Modell Deutschland«

Die Wirtschaftskrise, die 1974 begann und auch 1975 noch anhielt, war nicht von schlechten Eltern. Auch der 1976 wieder einsetzende Aufschwung beseitigte die Massenarbeitslosigkeit nicht mehr. Sie hält bis heute an.

Bundeskanzler Schmidt hatte ein Rezept: Die Gewinne von heute seien die Investitionen von morgen und die Arbeitsplätze von übermorgen. Also: Steuererleichterungen und Subventionen für die Unternehmer, Sparmaßnahmen im Sozialhaushalt sowie bei massenwirksamen Infrastrukturleistungen. Das war insofern nicht für die Katz, als es die Profite tatsächlich steigerte. Allerdings wurden diese für Rationalisierungs-Investitionen verwandt, welche BRD-Produkte auf dem Weltmarkt verbilligten, die frechen Schwellen-Länder somit das Fürchten lehrten, zu Hause allerdings per Saldo nicht Arbeitsplätze schufen, sondern vernichteten.

Die Bundesregierung unter Kanzler Schmidt war lediglich zu solchen Reformen bereit, die weitgehend kosten- und machtneutral waren. Dazu gehörte die Novellierung des Paragraphen 218 des Strafgesetzbuches. 1974 wurde die Fristenregelung beschlossen, 1975 aber durch das Bundesverfassungsgericht verboten. 1976 trat die heute noch gültige Fassung in Kraft. Bei Scheidungen galt seit 1977 das Zerrüttungsprinzip statt des Schuldprinzips, immerhin. Aus der paritätischen Mitbestimmung, die die Gewerkschaften sich von der sozialliberalen Koalition erhofft hatten, wurde nichts. Das Mitbestimmungsgesetz vom 4. Mai 1976 sorgte dafür, daß die Unternehmer das Sagen behielten. Da die Vertretung der Arbeiter und Angestellten gegenüber dem früheren Stand verbessert worden war, war die Kapitalseite

Leere Autobahn am »Autofreien Wochenende“

Wahlkampf 1976

trotzdem nicht zufrieden. Die Unternehmer klagten vor dem Bundesverfassungsgericht. Als Reaktion darauf stiegen die Gewerkschaften aus der »Konzertierten Aktion« aus. Diese hörte damit bis heute zu bestehen auf. Das Bundesverfassungsgericht wies die Klage der Unternehmer ab, allerdings mit einer Begründung, die für die Gewerkschaften äußerst schädlich war: Die Kapitalisten hätten keinen Grund, sich zu beschweren, denn das Gesetz sehe ja paritätische Mitbestimmung nicht vor. Somit war diese in die Nähe der Verfassungswidrigkeit gerückt.

Dabei hatte die paritätische Mitbestimmung in der Montanindustrie, die es schon lange gab, bislang ihre Bekömmlichkeit auch für die Unternehmer durchaus gezeigt. Bei dem Streit ging es offensichtlich auch um Symbolwerte: Eine prinzipielle Blockierung der Gleichberechtigung von Kapital und Arbeit im Aufsichtsrat sollte Forderungen, die eines Tages darüber hinaus hätten gestellt werden können, von vornherein die Grundlage entziehen.

Mit einem Hochschul-Rahmengesetz, das 1976 in Kraft trat, wurde die Reform auch an den Universitäten abgeblasen.

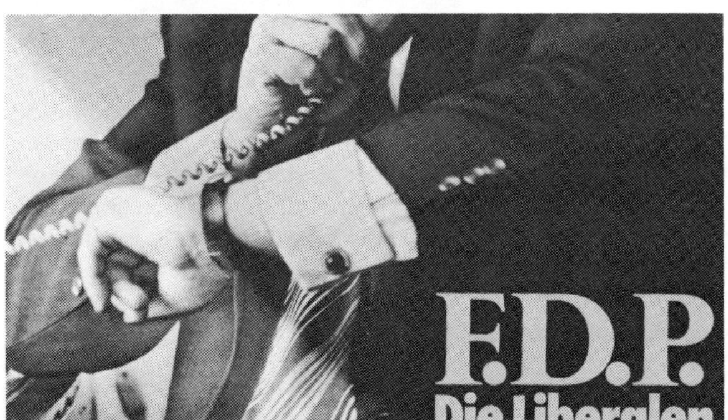

Die Stunde der FDP

Die »Innere Sicherheit«

Bei den Bundestagswahlen 1976 konnte sich die sozialliberale Koalition erneut behaupten, allerdings büßte die SPD (42,6 Prozent) wieder die relative Mehrheit ein. CDU und CSU erhielten zusammen 48,6, die F.D.P. 7,9 Prozent.

Zwischen 1974 und 1977 eskalierte die Auseinandersetzung zwischen Terrorismus und Staatsgewalt. 1974 starb Holger Meins nach einem Hungerstreik im Gefängnis. Unmittelbar danach wurde der Berliner Kammergerichtspräsident v. Drenkmann erschossen. 1975 entführte die »Bewegung 2. Juni« den Westberliner CDU-Vorsitzenden Lorenz und preßte so einige ihrer Leute frei. 1976 wurde Ulrike Meinhof erhängt in ihrer Zelle aufgefunden. 1977 erschoß die Rote Armee Fraktion den Generalbundesanwalt Siegfried Buback. Im September desselben Jahres entführte sie den Vorsitzenden des Bundesverbandes der Deutschen Industrie und der Bundesvereinigung der Deutschen Arbeitgeberverbände, Hanns-Martin Schleyer. Sie wollte ihn gegen ihre gefangenen Genossinnen und Genossen austauschen. Doch die Bundesregierung gab nicht nach. Schleyer wurde ermordet. Die Sondereinheit GSG9 des Bundesgrenzschutzes zeigte in diesem Zusammenhang ihre Einsatzfähigkeit beim Freischießen einer entführten Lufthansa-Maschine im fernen Mogadischu in Somalia. Andreas Baader, Gudrun Ensslin und Jan-Carl Raspe starben in ihren Zellen in Stammheim. Helmut Schmidt ließ sich wegen seiner Entschlossenheit feiern.

Die Auseinandersetzung mit dem Terrorismus bot eine feine Gelegenheit, die Bestimmungen zur »Inneren Sicherheit« zu verschärfen. Ein 1976 in das Strafgesetzbuch eingefügter Paragraph 88a sah die Verfolgung von »verfassungsfeindlicher Befürwortung von Straftaten« vor. Damit konnte auch die freie künstlerische und wissenschaftliche Meinungsäußerung geknebelt werden. Immerhin ist diese Bestimmung 1980 vom Bundestag mit den Stimmen von SPD und F.D.P. – gegen die der CDU/CSU – wieder gestrichen worden. 1976 und 1978 wurden durch Gesetzesänderungen die Verfolgungsmöglichkeiten durch den Bundesanwalt erweitert, die Arbeitsbedingungen der Anwälte von angeblichen Terroristinnen und Terroristen aber erschwert. Die Volksstimmung war zumindest während der Entführung und Ermordung Schleyers, aber auch während der Fälle Buback und Lorenz solchen Maßnahmen gegenüber durchaus günstig. Die CDU/CSU verdächtigte Intellektuelle als Sympathisanten des Terrors und prägte den Begriff »Sympathisantensumpf«. Unvergessen auch die Worte des späteren Bundespräsidenten Karl Carstens, wonach der Schriftsteller Heinrich Böll unter dem Pseudonym »Katharina Blüm« ein Buch geschrieben habe, das Gewalt verherrliche.

Auf Konfrontationskurs

Nur kurze Zeit noch hat die neue Bundesregierung die Entspannungspolitik fortgesetzt. Die »Konferenz für Sicherheit, Zusammenarbeit und Entspannung in Europa« (KSZE) in Helsinki verabschiedete 1975 einen umfangreichen Katalog von Selbstverpflichtungen. Leonid Breschnew freute sich über die schöne Fête, aber die US-Amerikaner hatten längst schon anderes im Sinn. Sie bastelten an neuen Raketen und gingen kurz nach Helsinki zu einem neuen Konfrontationskurs im Verhältnis zur Sowjetunion über. Damit war auch die Geschäftsgrundlage für die Regierungsbeteiligung der SPD bedroht: die Übereinstimmung mit der außenpolitischen Grundlinie der Vereinigten Staaten. Helmut Schmidt, der so gern Kanzler war, hatte eine Idee. In einem Vortrag

vor dem Institut für Strategische Studien in London behauptete er, in Europa sei das militärische Gleichgewicht durch Überlegenheit der UdSSR an konventionellen und Mittelstreckenwaffen bedroht. Der Westen müsse deshalb hier neue Rüstungsanstrengungen unternehmen. Sehr originell war diese Überlegung nicht. Schon vorher hatte der US-Präsident Carter die Stationierung von »Neutronen-Waffen« in Europa angekündigt. Diese haben die Fähigkeit, Menschen zwar zu töten, das gegnerische Material aber unbeschädigt zu lassen, so daß es erobert und weiter benutzt werden kann. So sollte ein Krieg in Europa wieder »führbar« werden, ohne daß es zum ganz großen Knall kommen mußte. Carter gab seinen Plan wieder auf, nachdem es – vor allem in den Niederlanden – zu massiven Protesten gekommen war. Doch hatte sich gezeigt, daß die USA auf eine neue Militärstrategie aus waren. Die Mittelstreckenraketen, mit denen Schmidts Vorschlag dann später umgesetzt wurde, waren bereits in der ersten Hälfte der siebziger Jahre in den USA entwickelt worden. Sie waren also schon eine waffentechnische Realität, bevor er sich mit seiner Londoner Rede dicke tun konnte. 1979 wurde bei Treffen der westlichen Regierungschefs und in NATO-Gremien die Stationierung neuer Mittelstreckenraketen vorbereitet. Ein Bundesparteitag der SPD übernahm 1979 diese Position. Kurz darauf, am 12. Dezember 1979, beschloß der NATO-Rat auf einer Tagung in Brüssel, daß vom Herbst 1983 an 108 US-amerikanische Mittelstreckenraketen vom Typ Pershing II und 464

Marschflugkörper (»Cruise missiles«) in mehreren Ländern Westeuropas stationiert werden sollten. Zugleich sollte in Verhandlungen geprüft werden, ob die UdSSR bereit sei, zu Kreuze zu kriechen. Die neuen Waffen haben die Fähigkeit, Ziele tief in der Sowjetunion zu erreichen, ohne daß diese ihrerseits einen Gegenschlag gegen die USA richten kann, denn im interkontinentalen Bereich bestand Parität. Allenfalls hätte die Sowjetunion Westeuropa in Schutt und Asche legen können, was die Vereinigten Staaten nicht unbedingt stören mußte.

Die sozialdemokratisch geführte Bundesregierung hat den NATO-Beschluß mitgetragen. Damit war aber nun endgültig fast alles kaputt, was bis dahin die sozialliberale Koalition bei ihren Anhängern attraktiv gemacht hatte. Allenfalls konnte sie für sich geltend machen, daß die CDU/CSU noch schlimmer sei. Das rettete sie noch einmal bei der Bundestagswahl 1980, in der die Unionsparteien Franz Josef Strauß als Kanzlerkandidaten aufgestellt hatten. CDU und CSU sackten auf zusammen 44,5 Prozent der Stimmen ab. Die SPD erhielt 42,9, die F.D.P. stieg auf 10,6 Prozent.

Neue Bewegung

Das Beste, was die sozialliberale Koalition innenpolitisch zustande gebracht hatte, waren die Illusionen ihrer Anhänger. Bei denen gab es allmählich ein böses Erwachen. Die Jusos wehrten sich einige Zeit gegen die Anpassungsleistung, die von ihnen verlangt wurde. 1977 wählten sie Klaus-Uwe Benneter, der dem »Stamokap«-Flügel zugerechnet wurde, zu ihrem Bundesvorsitzenden. Außerdem forderten sie zur Teilnahme an Friedensdemonstrationen auf, die von einem »Komitee für Frieden, Abrüstung und Zusammenarbeit« organisiert wurden. Dieses galt bei den Verfassungsschutzorganen als »kommunistisch gesteuert«. Der Vorstand der SPD wollte dem Nachwuchs zeigen, wo es lang ging, setzte Benneter ab und schloß ihn sogar aus der Partei aus. Mehrere Sozialdemokraten, die auf den Abschlußkundgebungen der Demonstrationen gesprochen hatten, flogen ebenfalls raus. Viele Linke lösten sich jetzt von der SPD und definierten sich politisch vor allem über ihre spezifische Betroffenheit: als Bewohner von Straßen und Regionen, die von Umweltzerstörung bedroht sind, als Arbeitslose, sexuelle Minderheiten, Alte, Kranke, Frauen und Hypochonder. Zahlreiche ganz junge Leute verstanden ohnehin nicht, wie ihre Eltern sich jemals hatten mit SPD und F.D.P. identifizieren können. Sie sahen sich allenfalls als Teilnehmer an »Neuen sozialen Bewegungen«. Zu den übergreifenden einigenden Themen gehörte und gehört die Angst vor Vernichtung in einem Atomkrieg und vor den Gefahren der sogenannten »friedlichen Nutzung der Kernenergie«. Dies alles bildete eine der Voraussetzungen für das Entstehen der neuen Partei der »Grünen«, die 1979 in die bremische Bürgerschaft und 1980 in den Landtag von Baden-Württemberg einzog. Bei den Wahlen zum Abgeordnetenhaus von Westberlin gewann 1981 die »Alternative Liste« 7,2 Prozent der Stimmen. Mit den Grünen ging es 1982 weiter in Niedersachsen (6,5 Prozent), im gleichen Jahr kam in Hamburg die »Grün-Alternative Liste« (GAL) in die Bürgerschaft.

Auch die Unionsparteien waren nicht faul. Sie hatten ohnehin in der sozialliberalen Periode nicht nur opponieren müssen, sondern zugleich mitregieren dürfen, zum Beispiel über ihre Mehrheit im Bundesrat. Es war ihnen gelungen, die »Innere Sicherheit« zu einem zentralen Thema der Innen-

Plakat von Klaus Staeck, 1975

politik zu machen, das die Sozialdemokraten und die F.D.P. mit den Berufsverboten nur zu gern aufgegriffen hatten. In der Ostpolitik hatten sie immerhin die »Gemeinsame Entschließung« vom 17. Mai 1972 durchsetzen und eine ihren Absichten entgegenkommende Interpretation des Grundlagenvertrags durch das Bundesverfassungsgericht erreichen können. Angesichts dieser schönen Erfolge war es für die Minderheit in der CDU, die der sozialliberalen Ostpolitik nicht in allen Punkten ablehnend gegenüberstand, aussichtslos, zur Mehrheit zu werden. Die Unionsparteien warteten, bis in den USA der Wind erneut drehte und sie wieder der westdeutsche Statthalter für die Außenpolitik der Vereinigten Staaten werden konnten. In der zweiten Hälfte der siebziger Jahre war es dann so weit. Vor allem innenpolitisch drangen CDU und CSU vor. In Niedersachsen kanteten Union und F.D.P. 1976 die SPD aus der Regierung. Neuer Ministerpräsident wurde Ernst Albrecht. Von 1974 an eroberten die Unionsparteien die Oberbürgermeister-Ämter mehrerer wichtiger Großstädte (Stuttgart, Frankfurt/Main, München). 1981 löste die CDU in Westberlin die Sozialdemokraten als stärkste Partei ab. Nach Stobbe und Hans-Jochen Vogel regierte da jetzt Richard von Weizsäcker.

Im übrigen nutzte die CDU die Oppositionszeit auch zur organisatorischen Runderneuerung und programmatischen Modernisierung. Ihre bayerische Schwesterpartei hatte bereits seit Mitte der fünfziger Jahre einen großen und leistungsfähigen Apparat. Der Vorsitzende Kohl und sein Generalsekretär Biedenkopf (1973–1977) sorgten dafür, daß auch die CDU mit einer schlagkräftigen Organisation ausgestattet wurde. Programmatisch ließen sich die Christdemokraten die »Neue Soziale Frage« einfallen, die sie 1975 auf ihrem Mannheimer Parteitag verkündeten und auch in ihr Parteiprogramm von 1978 schrieben. Das ging so: Nach Auffassung der CDU waren durch die sozialliberale Koalition die innere und äußere Sicherheit vernachlässigt worden, weil der Staat sein Geld für eine aufwendige Sozialpolitik verplemperte, welche die wirklich Bedürftigen – als solche nannte die Union unter anderem kinderreiche Familien, Behinderte, Alte – noch nicht einmal erreichte. Deren Situation sei die »Neue Soziale Frage«, die den alten Gegensatz von Proletariat und Bourgeoisie abgelöst habe. Um mehr Mittel für Terroristenjagd und Bundeswehr freizukriegen, müsse der Sozialstaat eingeschränkt werden. Dienstleistungen, die bislang Staat und Kommunen erbracht hatten, könnten von anderen Trägern, zum Beispiel von Kirchen, Wohlfahrtsverbänden und Familien, wahrgenommen werden. Für sie dürfe die öffentliche Hand durchaus auch einmal Knete abdrükken, das würde aber immer noch weniger sein, als für die Sozialpolitik bisherigen Typs herausgerückt werden mußte.

Wendezeit

Anfang der achtziger Jahre hatten die beiden Unionsparteien zusammen zeitweilig mehr Mitglieder als die SPD. Die CDU gewann ein flotteres Aussehen. Sie war nicht länger eine Partei von zigarrerauchenden Honoratioren. Auch die ehemaligen Nazis gingen allmählich in den Ruhestand oder gar schon nach Walhall. Einer der letzten von jenem alten Schrot und Korn, der baden-württembergische Ministerpräsident Hans Filbinger, wurde 1978 gestürzt, als die näheren Umstände seiner Tätigkeit als Marinerichter während des zweiten Weltkriegs herauskamen. Die Union hielt ihm bis fast zuletzt die Treue, doch tat es ihr gut, daß sie ihn schließlich los war. Seit 1969 war der Anteil von Frauen, Protestanten, jungen Leuten, Arbeitern, ja sogar Nichtchristen in der CDU gestiegen. Schwächer waren jetzt unter anderem die Selbständigen, zum Beispiel die Landwirte, vertreten. Die CDU »modernisierte« sich, gleichsam nach der Parole: Die Bauern sterben aus, aber Frauen wird es immer geben. »Linker« ist sie dadurch nicht geworden. Trotz Zunahme des Arbeiteranteils verloren die Sozialausschüsse in der Partei an Gewicht, während ein noch unter Erhard gegründeter »Wirtschaftsrat« der CDU mächtig das Sagen hatte. Der Rückgang des katholischen Elements steht auch in Zusammenhang mit dem Bedeutungsverlust der einst im kirchlichen Milieu gebundenen Teile der Arbeiterschaft im Rheinland. Mit dem Vormarsch der Protestanten kamen teilweise knallharte Kapital-Freunde und Law-and-Order Typen wie Ernst Albrecht, Alfred Dregger und Walter Wallmann nach oben.

Seit 1980 sanken erstmals in der Geschichte der Bundesrepublik die Reallöhne. Damit drohte der SPD ein Standbein wegzurutschen, auf das sie sich in der Vergangenheit immer hatte verlassen können: die Loyalität der Gewerkschaftsführungen. Diese mußten fürchten, daß ihnen noch mehr Mitglieder davonlaufen würden, wenn sie eine Regierung unterstützten, die Sozialabbau praktizierte.

1981 stand die nächste schwere Wirtschaftskrise ins Haus. Nun wurden die Grauen Herren allmählich ungehalten. Der Herr Schmidt, so fanden sie, sei zwar willig, aber er habe eben diese SPD am Bein, auf welche letztlich doch kein hundertprozentiger Verlaß sei. Da gehe vieles zu langsam und auch nicht zur vollsten Zufriedenheit; von einer Neuauflage des Bürgerblocks CDU/CSU/F.D.P. könne man sich ein zügigeres Durchmarschieren erhoffen. Immerhin hatte sich die Freie Demokratische Partei inzwischen wieder von ihren sozialliberalen Fisimatenten befreit, und das war auch nur logisch. Stärker als die »Volksparteien« CDU, CSU und SPD, die unter ihren Anhängern einen erheblichen Arbeiteranteil haben, ist die F.D.P. in der gesamten Geschichte der Bundesrepublik immer *die* Kapital-Partei schlechthin gewesen. Das ergibt sich schon aus der Art ihrer Finanzierung. Da sie nur wenige Mitglieder hat, spielen die Industrie-Spenden für sie eine weit größere Rolle als für die anderen Parteien. Unternehmer-Wünsche werden von ihr deshalb ungefilterter umgesetzt als von CDU/CSU und SPD. Jetzt jammerten die Auftraggeber vernehmlich über ein angebliches Auswuchern des Sozialstaats, der sie bei der Disposition über ihr Eigentum und über die Arbeitskräfte leider nicht ganz so schalten und walten lasse, wie sie es wollten. Etwa seit 1981 zeichnete sich ab, daß die F.D.P. aus der Koalition heraus wollte. Die SPD versuchte, ihr dies so schwer wie möglich zu machen, und war immer wieder zu weitgehenden Zugeständnissen bereit. Das machte sie erpreßbar. 1982 setzte die F.D.P. bei den Haushaltsberatungen in der Regierung starke Streichungen der Sozialausgaben durch, und wieder gab die SPD nach. Jetzt war allerdings ein Punkt erreicht, an dem die Gewerkschafts-Führungen etwas unternehmen mußten, um den Unmut ihrer Mitglieder zu artikulieren oder doch wenigstens durch Dampfablassen zu kanalisieren. So bereitete der DGB im Spätsommer 1982 Protestkundgebungen gegen die Wirtschafts- und Sozialpolitik der Bundesregierung vor. Diese waren für Oktober geplant und haben auch tatsächlich stattgefunden – aber da war die sozialliberale Phase durch Koalitionswechsel der F.D.P. schon beendet, so daß die Demonstrationen sich nunmehr gegen die Politik der *neuen* Parteien-Kombination CDU/CSU und F.D.P. richteten.

Außenpolitisch aber konnte sich Schmidt nun krummlegen, wie er wollte, er wurde das Mißtrauen der Grauen Herren und der US-amerikanischen Vormacht gegen seine Partei nicht mehr los. Eine stramme Rüstungspolitik ließ sich mit der CDU/CSU halt doch rascher durchziehen als mit den Sozialdemokraten. Eigentlich mußte eine neue Oppositionszeit sogar im Interesse der SPD liegen: Vielleicht ließ sich so der Zulauf zu den »Grünen« ein wenig dämpfen? Tatsächlich meldeten sich in der Partei allmählich nachdrängende Politiker wie der saarländische Landesvorsitzende Oskar Lafontaine zu Wort, die fanden, man habe sich längst zu viel bieten lassen, die SPD verliere ihre Glaubwürdigkeit, so daß eine anständige Opposition ihr besser anstehe, als eine gequälte Fortsetzung des Regierens.

Als am 1. Oktober 1982 der Kanzler Schmidt mit einem sogenannten »Konstruktiven Mißtrauensvotum« gestürzt und durch Kohl ersetzt wurde, war eigentlich kaum jemand darüber traurig. Ein paar miesepetrige Mittvierziger allerdings fanden, eigentlich seien die Jahre 1969–1974, also die Regierungszeit von Brand, die gute alte Zeit gewesen, die so bald nicht mehr wiederkomme. Aber die spinnen, die Mittvierziger.

Literatur

Baring, Arnulf, in Zusammenarbeit mit Manfred Görtemaker: Machtwechsel. Die Ära Brandt-Scheel. Stuttgart 1982.

Bickerich, Wolfram (Hrsg.): Die 13 Jahre. Bilanz der sozialliberalen Koalition. Reinbek bei Hamburg 1982.

Thomas Reuter

Schwarzer September

»Wir leben im Zeitalter der Gewalt. Das Recht kann sich nicht durchsetzen, es ist machtlos. Unsere Strategie heißt Gewalt gegen Gewalt.«

So beschrieb Leila Khaled, Mitglied der Volksfront und durch Flugzeugentführungen in Europa bekannt geworden, die Gefühle vieler Palästinenser. Wo immer zwischen 1972 und 1979 von Anschlägen international operierender Terrorgruppen die Rede war, stand ein Name an der Spitze der Liste möglicher Attentäter oder deren Hintermänner: der »Schwarze September«. Nach Flugzeugentführungen, Bombenanschlägen und Botschaftsbesetzungen von Kairo über Berlin, Madrid, Tel Aviv, Khartoum bis Kuala Lumpur galt diese palästinensische Untergrundorganisation spätestens seit der Geiselnahme israelischer Sportler bei der Olympiade in München 1972 als Inbegriff des internationalen Terrors. Im Zeichen der Abwehr oder Vergeltung von Anschlägen des »Schwarzen Septembers« wurden Hunderte von Menschen getötet und Tausende deportiert. In den Schreckensbildern und Empörungsrufen der Öffentlichkeit in West und Ost ging allerdings verloren, daß die Gruppe »Schwarzer September« in ihrem Kampfnamen das Massaker an 30000 Palästinensern zitierte, das zwischen September 1970, dem »Schwarzen« September, und Juli 1971 in Jordanien von der Armee und der Polizei des Königs Hussein verübt wurde.

Am 25. November 1971 unternahm der »Schwarze September« seine erste Operation: Der jordanische Ministerpräsident Wasfi Tall wurde im Foyer eines Hotels in Kairo, wo er an einer Konferenz der Arabischen Liga teilnahm, niedergeschossen.

Ein »Krieg der Schatten« begann, Europa wurde mit einer Serie von Mordanschlägen gegen Angehörige der PLO und gegen israelische Institutionen überzogen. Verdeckt arbeitende Kommandos der Palästinenser und des israelischen Geheimdienstes bekämpften sich mit Bomben und Erschießungen.

Am 8. Mai 1972 entführen mehrere palästinensische Guerillas eine Verkehrsmaschine der belgischen Fluglinie Sabena und landeten auf dem Flughafen Lod in Israel. Verkleidet in Uniformen von Mitgliedern des Internationalen Roten Kreuzes täuschten die israelischen Geheimdienste die Entführer, drangen in die Maschine ein und überwältigten die Frauen und Männer des Kommandos.

Wenige Monate später begann die spektakulärste Aktion des »Schwarzen September«, die Geiselnahme israelischer Sportler bei der Olympiade in München. Zur Vorgeschichte berichtet der Stellvertreter Arafats, Abu Iyad, in seinem Buch »Heimat oder Tod«, daß die PLO mehrere Anträge auf Teilnahme an den Spielen an das olympische Komitee stellte, die alle ohne jede Reaktion blieben. Empört über diese verachtende Haltung beschlossen die Führer des »Schwarzen Septembers«, ein Exempel zu statuieren und die palästinensische Präsenz gewaltsam zu demonstrieren und gleichzeitig gefangene Widerstandskämpfer aus israelischen Gefängnissen zu befreien.

In den frühen Morgenstunden des 5. Septembers, einige Tage nach Beginn der Spiele, drangen acht schwer bewaffnete Palästinenser in das olympische Dorf ein, erzwangen sich Zutritt in die Räume der Israelis, wobei zwei Israelis erschossen wurden.

Neun andere Mitglieder des israelischen Teams wurden als Geiseln genommen und sollten gegen 200 palästinensische Gefangene ausgetauscht werden. Noch am frühen Morgen übernahm Innenminister Genscher die Verhandlungen mit den Geiselnehmern und erreichte, daß nach der mehrmaligen Verschiebung von Ultimaten die Guerillas einer Ausreise mit einer Lufthansamaschine zustimmten. Die israelische

Leila Khaled

5. September 1972: Überfall auf die israelische Olympiamannschaft in München

Regierung hatte strikt jeden Gefangenenaustausch abgelehnt, jedoch sofort nach Bekanntwerden der Aktion eine Gruppe von Geheimdienstangehörigen unter Leitung des Generals Moshe Dayan nach München geschickt. Später gab Bayerns Innenminister Merk zu, daß die deutschen Behörden genau nach Anweisung der Israelis verfahren waren, als auf dem Militärflugplatz Fürstenfeldbruck in der Nähe von München ein Scenario aufgebaut wurde, das die Palästinenser täuschen, zu Fehlern verleiten und die gewaltsame Befreiung der isrealischen Sportler ermöglichen sollte. Unter dem Vorwand, sie mit den Geiseln nach Ägypten zu fliegen, veranlaßten Genscher und Merk die acht Feda'iin, die Unterkunft im olympischen Dorf zu verlassen. Mit zwei Hubschraubern des Bundesgrenzschutzes wurden Kommando und Geiseln nach Fürstenfeldbruck geflogen. Inzwischen war es Nacht geworden. Im Schein starker Lampen verließ ein Palästinenser den Hubschrauber, kontrollierte die bereitgestellte Boeing der Lufthansa und kehrte zu den Hubschraubern zurück, in denen seine Genossen mit den Geiseln warteten. Niemand sah, was in den Maschinen geschah. Als der Feda'i noch wenige Meter vom Hubschrauber entfernt war, eröffneten die versteckten Scharfschützen der deutschen Polizei das Feuer. Sie töteten sofort ihn und drei andere Palästinenser, die ausgestiegen waren. Nach einem kurzen Feuergefecht, bei dem auch ein deutscher Polizist tödlich verwundet wurde, verschanzten sich die Feda'iin in den Hubschraubern, bis die Deutschen nach einer Stunde erneut auf die Hubschrauber schossen. Handgranaten wurden geworfen, die Flutlichter zerstört. Im Geschoßhagel explodierten beide Hubschrauber und brannten aus.

Alle israelischen Geiseln waren tot, drei Palästinenser überlebten das Massaker verletzt und wurden gefangen genommen. Jahre später sollten sie durch eine Flugzeugentführung freigepreßt werden.

Die Weltöffentlichkeit war schockiert. Die olympische Friedensidee sei zutiefst getroffen, hieß es allenthalben. Doch kaum jemand fragte nach der Verantwortung der deutschen Polizei, die erklären ließ, daß man entschlossen gewesen sei, die Ausreise des Kommandos auf jeden Fall zu verhindern.

»Wir sind aus zwei Gründen gescheitert«, sagte der Münchner Polizeipräsident. »Die Palästinenser haben nicht die Fehler gemacht, die wir von ihnen erwarteten. Sie haben sich nicht durch den Tod dreier ihrer Leute aus der Fassung bringen lassen.« Drei Tage später, am 9. September 1972, bombardierte die israelische Luftwaffe palästinensische Flüchtlingslager in Beirut: 200 Menschen wurden getötet, vermeldete die Weltpresse mit kurzer Genugtuung.

Noch am Tage des Massakers von Fürstenfeldbruck begann in der Bundesrepublik eine beispiellose Jagd und Hetze auf Araber. Innerhalb von zwei Wochen wurden über tausend, zumeist palästinensische Studenten verhaftet und abgeschoben. Die palästinensische Studentenorganisation GUPS und die palästinensische Arbeiterunion GUPA wurden verboten, ihre Führer abgeschoben. Und der Terrorkrieg ging weiter. Im März 1973 nahmen Mitglieder des »Schwarzen September« in der amerikanischen Botschaft in Khartoum, Sudan, mehrere Diplomaten als Geiseln. Die Aktion endete wiederum in einem Blutbad. Im April stürmten israelische Sondereinheiten die Wohnungen einiger hoher PLO-Kader in Beirut und töteten diese. Palästinensische Anschläge in Madrid, West-Berlin, Rom, Kuala Lumpur folgten.

Erst der Oktoberkrieg 1973 veränderte die politische Situation so, daß sich die Fronten auf politische Dimensionen verschieben konnten. Die PLO war in ihrer neuen Basis im Libanon wiedererstarkt und gewann international an Gewicht. 1974 trat der PLO-Vorsitzende Jassir Arafat vor der UNO-Jahreskonferenz in New York auf und verkündete das Ende des Terrors, jedenfalls von seiten seiner al-Fatah. Die PLO war auf dem Höhepunkt ihrer politischen Macht. Doch die Jahre der furchtbaren Bürgerkriegsschlachten im Libanon sollten noch folgen.

Ulf Preuss-Lausitz

»Aufstieg durch Bildung«

Bildungsreform: Trauerarbeit und Zuversicht

Wer kann sich das heute noch vorstellen: Mit Bildungsreform-Schlachtrufen wurden Wahlkämpfe bestritten, Fernsehstars geboren und Bücherhits gemacht. Der sozialdemokratische Schulsenator Evers aus Berlin versprach »Aufstieg durch Bildung« und trieb dem Kanzlerkandidaten Brandt Stimmen zu; der liberale Soziologieprofessor Dahrendorf reklamierte fernsehwirksam »Bildung als Bürgerrecht«; der katholische Theologieprofessor Erlinghagen warnte vor dem katholischen Bildungsdefizit. Sie alle befürchteten mit dem Protestanten Picht die »deutsche Bildungskatastrophe«. Das katholische Arbeitermädchen vom Lande sollte nun endlich zur höheren Schule gehen.

Christen, Liberale und Sozialdemokraten hatten recht unterschiedliche Gründe für ihr Engagement: aber alle waren auf der Höhe der Zeit. Das Schulwesen der Adenauer-Ära hatte seine Schuldigkeit getan. Es mußte, im Zuge des Wechsels vom Aufbau- und Sparkapitalismus zur Konsumgesellschaft, modernisiert werden. Man brauchte mehr Leute mit höherer Ausbildung, die fähig waren, sich schnell auf die neuen Entwicklungen der Ökonomie, der Technik, der Kultur und des Marktes einzustellen. Die Linken im Lande hofften zugleich, ein Stück weit die Untertanen- und Aussortierschule beseitigen zu können. Vor allem der Ruf nach Gesamtschulen – in denen also die Kinder nach der Grundschulzeit nicht gleich nach vermeintlichen »Begabungstypen« dreisortiert werden – bündelte alle diese Wünsche nach Modernisierung und Veränderung.

Das klang kulturrevolutionär, und die Rechten im Lande wähnten denn auch mit jeder Gesamtschule, irgendwo im Neubauviertel, den endgültigen Untergang des Abend-

Demonstration gegen die »Bildungsmisere«, Wiesbaden 1970

Protest vor dem hessischen Kultusministerium gegen erhöhte Studiengebühren, Sommer 1973

Klassenzimmer im Pavillon der Glocksee-Schule in Hannover

Unterricht in einer hessischen Gesamtschule

landes. Sie bedachten dabei wenig, daß ihre Freunde im westlichen Ausland längst ähnlich integrierte Systeme hatten oder gerade einführten, die Geschäfte dennoch fröhlich florierten. Auch übersahen sie die kühle Überlegung manchen Gemeinderats, der wegen des Baby-Booms der sechziger Jahre nun Schulen bauen mußte, und der es billiger und sicherer fand, angesichts der Unklarheit der Wahlentscheidungen der Eltern lieber eine Gesamtschule als drei getrennte Schulen zu errichten.

Das Abendland ging nicht unter, auch wenn in den Siebzigern in SPD-regierten Ländern – in Berlin, Hamburg, Hessen, NRW – die Gesamtschulen wie Pilze aus dem Boden schossen. Viel revolutionärer war jedoch die Abstimmung mit den Füßen: noch nie in der bundesdeutschen Geschichte waren so viele auf höhere Schulen gegangen. Zuerst lag es am Baby-Boom, der als Schüler- und später Studentenberg die Ministerien und Kommunen zur Verzweiflung (und zum Schulausbau) trieb. Aber auch die Bildungswerbung war erfolgreich. Ganz gleich, ob ein Bundesland von CDU oder SPD regiert wurde, in den Siebzigern glaubten die Leute an »Aufstieg durch Bildung« und schickten ihre Kinder auf Realschulen, Gymnasien, Gesamtschulen, auf Fachoberschulen und Berufsfachschulen. Der Trend hält an, auch wenn die Illusionen verflogen sind. Heute sind etwa drei Millionen

Schulbetrieb 1979

mehr Jugendliche im allgemeinen und beruflichen Schulwesen als in den sechziger Jahren. Was wäre, würden diese dort nicht lernen, sondern wie einst auf Arbeitsplätze drängen!?

Während 1970 jede/r vierte Sechzehnjährige eine Vollzeitschule besuchte, war es 1980 schon jede/r zweite. Aber nicht nur dies: die Bedeutung der Schultypen hat sich verändert. Gingen 1965, zu Beginn der Bildungsreform, 65 % aller Sekundarschüler zur Hauptschule, so sind es 1980 gerade noch 38 % – mit sinkender Tendenz. In den Stadtstaaten ist die Hauptschule nur noch eine Restschule (für gerade mal 10 %, meist ausländische Arbeiterkinder). Das Gymnasium dagegen besuchten 1980 – im Bundesdurchschnitt – 27 % aller Schüler. In manchen Bundesländern liegt der Anteil schon über 35 %. Der Bundesanteil der Gesamtschüler ist allerdings nur ebenso groß wie der der Sonderschüler: er liegt zwischen 4–5 %. Doch dieser Durchschnitt sagt wenig; die Unterschiede zwischen den CDU-Ländern, wo noch einzelne Gesamtschulen wie Denkmäler aus vergangener, reformfreudiger Zeit gegen den Wende-Wind kämpfen, und den SPD-Ländern, wo der Gesamtschulanteil bei etwa einem Viertel liegt, ist groß.

Die Deutschen bilden sich heutzutage. Vor allem die Mädchen. Seit 1980 haben sie die Jungen überholt: sie gehen länger auf höher qualifizierende Schulen. Sie fallen übrigens seltener durch, haben die besseren Zeugnisse und landen seltener auf Sonderschulen. Von sozialer Benachteiligung der Mädchen im allgemeinen Schulwesen kann keine Rede mehr sein. War dies nun Folge der Bildungsreform, der Frauenbewegung oder der ökonomischen Nachfragesituation? Alle Faktoren wirkten in die gleiche Richtung.

Für die Arbeiterkinder, für die die sozialdemokratischen Reformer das Schulwesen in erster Linie umbauen wollten, war der Effekt der Veränderungen am geringsten. Bei etwas über 40 % Arbeitern gemessen an der Gesamtbevölkerung ist der Anteil ihrer Kinder im Gymnasium zwischen 1972 und 1982 von 6 % auf 11 % gestiegen – und geht seither wieder leicht zurück. Von den ausländischen Arbeiterkindern, an die anfangs niemand dachte, muß man gesondert sprechen: sie haben nun die Rolle des klassischen Proletariats im Schulwesen der Kaiserzeit, von Weimar und wahrscheinlich auch der Nazizeit übernommen: rund ein Drittel erhält keinen Hauptschulabschluß, nur jede/r Zwanzigste kommt ins Gymnasium, überdurchschnittlich viele landen in Sonderschulen für »Lernbehinderte«.

Im Grunde dauerte die geplante Schulreform exakt ein Jahrzehnt lang, von 1965 bis 1975, der Lebensdauer des Deutschen Bildungsrates. Dieses Gremium aus professoralen Reformern, Bundes- und Ländervertretern bündelte die Reformideen über Gesamtschule, Selbständigkeit und Demokratie in der Schule, über neue Lerninhalte und über die beginnende Diskussion zur Integration Behinderter. Liest man diese Pläne, Gutachten und Vorschläge heute nach, kann man über das Engagement behördlicher Vertreter, über den Mut zum Neuen und den Fortschrittsoptimismus nur staunen.

Das Ende war jedoch schon früh eingeläutet. Schulreform braucht von ihr überzeugte Lehrer/innen. Willy Brandt, der mit seinem Schlachtruf »Mehr Demokratie wagen« 1969 zahlreiche junge linke Lehrer für das mühselige Reformalltagsgeschäft bereit gemacht hatte, entzog Anfang 1972 mit seiner Unterschrift unter den Radikalenerlaß vielen die Bereitschaft, weiterzumachen. Darüber hinaus wurden die kühnsten Reform-Minister von den Betonfraktionären ihrer Partei vertrieben: Evers 1970 in Berlin, von Friedeburg 1974 in Hessen. Die Technokraten und Bürokraten übernahmen die Regie für das Modell Deutschland. Das Ende der Meinungsführerschaft (die »kulturelle Hegemonie«, wie Glotz Gramsci zitieren würde) war eingeläutet. Daß dieses Lager auf den reaktionären Ruf nach »mehr Mut zur Erziehung« (1977) nur noch hilflos stammelnd reagierte und bis 1985 in depressives Schweigen versank, ist ein Ergebnis des allgemeinen sozialdemokratischen Reformkonzepts: Wachstum zur sozialen Befriedung sank, der Fortschritt zeugte immer mehr Umweltkatastrophen, die Wissenschafts- und Technikgläubigkeit schwand auch bei jenen, deren proletarische Arbeitsplätze wegrationalisiert wurden. Und wo es knappe Plätze gibt, sichert Bildung keinen Aufstieg mehr. Bildung ist dagegen zur Voraussetzung geworden, beim Wettbewerb um Arbeit und Geld mitmachen zu dürfen.

Erstaunlich ist, daß trotz des frühen Scheiterns sich so viel änderte: das Klima in den Schulen ist heute umgänglicher; mehr Jugendliche erwerben eine höhere Bildung; die Grundschule ist lebendiger geworden; es gibt neue Schulbücher und zahlreiche wirklich gute Medien; wie fast jeder Lehrer weiß, sind die Schüler/innen selbständiger, kritischer und empfindlicher gegenüber ungerechtfertigten Zumutungen geworden. An vielen Schulen werden – ohne großes Reformgetöse – Projekttage gemacht, Theaterstücke erarbeitet, wird Musik gespielt, werden ökologische Höfe, Gärten oder Felder angelegt; greifen Schüler und Lehrer in konkrete Konflikte ihrer Stadt, ihrer Gemeinde ein; werden allmählich Behinderte akzeptiert; begreifen immer mehr, daß nicht-

Karikatur von Marie Marcks

Bildungs-Bau in Bochum

christliche und nichtdeutsche kulturelle Traditionen bereichernd sein können.

Das sind »Reformen« von unten, im Alltag. Die anderen Reformen der siebziger Jahre – die Kinderläden, die antiautoritäre Erziehung samt Befreiung der kindlichen Sexualität, die ersten Alternativschulen – spielten sich außerhalb der Reform von oben, außerhalb der Schule ab. Dennoch sind von dort entscheidende Impulse in die Vorschulerziehung, in den Umgang vieler Eltern mit ihren Kindern und auch in die öffentliche Grundschule gekommen. Messen kann man das nicht. Aber wir spüren es alle.

Auch an den Hochschulen war einiges in Bewegung. Auch dort lag zwischen 1965, dem Jahr der ersten Vietnam-Demonstrationen, und 1975, dem Jahr des Urteils gegen drittelparitätisch zusammengesetzte Uni-Gremien, die Revolte. Die Studentenbewegung, als die große »neue soziale Bewegung« der Nachkriegszeit, hat ja ihren Kern immer in der Universität gehabt – auch wenn ihre Wirkungen, von heute gesehen, dort eher geringer als in anderen gesellschaftlichen Feldern blieben. In der Universität wurden die Theorien formuliert, die Aktionen geplant, die Sit-Ins erprobt, das Establishment erschreckt, wurden »kommunistische« Parteien und »Basis«gruppen gegründet. Die Sozialwissenschaften hatten ihre Hochkonjunktur. Wer die diversen Aufbauorganisationen und K-Parteien eher als Ausdruck autoritätsfixierten Autoritätskampfes ansah und Zukunftshoffnungen eher mit der undogmatischen Linken verband, dem wurde so manches Seminar durch strenge Fragen und klare Standpunktverkündung belebt.

Wir glaubten wie die neuen Assistenten an die Veränderbarkeit. Studienreform war das große Stichwort – dafür hat sich ein Jahrzehnt lang die Assistentenschaft verbraucht; herausgekommen sind immer neue Pflichtlernstoffkataloge. Der Mittelbau, der in den Siebzigern die Reform trug, ist ebenso wie diese untergegangen. Das lag nicht nur am weitgehend stummen Widerstand der meisten Hochschullehrer. Vor allem war nun der »Studentenberg« – über eine Million Studierende – zu unterrichten, und zwar ohne daß ausreichende Mittel bereitgestellt worden wären. Ein Zustand, der sich, angesichts weiterer Sparpolitik vor und nach der »Wende«, bis heute nur in den lehrerbildenden Fachbereichen geändert hat; ansonsten wird Massen-Uni geboten nach dem didaktischen Motto: friß oder stirb.

Zwei interessante Entwicklungen waren für die siebziger Jahre – und nur für sie – typisch. Zum einen zog die finanzstarke, staatsgeförderte Forschung aus in universitätsfremde Einrichtungen, um ungestört von kritischem Nachfragen das Geschäft zu betreiben. Das galt vor allem für die Energie- und Atomforschung, die neue Technologieforschung, die Mikroelektronik und so weiter.

Zweitens verlor die Universität die Weltbild-Funktion. Das »wirkliche Leben«, das spielte sich für viele in der neuen Frauenbewegung, den Schwulen- und Männergruppen, in den AKW-Gruppen und in der Wiederentdeckung von »Heimat« und »Stadtteil« ab – und für einige im militanten Kampf. Die ehedem so beredten Soziologen waren fassungslos gegenüber der Parole »für meine Bauchgefühle – gegen Kopfgeburten«. Wo blieb der intellektuelle Nachwuchs? Auf dem Höhepunkt des Modells Deutschland, im Krieg zwischen RAF und Staat, im Deutschen Herbst 1977 also, brachte »Mescalero« in seinem berüchtigten Buback-Nachruf die Verachtung gegenüber den Meinungsführern von einst auf den Begriff: »Stringente Argumentation, Dialektik und Widerspruch – das ist mir alles piepegal... Diese Rülpser sollen zu Papier gebracht werden, vielleicht tragen sie ein bißchen zu einer öffentlichen Kontroverse bei«. Das taten sie – allerdings erst, als fast fünfzig Intellektuelle, denen diese Bosheiten auch galten, Öffentlichkeit durch die Herausgabe dieses an der Göttinger Uni verbotenen Textes sicherten. Bei dieser Herstellung eines Mindestmaßes bürgerlicher Öffentlichkeit, nämlich der Zugänglichmachung, handelten sie sich den Verdacht des terroristischen Sympathisantentums ein. Als Mitbetroffener neige ich vielleicht ein bißchen zur Selbstüberschätzung: Ich glaube immer noch, daß unsere Dokumentation dieses Textes – der ltztlich eine Absage an Gewalt war – einen der wenigen Lichtblicke bürgerlichen Demokratentums an deutschen Universitäten in kritischen Zeiten darstellte. Viele Linke waren in diesem Fall nicht bereit, öffentliche Unterstützung zu erteilen. Die universitäre Linke hatten weitgehend ihren Abschied von der Teilhabe am öffentlichen Diskurs genommen.

In den Hochschulen ist es wie in den Schulen: Lernorte erzeugen immer Erkenntnisse, Bildungsprozesse, Mut zum Widerspruch und zum eigenen Weg. Auch wenn es nur Nischen sind, in denen sich etwas Neues ankündigt: es gibt keine Repression, keinen Niedergang, keine Bürokratie, in der sich nicht der Aufbruch einnistet.

Silvia Gingold

»Schon bist du ein Verfassungs-feind«

»Radikalenerlaß« und Berufsverbote

Silvia Gingold mit ihren Eltern am Tag vor ihrem Prozeß

»... teile ich Ihnen mit, daß der auf den 31. Juli 1975 befristete Arbeitsvertrag nicht verlängert wird. Mit Ablauf dieser Frist ist Ihre Mandantin aus dem Schuldienst des Landes Hessen ausgeschieden... Die Auswertung des Gesprächsprotokolls führte zu dem Ergebnis, daß Frau Gingold die durch die Erkenntnisse des Landesamtes für Verfassungsschutz Hessen aufgeworfenen Zweifel nicht ausgeräumt hat. Sie erfüllt folglich nicht die beamtenrechtliche Voraussetzung der verfassungsmäßigen Eignung für eine Beschäftigung im öffentlichen Dienst...«

Mit solchen und ähnlich lautenden Schreiben war nicht nur mein Berufsverbot als Lehrerin in Hessen, sondern das vieler tausend anderer Betroffener besiegelt: Lehrer, Hochschullehrer, Juristen, Krankenschwestern, Lokführer und Briefträger; Mitglieder der DKP und anderer marxistischer Organisationen, Gewerkschafter, Jungsozialisten und Kriegsdienstverweigerer: als »Verfassungsfeinde« abgestempelt, weil sie sich engagierten gegen den Demokratie- und Sozialabbau, gegen Neonazismus und Krieg und für den Sozialismus.

Erschreckend war nicht nur die Tatsache, daß tausende Bürger allein wegen ihrer politischen Überzeugung vom Berufsverbot betroffen waren. Erschreckend war vor allem das ungeheure Ausmaß der Gesinnungsschnüffelei: Die Illustrierte STERN sprach bereits 1975 von zwei Millionen Dossiers, die vom Verfassungsschutz gespeichert wurden (Stern Nr. 37/1975, S. 34). Das Bundesinnenminsterium gab für die Zeit bis Ende 1975 selber eine Zahl von 454588 Überprüfungen bei Bewerbern für den öffentlichen Dienst zu (FR, 14.1.1976). Nach Mitteilung der 1972 gegründeten zentralen Initiative »Weg mit den Berufsverboten« vom Mai 1987 sind in den vergangenen fünfzehn Jahren 3,5 Millionen Bewerber für den öffentlichen Dienst überprüft worden, bei 350000 von ihnen meldete der Verfassungsschutz »Erkenntnisse«, 10000 Personen wurden »Anhörungen« unterzogen, 2356 erhielten Disziplinarverfahren, die bei 256 Beamten zur Entlassung führten, weitere 1250 Bewerber wurden abgelehnt. Rund 1000 der vom Berufsverbot Betroffenen kämpfen bis heute um ihre (Wieder-)Einstellung.

So wurde auch ich überprüft und angehört. Im Regierungspräsidium Kassel wurden mir »Erkenntnisse« des Verfassungsschutzes vorgelegt, die die »Zweifel an meiner Verfassungstreue« belegen sollten. Diese waren in penibler Klein- und Fleißarbeit seit meinem siebzehnten Lebensjahr über mich gesammelt worden. Mein »Sündenregister« – peinlich genau mit Zeit- und Ortsangaben versehen – dokumentierte unter anderem meine Teilnahme an Demonstrationen gegen den Krieg in Vietnam im Jahre 1965, Reisen in die DDR, Teilnahme an Veranstaltungen gegen die neonazistische NPD, die Veröffentlichung eines Artikels über die ungleichen Bildungschancen der weiblichen Jugend in der Bundesrepublik beim Verlag »Marxistische Blätter«.

Hunderttausende Bundesbürger wurden registriert, obwohl sie nur ihre verfassungsmäßigen Rechte wahrnahmen. Wie zu Zeiten der Inquisition wurden die Betroffenen Verhören unterzogen und ausgefragt, zum Beispiel über ihr politisches Engagement während des Studiums, ihre Einstellung zum Marxismus, zum Eigentum, zu Kommunisten. Die Schnüffelei ging bis zur Ausforschung privater Bereiche der Betroffenen: So wurde Bewerbern für den öffentlichen Dienst vorgehalten, daß sie in einem Haus wohnten, in dem sich auch Kommunisten eingemietet hatten, daß sie in einer »linken« Kneipe verkehrten oder daß sich Familienangehörige in kommunistischen Organisationen betätigten.

Mit dieser Praxis wurde ein Klima der Gesinnungsschnüffelei und Hexenjagd, der Angst und Einschüchterung ver-

Internationale Proteste gegen die Berufsverbote: Demonstration in Frankreich

breitet, das die Bürger zu angepaßten Duckmäusern verkrüppeln sollte. Die Berufsverbote trafen damit nicht mehr nur Kommunisten und Marxisten. Sie wurden zu einem Disziplinierungsmittel, um all jenen das Rückgrat zu brechen, die gegen bestehende Mißstände aufbegehrten. Die Folgen dieser Gesinnungsüberprüfungen charakterisierte Alfred Grosser anläßlich der Verleihung des Friedenspreises des deutschen Buchhandels am 12. Oktober 1975:

»Aber wenn jeder Anwärter auf eine Stellung im öffentlichen Dienst auf Herz und Nieren geprüft werden soll, wenn er Fragebögen auszufüllen hat, wenn dem Gymnasiasten schon klar wird, was er zu unterlassen und was er brav zu sagen hat, um später keine Schwierigkeiten zu bekommen, so vermeidet man weniger Gefahren für die Grundordnung, als daß man junge Generationen zum Konformismus und zu einem gefährlichen Mitläufertum verleitet.«

Die Berufsverbote wurden für die Herrschenden notwendig in einer Situation der aufkommenden ökonomischen Krise, des Anwachsens von Arbeitslosigkeit und Inflation und damit der Verschlechterung der sozialen Lage eines großen Teils der Bevölkerung.

Angesichts dieser Krise Ende der sechziger Jahre, die nach dem wirtschaftlichen Aufschwung der fünfziger Jahre nun auch in der Bundesrepublik verstärkt die Gebrechen der kapitalistischen Wirtschaftsordnung sichtbar werden ließ, stellten sich immer mehr Menschen die Frage nach der Sicherheit und der Perspektive dieses Systems, wandten sich mehr und mehr auch sozialistischen Ideen zu. Ausdruck hierfür war nicht zuletzt die Studentenbewegung Ende der sechziger Jahre. Aus dieser angeknacksten Position der Herrschenden heraus, in der sich die bestehende Wirtschaftsordnung nicht mehr – wie zu Erhards Zeiten – ohne ihre Schwächen zeigte, mußte der Verbreitung systemkritischer Ideen ein Riegel vorgeschoben werden, mußte – wie schon so oft in der Geschichte – der Antikommunismus herhalten, um demokratischen Widerstand zu diskriminieren und zu brechen.

Am 28. Januar 1972 faßten die Ministerpräsidenten der Bundesländer unter der Leitung von Bundeskanzler Willy Brandt den »Beschluß zur Verfassungstreue im öffentlichen Dienst«, der die Bahn frei gab für die Kriminalisierung jeglichen demokratischen Widerstandes und der politischen Repression Tür und Tor öffnete.

Ängste, Rückzug von politischem Handeln, die Schere im Kopf, das heißt Verzicht auf kritische Äußerungen – das waren die von den Urhebern der Berufsverbotepraxis beabsichtigten Folgen. Nicht beabsichtigte Folge – die die Berufsverbieter später auch in arge Bedrängnis brachte – war eine breite Gegenbewegung: Überall dort, wo zum Beispiel ein Lehrer wegen seiner politischen Gesinnung entlassen oder nicht eingestellt wurde, löste das Berufsverbot Wut und Empörung aus. Waren hier doch nicht irgendwelche Fremden, sondern Menschen betroffen, die von den Schülern, Eltern, Kollegen, Nachbarn, den Gemeindemitgliedern konkret erlebt wurden im Beruf, im Alltag, in der politischen Interessenvertretung. Das in anderen Bereichen schnell greifende antikommunistische Feindbild war in dieser konkreten Situation nur schwer aufrechtzuerhalten, das Berufsverbot stieß im konkreten Fall auf Unverständnis, und viele Bürger organisierten sich in Komitees gegen Berufsverbote. Diese Komitees, deren Ausgangspunkt der Kampf gegen das Berufsverbot einzelner war, trugen zu eben der Politisierung vieler Menschen bei, die mit Hilfe der Berufsverbote zurückgedrängt werden sollte. Es ist dieser Bewegung zu verdanken, daß die Tausende vom Berufsverbot Betroffenen nicht resigniert und mit gebrochenem Rückgrat, sondern meist gestärkt und selbstbewußt aus der politischen Auseinandersetzung hervorgingen.

Ich selbst habe diese Solidaritätsbewegung vielfach erfahren: Angefangen vom Brief einer zwölfjährigen Schülerin an den hessischen Kultusminister, über Protestschreiben meiner Kolleginnen und Kollegen sowie der Eltern der von mir unterrichteten Kinder, bis hin zur Solidarität von Gewerkschaftern, SPD-Mitgliedern, Pfarrern, Jungdemokraten, Schriftstellern und Künstlern, hatte ich die stärkende Gewißheit, nicht allein zu sein, fühlte ich mich eingebettet in eine breite Bewegung, die nicht tatenlos hinnahm, daß Grund- und Menschenrechte unserer Verfassung außer Kraft gesetzt wurden.

Was viele erschreckte, war die ungeheuerliche Tatsache, daß mit meinem Berufsverbot bereits die dritte Generation meiner Familie Diskriminierung und Verfolgungen ausgesetzt war: Begonnen hatte es 1933. Meine Großeltern – als Juden von den Nazis verfolgt – mußten mit ihren sechs Kindern nach Frankreich fliehen und während der Hitlerokkupation in einem Versteck leben. Meine Eltern kämpften während der deutschen Okkupation in der französischen Résistance. Meine 1940 in Paris geborene Schwester mußte versteckt werden. Mein Vater wurde von der Gestapo verhaftet, in die Todeszelle geworfen und schwer gefoltert. Sein Überleben verdankt er dem mutigen Einsatz französischer und deutscher Antifaschisten. Eine Schwester und ein Bruder meines Vaters wurden nach Auschwitz deportiert und in den Gaskammern ermordet.

»Vor 30 Jahren atmeten die durch den gemeinsamen Kampf der Alliierten und ihren eigenen Widerstandskampf von der faschistischen Pest befreiten Völker auf. Ich konnte an diesem Tag mein Kind – damals fünf Jahre alt – aus dem

Versteck in einer französischen Bauernfamilie im Departement Aisne, wo ich es vor dem Zugriff der Gestapo und der Verschleppung in die Gaskammern von Auschwitz verstekken mußte, wieder abholen. Nach Jahren des illegalen Lebens und des Widerstandskampfes gegen den Nazi-Terror konnten auch wir aus der Emigration nach Frankfurt zurückkehren. Unsere zweite Tochter ist Lehrerin geworden und übt seit einigen Jahren diesen Beruf aus. Muß auch sie jetzt in die Emigration gehen, um ihren Beruf weiter ausüben zu können?« Diese Frage stellte meine Mutter auf einer Veranstaltung gegen Berufsverbote am 5. Juni 1975 in Frankfurt.

Meine Eltern, die 1945 in der Hoffnung nach Deutschland zurückgekehrt waren, daß es nun erlaubt sein würde, seine Gesinnung frei zu äußern, hatten miterleben müssen, wie nach und nach die Staatsorgane der Bundesrepublik bis in die höchsten Spitzen durchsetzt wurden mit Kräften, die vor 1945 dem Faschismus gedient, den faschistischen Terror vollzogen hatten, und die nun Teile dieser politischen Praxis sogar mit Unterstützung der SPD-Führung fortführen konnten.

Im Bundesverfassungsgericht sowie im Bundesverwaltungsgericht (das auch Berufsverbotsurteile fällte wie beispielsweise das Lenhardt-Urteil) waren Richter tätig wie Weber-Lortsch, ehemaliger SS-Führer, und de Chapeaurouge, der »Rassenschande«-Urteile während der Nazizeit gefällt hatte.

Auch bei meinem zweiten Prozeß vor dem hessischen Verwaltungsgerichtshof in Kassel führte ein Richter den Vorsitz, der während des Faschismus Stammführer der Hitlerjugend gewesen war und von dem man wohl kaum erwarten durfte, daß er vorurteilsfrei über eine Jüdin und Kommunistin urteilen würde – was dann ja auch das Urteil, das mich zum »Verfassungsfeind« stempelte, bewies.

»Wenn man die Nürnberger Judengesetze als normales Recht trocken ausgelegt hatte, durfte man Staatssekretär im neuen Rechtsstaat werden. Wenn man die Gestapo polizeirechtlich gerechtfertigt hatte, durfte man in der freiheitlichen Grundordnung Rektor und Kultusminister werden. Die Kriterien, die nun verbieten sollen, Zollbeamter oder Dorfschullehrer zu werden, scheinen mir wahrlich strenger zu sein.« (Alfred Grosser in seiner Paulskirchen-Rede im Oktober 1975)

Diese Blindheit auf dem rechten Auge und die Diskriminierung all jener, deren politisches Handeln in der antifaschistischen Tradition stand – wofür mein »Fall« exemplarisch war – löste im europäischen Ausland, besonders in den Ländern, die den Überfall der Faschisten selbst schmerzhaft erfahren hatten, große Empörung aus. Presse, Rundfunk und Fernsehen in Frankreich, Holland, Dänemark, Belgien, Schweden, Luxemburg und Italien berichteten über Gesinnungsschnüffelei und Repression in der Bundesrepublik. Das Wort »Berufsverbot« wurde unübersetzt übernommen und ging als Vokabel zur Charakterisierung dieser antidemokratischen Praxis in den Sprachschatz dieser Länder ein.

»Wenn François Mitterand in Bayern lebte, hätte er keine Chance, eine Stellung als Jurist in der Verwaltung einzunehmen, und George Marchais hätte nicht einmal das Recht, in der Bundesrepublik Lehrer zu sein«, schrieb die französische Zeitung L'Unité. Für unsere westlichen Nachbarn war dies deshalb ein unvorstellbarer Vorgang, weil im Geschichtsbewußtsein dieser Völker die Réstistance, der antifaschistische Widerstandskampf, weiterlebt und die Widerstandskämpfer, seien sie Kommunisten, Sozialisten oder Christen, tiefen Respekt und hohes Ansehen genießen.

Anders bei uns: In der Nazipropaganda waren Kommunisten und Antifaschisten »Volksfeinde«. Dieser tiefverwurzelte, von den Staatsorganen der Bundesrepublik übernommene Antikommunismus hat aus den »Volksfeinden« von damals die »Verfassungsfeinde« von heute gemacht und ihnen den Stempel der Verfassungsfeindlichkeit aufgedrückt wie vor 50 Jahren den Judenstempel.

In Frankreich, Holland, Dänemark und anderen Nachbarländern bildeten sich nationale Komitees gegen die Praxis der Berufsverbote in der Bundesrepublik, die das »Modell« Berufsverbot als Gefahr für die Demokratie in Europa anprangerten und eine umfangreiche Solidarität für die Betroffenen in der BRD entwickelten.

Auch auf meinem Schreibtisch füllten sich Aktenordner mit Solidaritätsschreiben aus dem Ausland von besorgten Bürgern, namhaften Politikern, Juristen und Schriftstellern. Ausdruck dieser Solidarität war auch die Anwesenheit ausländischer Delegationen während meiner beiden Prozesse vor dem Verwaltungsgericht und dem hessischen Verwaltungsgerichtshof.

Der Protest aus dem Ausland sowie die stark angewachsene Bewegung in unserem Land brachte die verantwortlichen Politiker denn auch mehr und mehr in Bedrängnis. Der damalige SPD-Kultusminister Krollmann – offensichtlich durch meine Familiengeschichte peinlich berührt – ließ mich zu sich kommen, um ausdrücklich zu betonen, daß meine Entlassung nichts mit meiner jüdischen Herkunft, sondern allein mit meiner Mitgliedschaft in der DKP zu tun habe.

Die SPD sah sich wachsender Kritik sozialdemokratischer und sozialistischer Politiker befreundeter Parteien ausgesetzt. Die sozialdemokratische Parteivorsitzende der holländischen P.v.d.A., Ina v.d. Heuvel, empfing persönlich vom Berufsverbot Betroffene, um sich durch sie informieren zu lassen. Sie, wie auch der Vorsitzende der französischen sozialistischen Partei, François Mitterand, äußerten ihre Besorgnis und Kritik gegenüber der bundesdeutschen Berufsverbotepraxis.

Quer durch die SPD ging ein immer tieferer Riß zwischen Gegnern und Befürwortern der Berufsverbote, die Kritik an der Basis wuchs.

Dies alles führte schließlich dazu, daß Willy Brandt 1976 die mit dem »Ministerpräsidentenerlaß« eingeleitete Praxis als »Irrtum« eingestand, die der Demokratie mehr Schaden als Nutzen eingebracht habe. Die Berfusverbotepraxis sollte liberalisiert werden. Die SPD-regierten Länder kündigten den »Ministerpräsidentenerlaß« zugunsten neuer Richtlinien, in denen die Art und Weise der Überprüfung der Verfassungstreue im öffentlichen Dienst modifiziert werden sollte. Aber alle kosmetischen Korrekturen konnten nicht darüber hinwegtäuschen, daß die Berufsverbotepraxis weiter fortgesetzt wurde.

Als ich nach einem Jahr Berufsverbot im Jahre 1976 aufgrund der breiten Protestbewegung wieder in den Schuldienst eingestellt werden mußte, wurde mir erschreckend klar, daß damit die Hexenjagd noch nicht zu Ende war:

»Gingold nicht tragbar an der Spangenberger Schule«, so lautete die Schlagzeile der örtlichen Presse.

»Wir wollen nicht, daß unsere Kinder von einer Kommunistin erzogen werden«, hieß es weiter.

Ich hatte noch keine einzige Unterrichtsstunde gehalten, aber die örtliche CDU ließ keinen Zweifel daran, daß ich die Kinder »verderben« würde. Einmal den Berufsverbotsstempel aufgedrückt, wirkt er weiter. Man begegnete mir mit Mißtrauen und Skepsis. Ein Wohnungsvermieter im benachbarten Ort machte aus »Angst vor Schwierigkeiten« – wie er offen bekannte – die Vermietung rückgängig. Die Solidarität vieler Kollegen und Bürger verhinderte, daß ich in diesen ersten deprimierenden Tagen resignierte.

Viele vom Berufsverbot Betroffene können heute – in den achtziger Jahren – ihren Beruf wieder ausüben. Im Saarland wurde die Berufsverbotepraxis aufgehoben, in Hessen wurden bis heute keine neuen Berufsverbote ausgesprochen. Aber viele Betroffene sind auch weiterhin von ihrem Beruf ausgeschlossen. Und in CDU/CSU-regierten Ländern sowie bei Bahn und Post werden immer noch neue Berufsverbote ausgesprochen.

Witich Roßmann

»Probleme des Klassenkampfes«

Renaissance der Gewerkschaftspolitik

Arme Arbeiterklasse. Da hat sie sich nun unverhofft, kräftig und ohne ihre berufene Führung um Genehmigung anzugehen – die derweil am runden Tisch der Konzertierten Aktion über die »Soziale Symmetrie« zwischen Kapital und Arbeit debattiert –, mit »wilden Streiks« als Subjekt auf der politischen Bühne der Bundesrepublik zurückgemeldet; rechtzeitig zum Beginn des neuen Jahrzehnts. Und schon wird sie zum begehrten Objekt politischer Strategien.

Ihre Streiks, Arbeitsbedingungen und vor allem ihr Bewußtsein werden sozialwissenschaftlich bis in die letzten Einzelheiten analysiert. Was bis vor kurzem noch als Restbestand »dichotomischen Bewußtseins« einer verbürgerlichten und integrierten Arbeiterklasse galt, wird nun – mehr hoffend denn wissend – als Keimform rekonstruierbaren Klassenbewußtseins interpretiert. Noch hat die Arbeiterklasse selbst sich kaum verändert, das Bild von ihr sich indes einschneidend.

Ein neues Jahrzehnt, ein neues Thema, ein neues Subjekt, die studentenbewegte, revolutionierte Intelligenz besichtigt den neuen Trend. Hans Magnus Enzensberger öffnet sein Kursbuch den »Frauen bei Bosch und AEG-Telefunken«, präziser gesagt, den Literaten, die sich temporär auf die Niederungen der Arbeitswelt eingelassen haben, auf eine Welt, die ihnen nicht minder exotisch als der vietnamesische Dschungel erscheint. Die »traditionellen« Marxisten werden hoffähig: mit Analysen zu »Klassenstruktur und Klassenbewußtsein«, »Klassenbewußtsein und Klassenkampf« zollt Wolf-Fritz Haug in zwei Heften des Argument in tiefrotem Dekor dem Zeitgeist seinen Tribut. Die sozialistischen Assistenten am Berliner Otto-Suhr-Institut wenden sich der Betriebsarbeit, der »Aktualität der Partei« und alsbald den »Problemen des Klassenkampfs« in ihrer Totalität zu. Im renommierten Fischer-Verlag präsentiert der soziologische Nachwuchs der Frankfurter Schule seine kritischen Jahrbücher zum Thema »Gewerkschaften und Klassenkampf«.

Wußte die Arbeiterklasse um den Wert ihrer sozialen Bewegungen und Regungen? Wenn nicht, konnte Abhilfe geboten werden. Intellektuelles Analyse-, Politikberatungs- und Weiterbildungspotential existierte im Übermaß. Studentische SDS-Zirkel, eben noch bemüht, Herbert Marcuse und die Eindimensionalität von Mensch und Gesellschaft theoretisch nachzuvollziehen, re-formierten sich als »Kommunistische Partei« vor, und als proletarische Agitations- und Einsatzgruppen in den Fabriken, um der manipulierten Klasse zum richtigen Bewußtsein zu verhelfen. Revolutionäre und rote Maikomitees rufen die Arbeiter wieder auf die Straße, raus aus den blumengeschmückten Sälen, den dunklen Anzügen mit Schlips, weg von den feierlichen Festreden ergrauter sozialdemokratischer Oberbürgermeister, Landräte, Senatoren, Minister und Abgeordneter. Drinnen oder draußen, heißt die Alternative. Draußen stehen vorerst einmal die engagierten Schüler, Lehrlinge und Studenten.

Aufbruch zu neuen Ufern

Immerhin, die Gewerkschaftsjugend erkennt die Zeichen der Zeit. Schon im April 1970 definiert das »Strategieseminar« des Bundesjugendausschusses die gewerkschaftliche Jugendarbeit neu als *»politische Arbeit mit dem Ziel der Veränderung der gegenwärtigen kapitalistischen Gesellschaftsordnung der Bundesrepublik hin zu der Gesellschaft der Selbstorganisation und Selbstbestimmung. Die Arbeit der Gewerkschaften wird darin gesehen, für diese Veränderungen zu kämpfen...«* Da mochte auch der neugewählte, aus der eher

konservativen IG Bergbau und Energie stammende DGB-Vorsitzende Heinz-Oskar Vetter nicht zurückstehen. Ungewohnt deutlich erklärte er die Verfügung über Kapital und Eigentum an Produktionsmitteln als Ursache der sozialen Unterlegenheit und Abhängigkeit der Arbeitnehmer.

Das Deutsche Industrieinstitut registriert einen »Erdrutsch der öffentlichen Meinung« zuungunsten der Unternehmer. Veränderungen im »kulturellem Klima« seien nicht zu übersehen: »Zum Teil werden marxistische Ansätze unreflektiert, zum Teil wohl auch unbewußt übernommen. Teilweise werden sie simplifiziert und emotional aufgeladen.« Die Tendenz erscheint erschreckend. Zehn- bis zwanzigprozentige Lohnforderungen aus den Betrieben, ein Novellierungsentwurf zum Betriebsverfassungsgesetz mit erweiterten Rechten für Betriebsräte und Gewerkschaften, eine Diskussion über Investitionskontrolle und -lenkung und ein IG Metall-Vorsitzender Otto Brenner, der die »Perspektiven der deutschen Mitbestimmung« (1972) als »antikapitalistische, sozialreformistische Strategie« umreißt und von der Bundesregierung die »qualifizierte Mitbestimmung« ohne Kuhhandel und Abstriche als unverzichtbare gewerkschaftliche Antwort auf die ungeheure Konzentrationswelle und die fortschreitende Anonymisierung des multinationalen Kapitaleigentums einforderte.

Vollzog sich hier ein Aufbruch der Gewerkschaften zu neuen politischen Ufern? Selbst nüchtern denkenden und historisch erfahrenen Unternehmern zeichnete sich drohend das Lenin'sche »Bündnis von Proletariat und Wissenschaft« ab, dem keine noch so finstere Macht widerstehen könne: Eine »neue Linke«, die die gewerkschaftliche Bildungsarbeit mit Klassenkampf- und Konfliktparolen prägt und in die Stabsstellen der Gewerkschaftsführungen eindringt; eine Gewerkschaftsjugend, die antikapitalistischen Strukturreformen anhängt und eine »traditionelle Linke«, die in Vertrauenskörpern und Betriebsräten überraschend schnell wieder an Boden gewinnt – das erfordert schnelle und harte Reaktionen, bevor sich französische, italienische oder englische Verhältnisse ausbreiten.

Betriebsratswahl bei Daimler-Benz

Das Kapital gibt Kontra

Schon die ersten Anzeichen einer konjunkturellen Krise, im Verein mit ausufernden Inflationsraten und dem Zusammenbruch des Weltwährungssystems, lösen frontale Gegenattacken einer Bourgeoisie aus, der diskreter Charme noch nie als politische Tugend galt. Im November ’71 verweigern sie der IG Metall jegliche Reallohnerhöhungen, provozieren den Streik, kontern mit Massenaussperrungen, drohen erstmals kalte Aussperrungen bundesweit an. Am Morgen der ersten Aussperrungen erscheinen ganzseitige Zeitungsanzeigen, unterzeichnet von 62 Unternehmern und Spitzenmanagern, die die gesamte bundesdeutsche Großindustrie repräsentieren. Unter der reißerischen Überschrift »Wir können nicht länger schweigen« entwerfen sie das Szenario einer strukturellen Krise der Volkswirtschaft (»Der Rückgang der Unternehmenserträge hat ein nie dagewesenes Ausmaß erreicht«) und fordern ultimativ »einen wirtschaftspolitischen Kurs, der den Kostendruck mildert, den Unternehmern wieder eine stabile Grundlage gibt.« Hinter den Kulissen finanzieren sie derweil den Kauf von FDP-Bundestagsabgeordneten, damit Rainer Barzel seinen Versuch zum Sturz der Brandt-Regierung unternehmen kann. Das aber provoziert nur eine erneute Welle diesmal politischer Streiks und Demonstrationen in und aus den Betrieben und endet im Neuwahldesaster der CDU/CSU Ende 1972. Ein letzter Versuch, in »Konzertierter Aktion« zwischen Bundesregierung, Unternehmerverbänden und Gewerkschaftsführung die Inflation über Lohndrosselung zu stoppen, löst 1973 eine nicht enden wollende Welle erneuter »wilder Streiks« im ganzen Bundesgebiet aus. Hoesch-Arbeiter erzwingen mit betrieblichen Streiks die Wiedereinstellung entlassener Vertrauensleute und Betriebsräte, ausländische Frauen bei Pierburg/Neuss erkämpfen Lohnaufbesserungen, und türkische Arbeitsimmigranten legen tagelang den Kölner Ford-Multi still. Über 300 solcher Streiks werden zwischen Februar und Oktober 1973 gezählt, viele eskalieren durch Entlassungen, Konfrontationen innerhalb der Belegschaften, Polizeieinsätze. Die Tagesschau strahlt täglich vor der Wetter- eine Streik-Karte aus.

Die KPD/MLs und AOs sehen die Stunde für eine neue »Revolutionäre Gewerkschaftsopposition« gekommen. Ihre wenigen, 1972 gewählten oppositionellen Betriebsräte rufen zu Vorbereitungstreffen und Kongressen auf. Und selbst den sozialistischen Kritikern dieses Kurses erscheint »weniger das Kapitalverhältnis selbst oder der Widerstand von Kapital und Staatsapparat als eine Schranke, die sich der Durchsetzung von Arbeiterforderungen entgegenstellt, als vielmehr die institutionalisierte Form des Willensbildungsprozesses in den Gewerkschaften«.

Die sozialen Kämpfe und Konflikte setzen sich mit organisierten Streiks der IG Metall in Baden-Württemberg – hier wurde unter dem neuen Bezirksleiter Franz Steinkühler ein Humanisierungstarifvertrag erkämpft – und im Unterwesergebiet fort und finden ihren Höhepunkt im Streik der ÖTV, die sich unter Heinz Kluncker den Lohnleitlinien der Bundesregierung verweigerte und damit zusätzlich den Autoritätsverfall des Bundeskanzlers Brandt förderte. Nicht nur Teile des Kapitals reagierten kopflos auf diese Belebung der Gewerkschaften, auf ihre Renaissance als »soziale Bewegung«. Gewichtige Teile des Gewerkschaftsapparates – noch befangen in den sozialpartnerschaftlichen Denk- und Handlungsformen der sechziger Jahre und eingebunden in die korporatistische Integrationspolitik einer sozialliberalen Bundesregierung – reagieren ebenso verstört wie Betriebsratsfürsten, die sich mit neugewählten, in der rasch expandierenden gewerkschaftlichen Bildungsarbeit geschulten und selbstbewußten Vertrauensleuten konfrontiert sehen und um ihre Betriebs- und Aufsichtsratsmandate fürchten müssen. Ein vertrauliches Gesprächsprotokoll, in dem Arbeitsdirektoren der Stahlindustrie ihr Leid ausbreiten, sorgt für Aufregung auf dem IGM-Gewerkschaftstag 1971 und ist symptomatisch

für die Stimmung: die Vertrauensleute »spielten sich als Kontrolleure des Betriebsrates auf«, sie »kritisieren nicht nur, sondern manövrieren geradezu Betriebsratsmitglieder aus ihrem Amt hinaus.« Dieses Konkurrenzstreben würde »auf den Schulen der IG Metall gelehrt«, »man ist von vornherein gegenüber Spitzenfunktionären der Gewerkschaft auf Abwehr eingestellt«, eine »wachsende Politisierung in den Betrieben« müsse Besorgnis hervorrufen, »jeder Tag bringt neue Konflikte, und wir fragen uns, warum das eigentlich so sein muß?«.

Gegenreaktionen lassen nicht auf sich warten. 1972/73 häufen sich Funktionsverbote für Gewerkschaftsfunktionäre. Vor allem im Jugendbereich werden kritische Gruppen aufgelöst, Teilnehmer und Organisatoren von alternativen Maikomitees und vor allem Kandidaten oppositioneller Betriebsratslisten ausgeschlossen; einige Gewerkschaften verabschieden formelle Unvereinbarkeitsbeschlüsse für maoistische Gruppen und deren Mitglieder. In der GEW entbrennt ein heftiger Konflikt mit dem Westberliner Verband, der sich dieser Politik strikt verweigert. Öffentliches Aufsehen erregt der Erfolg der oppositionellen Plakat-Gruppe um Willi Hoss bei den Betriebsratswahlen im Daimler-Benz-Werk Untertürkheim, der zum Ausschluß dieser Gruppe aus der IG Metall führt. Weniger Beachtung findet, daß Vertrauensleute das Wahlverfahren demokratisieren, selbst Kandidatenvorschläge erstellen, und daß sich eine neue Generation konfliktbereiter und mobilisierungsfähiger Gewerkschafter in den Betrieben etabliert.

Krise, Resignation und Integration

Aber noch ehe sich solche Tendenzen festigen können, führt die Weltwirtschaftskrise 1974/75 zu einem abrupten Entwicklungsbruch. Innerhalb weniger Monate verändern sich die gewerkschaftlichen Handlungsbedingungen einschneidend. Wo eben noch händeringend in ganz Europa von Barcelona über Neapel bis Istanbul nach Arbeitskräften gesucht wurde, läßt nun der kapitalistische Krisenzyklus die Arbeitslosenzahlen auf über 1,2 Millionen schnellen. Eine neue industrielle Reservearmee erfüllt ihre disziplinierenden Wirkungen weit effektiver als jede Konzertierte Aktion. Der Sachverständigenrat, der schon 1972 zur Lohnkontrolle eine »Reprivatisierung des Beschäftigungsrisikos« empfohlen hatte, zeigt sich ebenso befriedigt wie der BDI-Vorsitzende und Thyssen-Chef Hans-Günther Sohl, der seit 1971 mehrfach eine »Entspannung auf dem Arbeitsmarkt« und eine »Aufgabe der staatlichen Vollbeschäftigungsgarantie« von der Bundesregierung verlangt hat. Peter von Siemens, Eigentümer wie Chef des größten bundesdeutschen Privatkonzerns, resümiert die positive Krisenbilanz – aus Unternehmerperspektive – in einem spektakulärem SPIEGEL-Interview (Nr. 48/1975):

Von Siemens: *Das rauhere Klima bedeutet für uns alle einen Lernprozeß, in dem wir mittendrin stehen. Wenn wir ihn überwunden haben, werden wir feststellen, daß die Krise ganz heilsam war. Sie nehmen mir hoffentlich ab, daß ich nicht einer Massenarbeitslosigkeit das Wort reden möchte. Aber im Wirtschaftsleben ist genauso wie im privaten und öffentlichen Leben gelegentlich eine Reinigung des Gesamtorganismus durchaus positiv«!*

Aber die Krise ist nicht nur »reinigendes Gewitter«, das die gesellschaftlichen Machtverhältnisse zugunsten des Kapitals neuordnet, sie wird zugleich Ausgangspunkt einer staatlich geförderten Modernisierungspolitik, die vermittels computergestützter Rationalisierung in Produktion und Verwaltung Berufe und Qualifikationen entwertet, die Weltmarktexpansion bundesdeutscher Konzerne abstützt und mit infrastrukturellen und industriellen Großprojekten ökologische Grenzen überschreitet. Ein neuer Wachstums- und Akkumulationstyp setzt sich durch, die Massenarbeitslosigkeit wird strukturell und stagniert bis Ende der siebziger Jahre über der Millionengrenze. Von Ausbau und Reform des Bildungs- und Gesundheitswesens wird Abstand genommen, die Investitionsförderung des privatwirtschaftlichen Sektors genießt Priorität. An Stelle des gewerkschaftlich geforderten paritätischen tritt ein mehrfach um die Parität kastriertes Mitbestimmungsgesetz (ein Sitz für Leitende Angestellte auf der Arbeitnehmerseite, Doppelstimmrecht für den Aufsichtsratsvorsitzenden). Peter von Siemens weiß sich mit seinen »Kollegen aus den Spitzenverbänden der Wirtschaft« einig, »daß wir uns... keinen besseren Bundeskanzler und keinen geeigneteren Wirtschaftsminister wünschen können, als wir derzeit haben.«

Unternehmer

Gewerkschaftsführer

Weniger einig ist man sich über die neue Politik des Bundeskanzlers Helmut Schmidt in der Gewerkschaftsbewegung. Nahezu nahtlos bindet sich der rechte Gewerkschaftsflügel in die Modernisierungsstrategie ein. Der DGB kündigt zwar nach der Verfassungsklage der Unternehmerverbände gegen das Mitbestimmungsgesetz '76 seine Mitarbeit in der Konzertierten Aktion auf, aber die informellen Spitzengespräche am Kanzler-Kamin mit erlesenen Vertretern der Industrie mag denn doch niemand missen. Im Kanzler-Jet praktizieren einige Gewerkschaftsführer, als Begleitpersonal auf den Weltreisen des Kanzlers, Konzertierte Aktion über den Wolken. Auf dem Boden stützen sie den Ausbau der Kernenergie, der Großchemie, Startbahn- und andere Betonprojekte gegen den ersten Ansturm der ökologischen Bewegung ebenso wie die Nachrüstungsbeschlüsse gegen die Friedensbewegung. Das Arbeitsplatzargument tötet jede Kritik. Nur begrenzt gelingt es indes diesem Flügel, sozialistische und kritische Strömungen aus der DGB-Jugendarbeit auszuschalten, das DGB-Programm sozialpartnerschaftlich umzuschreiben und die kommunistische Traditionslinie aus dem Begriff und Spektrum der Einheitsgewerkschaft auszugrenzen.

Sie scheitern damit an Gewerkschaften wie der IG Metall, der IG Druck und Papier, der HBV, GEW und – wenn auch in sich widersprüchlich/er – den anderen Gewerkschaften des Öffentlichen Dienstes, die sich nach erheblichen Irritationen, nach Verunsicherung und Resignation in den ersten Krisenjahren 1974/75 weder durch den »Tabu-Katalog« noch durch die starre Konfrontationspolitik der Arbeitgeberverbände von der Entwicklung einer autonomen Gewerkschaftspolitik abbringen lassen.

Neue Autonomie?

Aus den Erfahrungen des Krisenalltags, aus Abwehrkämpfen gegen Betriebsstillegungen und Massenentlassungen sowie betrieblichen Rationalisierungserfahrungen kristallisieren sich sukzessive neue tarifpolitische Forderungen und gewerkschaftliche Aktionsstrategien heraus. Ein erstes Widerstandssignal setzt 1976 der Druckerstreik um höhere Löhne, der aber gewerkschaftspolitisch noch isoliert blieb. Eine Welle von insgesamt fünf gewerkschaftlich organisierten Streiks lassen das Jahr 1978/79 (neben 1971) zum streik- und aussperrungsintensivsten Jahr der bundesrepublikanischen Nachkriegsgeschichte werden. Streiks in den bundesdeutschen Seehäfen, in der Druckindustrie, in der Metallindustrie Nordwürttembergs-Nordbadens und der Westberliner Bauindustrie sowie Warnstreikwellen in der Stahlindustrie und den VW-Werken gehen jeweils nahezu nahtlos ineinander über. Neben Lohnforderungen dominieren in der Druck- und Metallindustrie Rationalisierungsschutzforderungen. Das Kapital kontert militant. Streiks in ausgewählten Druckbetrieben werden mit einer bundesweiten Aussperrung beantwortet. Auf 19000 Streikende kommen 55000 Ausgesperrte. Auf den Streik von 100000 Metallarbeitern folgt die Aussperrung von über 200000 Beschäftigten.

Die Mobilisierung der Gewerkschaftsmitglieder für diese Streiks offenbart, was Krise und Arbeitslosigkeit auch bedeuten: Angst um den Arbeitsplatz, vor den Risiken gewerkschaftlichen Engagements, intensivierte Konkurrenz und Spaltung unter den Lohnabhängigen, unter Belegschaften verschiedener Betriebe.

Gewerkschaftliche Politik als Produkt spontaner, kollektiver Massenaktion – unter solchen sozialpsychologischen wie politischen Verhältnissen purer Wunschtraum. Erfolgreiche Mobilisierung zum Streik wird zur abhängigen Variablen gewerkschaftlicher Führungsarbeit und der Existenz streikfähiger betrieblicher Aktionsstrukturen. Wo sie Anfang der siebziger Jahre aufgebaut und entwickelt worden waren, sich in der Krise nicht aufgelöst hatten oder gar zerschlagen wurden, nur dort existierte am Ende des Jahrzehnts gewerkschaftliche Streikfähigkeit und Widerstandspotential gegen die Massenaussperrungen. Die IG Chemie zeigt sich nach ihrem Streik 1971, der neben kämpferischem Einsatz auch gravierende Organisationsschwächen in den Großbetrieben der Chemie offenbart hatte, nicht mehr streikfähig bzw. -bereit. Sie wird zum Synonym gewerkschaftlicher Kooperationspolitik. Im Zentrum gewerkschaftlicher Kämpfe stehen am Ende des Jahrzehnts immer wieder die IG Druck und die IG Metall in Baden-Württemberg und in der nordrhein-westfälischen Stahlindustrie.

Es sind soziale Kämpfe mit zum Teil neuen Inhalten und

Ausgesperrte Drucker in Stuttgart (März 1978)

Druckerstreik 1978

Im Stahlarbeiterstreik 1978/79 begann der Kampf um die 35-Stunden-Woche

Kampfformen, aber an alten, traditionell kampfstarken Fronten ausgetragen. Erste Spuren erfolgreicher gewerkschaftlicher Orientierungs- und Organisationsarbeit im expandierenden Dienstleistungssektor, unter Angestellten und Gruppen der Intelligenz, werden am Ende des Jahrzehnts sichtbar, in Warnstreikaktionen der Gewerkschaft HBV im Banken- und Handelssektor, in Warnstreiks der in der GEW organisierten Lehrer für die 40-Stunden-Woche und in der erfolgreichen Streikvorbereitung der »Rundfunk-Fernseh-Film-Union« (RFFU) in den bundesdeutschen Sendeanstalten gegen die Zerschlagung des Norddeutschen Rundfunks, für die Verteidigung des öffentlich-rechtlich verfaßten Rundfunksystems.

Den Höhepunkt der Arbeitskämpfe 1978/79 indes bildet der Stahlarbeiterstreik im Winter 1978/79, in dem die IG Metall erstmals für die 35-Stunden-Woche streikt. Diese Forderung, als gewerkschaftliche Reaktion auf die Massenarbeitslosigkeit vornehmlich in den regionalen Krisenzentren Nord- und Westdeutschlands entstanden, war auf dem Gewerkschaftstag 1977 nur mit knapper Mehrheit gegen das Votum des Vorstands als tarifpolitischer Schwerpunkt beschlossen worden. Ihre Verweigerung genoß höchste Priorität im Tabu-Katalog der Unternehmerverbände. Streik und Aussperrung in der Stahlindustrie eskalieren zu einem erbittert geführten, siebenwöchigen Machtkampf. Ohne Einstieg in die 35-Stunden-Woche (vielmehr wurde die 40-Stunden-Woche für die Stahl- *und* die metallverarbeitende Industrie bis 1983 festgeschrieben), wenngleich mit erheblichen materiellen Konzessionen (Lohnerhöhungen und sechs Wochen Urlaub) kompensiert, muß die IG Metall den Kampf abbrechen. Ein bitteres Ende für die vom Beschäftigungsabbau besonders heimgesuchte Stahlindustrie am Ende des Jahrzehnts.

Ein Ende auch der Arbeiterbewegung? Keineswegs. Vor allem ein überdurchschnittlicher Zuwachs von Frauen und Angestellten im öffentlichen Dienst und im privaten Dienstleistungssektor führte zu einem Anstieg der Mitgliederzahlen des DGB von 6,48 (1969) auf 7,84 (1979) Millionen Lohnabhängige, zu einem Anstieg des Organisationsgrades von 30,3 auf 34 Prozent. Die Gewerkschaften erneuerten sich in den siebziger Jahren als »soziale Bewegung«, brachen verkrustete, bürokratisierte Strukturen auf. Sie bildeten in vielen Bereichen betriebliche Basisstrukturen mit gewerkschaftlichen Vertrauenskörpern und Betriebsgruppen aus, reaktivierten kämpferische Traditionen wie den 1. Mai mit Straßendemonstrationen und Kulturfesten, den 8. März als Internationalen Frauen- und den 1. September als Anti-Kriegstag. Neue Inhalte, wie Rationalisierungsschutz, Humanisierung der Arbeit, Wochenarbeitsverkürzung und alternative Struktur- und Wirtschaftspolitik, entwickelten sich neben der traditionellen Lohnpolitik zu Brennpunkten sozialer Kämpfe.

»Antikapitalistische Strukturreformen« aber rückten am Ende des Jahrzehnts in weitere Ferne. Gewerkschaftliche Politik ging in hartnäckige, nicht selten frustrierende Alltags-Arbeit über. Gleichwohl verteidigte sie halbwegs erfolgreich soziale Arbeits- und Lebensverhältnisse für die lohnabhängig arbeitende Klasse, sicherte demokratische Gegenmachtstrukturen. Zuwenig indes für ehemals interessierte Intellektuelle, denen André Gorz den »Abschied vom Proletariat« formuliert.

Streikposten vor Hoesch-Phönix, Januar 1979 in Dortmund

Proteste in Danzig

Zu einem blutigen Volksaufstand steigerten sich kurz vor Weihnachten 1970 in Polen Proteste Danziger Werftarbeiter, die sich gegen Preiserhöhungen für Lebensmittel richteten.

Eine Arbeiter-Delegation der Danziger Werft wurde am 13.12.1970 verhaftet, als sie mit der Parteileitung über die Preiserhöhungen diskutieren wollte. Am nächsten Tag protestierten rund 1000 Werftarbeiter und marschierten zum Parteihaus. Dem Streik aller Danziger Hafenbetriebe und der meisten Fabriken schlossen sich am 15.12. die Werftarbeiter in Gdingen an. Der Brand des Parteihauses in Danzig an diesem Tag löste schließlich den Einsatz von Armee-Panzern aus. Die ebenfalls streikenden Stettiner Werftarbeiter, die einen Arbeiterrat gewählt hatten und mit ihrem Parteichef verhandeln wollten, wurden von diesem nicht empfangen. Bevor auch hier Panzer eingesetzt wurden, hatten die Arbeiter seine Villa demoliert und das Parteihaus angezündet. Es gab Tote auf beiden Seiten.

Die Arbeiterproteste trafen die Parteiführung nicht völlig unvorbereitet. Als die Preiserhöhungen beschlossen wurden, wußte Parteichef Gomulka: »Es wird Unruhe und Kritik geben.« Die Preiserhöhungen waren Teil einer Wirtschaftsreform, die hauptsächlich zu Lasten der Arbeiter ging. Für Lebensmittel betrugen sie durchschnittlich 19%, um ein Viertel stiegen die Preise für Heizkohle und Koks, die Sozialmieten wurden verdoppelt. Dafür wurden die Preise für Luxusgüter wie Fernsehgeräte und Waschmaschinen gesenkt.

Die Wut über die Preissteigerungen war der letzte Auslöser für die Entladung des Unmuts gegenüber einer Parteiführung, die sich durch Bürokratismus und basisferne Planung am grünen Tisch auszeichnete. Es gab genügend Gründe für die Arbeiter, ihre Interessen wieder selbst zu vertreten. Die Arbeiter-Komitees der streikenden Betriebe stellten im Namen der 20000 Arbeiter von Danzig und Gdingen einen Arbeiterrat auf, der die Forderungen der Aufständischen formulierte. Die Delegation, die die Forderungen überbrachte, wurde verhaftet.

Am Ende trugen die Arbeiter dann aber doch einen Teilerfolg davon. Im Februar gab die Parteiführung zu, daß sie im autokratischen Stil regiert und sich von Volk und Arbeiterklasse entfremdet habe. Sie räumte ihre Unfähigkeit ein, langfristige wirtschaftspolitische und soziale Programme aufzustellen. Die Konsequenz: ein Wechsel in der Führungsspitze. Wladyslaw Gomulka wurde von Edward Gierek als KP-Chef abgelöst. Die am meisten kompromittierten Genossen, fünf Mitglieder des Parteibüros, fast die gesamte Führung in den Küstenstädten und drei Minister traten zurück.

Urte Sperling

April, April?

Die »Revolution der Nelken« in Portugal – von der Diktatur zum gewöhnlichen Kapitalismus

1970 hing in unserer Wohngemeinschaft ein Plakat, auf dem die noch amtierenden Diktatoren der Welt mit dem Zusatz: »von... bis...« verzeichnet waren. Zum Abhaken. Auch der Portugiese Caetano stand auf der Liste. Mit seinem Namen assoziierten wir Faschismus, Kolonialkrieg, Waffenexport, NATO-Militärhilfe, Großinvestitionen von Krupp und Siemens für den Cabora-Bassa-Staudamm. In den sogenannten Überseeprovinzen in Afrika, Guinea-Bissau, São Tomé, Angola und Mozambique, schien das Regime in einer aussichtslosen Lage. Spätestens 1972 mit der Anerkennung der Republik Guinea-Bissau durch die UNO war die Niederlage der Kolonialarmee eine Frage der Zeit. Aber daß die Diktatur auch in Portugal selbst abgewirtschaftet hatte, bemerkten wir erst, als am 26. April 1974 die Nachricht von einem Militärputsch in Lissabon durch die internationale Presse ging.

Kolonialmacht und Entwicklungsland

Portugal zählte damals zu den »Armenhäusern« Europas. Die älteste europäische Kolonialmacht war seit dem 19. Jahrhundert selbst ein unterentwickeltes Land. Eine kleine Oligarchie aus Großgrundbesitz, Bank- und Industriekapital sicherte sich ein parasitäres Luxusleben durch Profite aus dem Zwischenhandel mit den Reichtümern der Kolonien und aus der Zwangsarbeit der schwarzen Bevölkerung. Im »Mutterland« ließen Großagrarier Hunderttausende Hektar Land brachliegen. Auf dem Lande und in den Slums von Lissabon herrschten Armut und Analphabetismus. Der Krieg in Afrika verschlimmerte die Lage. Auch der Mittelstand begann, die materielle Misere zu spüren. Industrie- und Landarbeiter, auch städtische Angestellte hatten in den sechziger Jahren trotz scharfer Repression immer wieder um höhere Löhne und um das Recht, in den staatlichen Zwangssyndikaten Leute ihres Vertrauens in die Leitungen zu wählen, gekämpft.

Die »Revolution der Nelken«

In den frühen Morgenstunden des 25. April erklang im portugiesischen Rundfunk das Lied »Grândola, vila morena« des Sängers José Afonso. Es war das vereinbarte Signal für eine Militärerhebung von 200 Frontoffizieren der »Bewegung der Streitkräfte« (Movimento das Forças Armadas – MFA), die den Krieg in Afrika beenden wollten. Nach dem unblutigen, erfolgreichen Handstreich der Offiziere setzten sich die führenden Repräsentanten des alten Regimes nach Brasilien ab, in der Hoffnung, der Präsident der neu eingesetzten Militärjunta, der konservative General Spínola, verschwägert mit dem bedeutendsten Konzernchef des Landes und ausgestattet mit guten Kontakten zur NATO, werde die Fäden in der Hand behalten. Die Bevölkerung der Hauptstadt feierte die rebellierenden Soldaten als Befreier und schmückte ihre Waffen mit jenen roten Nelken, die dem Ereignis seinen Namen gaben: »revolução dos cravos – Nelkenrevolution«. Wenige Tage später öffneten sich die Gefängnisse für die politischen Gefangenen der Diktatur, und Ende April kehrten die Exilpolitiker der von der Diktatur verbotenen Oppositionsparteien in ihre Heimat zurück. Die Vorsitzenden der Sozialistischen und der Kommunistischen Partei, Mario Soares und Álvaro Cunhal, wurden von einer jubelnden Menschenmenge begeistert empfangen. Am 1. Mai zog es allein in der Hauptstadt über eine Million Menschen zur ersten freien Mai-Demonstration seit fast fünfzig Jahren. Auch in anderen Städten fanden Kundgebungen der antidiktatorischen Kräfte statt.

Die Arbeiter des »roten Gürtels« um Lissabon nahmen sich schon im Mai das ihnen so lange verwehrte Streikrecht, besetzten Betriebe, jagten Spitzel und regimetreue Vorarbeiter davon, forderten höhere Löhne, mehr Urlaub und soziale Sicherheit. Die von der Militärjunta eingesetzte I. Provisorische Regierung, in der neben bürgerlich-liberalen Politikern auch Sozialisten und ein kommunistischer Minister mitarbeiteten, setzte die Mindestlöhne und Mindestrenten spürbar herauf und führte eine Arbeitslosen- und Sozialversicherung ein. In zahlreichen Gemeinden bildeten sich Bürgerinitiativen, die die örtlichen Vertreter des alten Regimes absetzten und in öffentlichen Vollversammlungen Bürgermeister ihres Vertrauens wählten. Im Spätsommer begannen Tagelöhnerfamilien in der Südprovinz Alentejo, Brachland zu besetzen und zu bearbeiten. Bis Juli 1975 nahmen sie über eine Million Hektar Land in Besitz. 550 »Kollektive Produktionseinheiten« entstanden, die die Anbauflächen erheblich erweiterten und Zehntausende neuer Arbeitsplätze schufen.

Alle diese Bewegungen erreichten allerdings nicht die ländlichen Regionen Nordportugals – ein sehr armes, vom Katholizismus geprägtes kleinbäuerliches Gebiet. Hier blieb alles beim alten.

Entkolonisieren, Demokratisieren, Entwickeln

Das Programm der MFA-Offiziere lautete: »Entkolonisieren, Demokratisieren, Entwickeln«. Sie wollten aus Portugal einen modernen, demokratischen Sozialstaat machen. Dabei sollten – so ihre ursprünglichen Vorstellungen – während einer einjährigen Übergangsphase die einst verbotenen Oppositionsparteien eine provisorische Regierung bilden, um die dringlichsten Wirtschaftsreformen einzuleiten und Wahlen zu einer verfassungsgebenden Versammlung vorzubereiten.

Die ökonomischen Positionen der Oligarchie blieben dabei unangetastet. Dennoch transferierten die Großagrarier und Industriellen ihr Kapital hektisch auf ausländische Konten, ließen Viehherden über die spanische Grenze treiben, machten Betriebe dicht. Über ihre Mittelsmänner in der Militärjunta und im neu geschaffenen Staatsrat drängten sie darauf, das Streikrecht und die neue Arbeits- und Sozialpolitik wieder rückgängig zu machen. Und ganz in ihrem Sinne bemühte sich Präsident Spínola nach Kräften, Verhandlungen mit den afrikanischen Befreiungsbewegungen auch jetzt noch zu vermeiden, so daß der Kolonialkrieg wieder aufzubrechen drohte.

All dies bewog die MFA-Offiziere, nicht nur in der Armee Schlüsselpositionen umzubesetzen (vor allem bei der Marine und im Landheer nahmen sich Soldaten- und Offiziersräte weitreichende Mitbestimmungsrechte und wählten sich ihre eigenen Kommandeure), sondern sie entsandten auch Minister aus den eigenen Reihen in die II. Provisorische Regierung, um die Fortsetzung der Friedenspolitik und der Demokratisierung abzusichern. Ministerpräsident wurde Oberst Vasco Gonçalves, dem Beziehungen zur ehemals illegalen portugiesischen KP nachgesagt wurden. Das militärische Oberkommando über den Bereich Lissabon und die Kontrolle über die Einsatztruppe COPCON (Commando Operativo do Continente – Operatives Kommando für Kontinentalportugal) erhielt Brigadegeneral Otelo Saraiva de Carvalho, im Volksmund kurz »Otelo« genannt, militärstrategischer Planer der Erhebung, der starke Sympathien für die afrikanischen Befreiungsbewegungen hegte. Die neue Mannschaft beschleunigte die Verhandlungen mit den Befreiungsbewegungen und unterstützte demonstrativ die Forderungen der Arbeiter.

Reisernte im Süden Portugals

1. Mai-Rundfahrt der Bauern der Kooperative »Roter Stern«

Auf dem Weg zum Sozialismus?

Das Handeln der MFA-Offiziere provozierte Spínola zu insgesamt drei erfolglosen Putschversuchen. Im Gegenzug setzten sich im März 1975 in den entscheidenden MFA-Gremien mehrheitlich radikale prosozialistische Militärs durch. Auf Putschismus, Kapitalflucht und Wirtschaftskrieg der Unternehmer und Großgrundbesitzer reagierten sie mit der Gründung eines »Obersten Revolutionsrates« als höchstem Machtorgan, der alle portugiesischen Banken und Großindustrien verstaatlichte, die von den Arbeitern praktizierte Kontrolle der Betriebe und die Landnahme im Alentejo legalisierte und einige prominente Industrielle ins Gefängnis steckte. Ein Verfassungspakt mit den an der Regierung beteiligten Parteien sah vor, daß die Sozialisierungsmaßnahmen, die Kontrollrechte der Arbeiter und die Agrarreform als nicht revidierbarer Kern in die neue Verfassung eingehen würden und daß der Revolutionsrat seine politische Macht auch nach Ablauf der Übergangsperiode behalten sollte.

Der Ansturm, der die Diktatur zu Fall gebracht hatte, schien nicht mehr ohne weiteres in die Bahnen kapitalistischer Modernisierung kanalisierbar. Spínola floh ins benachbarte Franco-Spanien, wo er mit geflüchteten ehemaligen Geheimpolizisten und Anhängern der Diktatur eine militärische Invasion Portugals vorbereitete. Das westliche Ausland geriet zusehends in Panik, als nach den März-Ereignissen eine revolutionäre Machtergreifung und der Aufbau einer sozialistischen Gesellschaft in einem NATO-Land in greifbare Nähe rückten.

Der »heiße Sommer« 1975

Portugal wurde zum Mekka der westeuropäischen Linken aller Richtungen. Nach dem blutigen Ende der Unidad Popular-Regierung unter Salvador Allende 1973 in Chile keimten neue sozialistische Hoffnungen. Die Linken solidarisierten sich mit den Zielen der »Nelkenrevolution«, besichtigten Landkommunen, Staatsbetriebe, die Kasernen um Lissabon standen ihnen offen. Wieder zuhause, versuchten sie, mit Ausstellungen, Veranstaltungen, Publikationen eine Gegenöffentlichkeit gegen die Massenmedien zu schaffen, die tagtäglich vor der »roten Gefahr am Tejo«, vor der kommunistisch gesteuerten Militärdiktatur warnten.

In den Kasernen um Lissabon debattierten derweil portugiesische Anarchisten und Maoisten über die Umgestaltung Portugals auf der Basis von Landkommunen, Arbeiter- und Soldatenräten und Volksbewaffnung. Sie verlangten den Austritt aus der NATO und wollten die MFA als revolutionäre Avantgarde und einzigen Machtfaktor institutionalisieren. Etwas ganz Neues sollte entstehen, kein Abklatsch des real existierenden Sozialismus, eher eine Synthese aus jugos-

Cunhal (links) und Soares

lawischer Selbstverwaltung, kubanischen Volksmilizen, bulgarischer Landreform, möglichst mit schwedischem Lebensstandard.

Die Sozialistische Partei des Mario Soares – 1973 mit Unterstützung der SPD in Bad Münstereiffel gegründet – wollte mehrheitlich einen Reformkapitalismus auf der Basis von EG-Krediten. Jeder Schritt, der die kapitalistische Ordnung im Lande grundsätzlich antastete, verschreckte ihre potentiellen Wähler im Mittelstand und gefährdete ihre Protektion aus dem Ausland. Nach den Wahlen zur Verfassungsgebenden Versammlung im April 1975, bei denen sie mit dem Slogan »Sozialismus in Freiheit« zur stärksten Partei wurde, verbündete sie sich endgültig mit der bürgerlich-liberalen »Demokratischen Volkspartei« (PPD) und blockierte gemeinsam mit ihr in der Regierung den Sozialisierungskurs, der von MFA-Gremien, Betriebsräten und Gewerkschaften betrieben wurde.

Die portugiesischen Kommunisten waren zurückhaltend mit dem Begriff »Sozialismus«. Die außenpolitischen und ökonomischen Realitäten des Landes im Blick, sprachen sie von einer »nationalen und demokratischen Revolution«. Sie verbündeten sich mit der MFA-Linken und den zivilen linksradikalen Gruppen, deren prominentester Vertreter Otelo war, um die widerspenstige Sozialistische Partei doch noch zu einer Politik zu drängen, bei der MFA, KP, Gewerkschaften und Betriebsräte ihre neu gewonnenen Positionen dauerhaft absichern und eine Rückkehr der Oligarchie verhindern könnten. Doch dieses Kalkül ging nicht auf. Die Sozialisten schalteten den linken Flügel in den eigenen Reihen aus und setzten die MFA immer massiver unter Druck, darauf verweisend, daß die potentiellen Kreditgeber aus der Europäischen Gemeinschaft, deren »Hilfe« für eine Absicherung der neuen Wirtschaftspolitik notwendig war, Gelder nur unter der Bedingung zusagten, daß Portugal ein kapitalistisches NATO-Land bliebe.

Spaltung der MFA

Unter diesem Druck spaltete sich im Juli 1975 die MFA. Ein »gemäßigter Flügel« unterstützte nun die Forderungen der Sozialisten, den Sozialisierungskurs zu bremsen und den Einfluß der Gewerkschaften und der portugiesischen Kommunisten zurückzudrängen. Diese Vorgänge gaben auch der Rechten neuen Auftrieb. Im August brannten in Nordportugal KP-Zentren und Gewerkschaftshäuser, nachdem der Bischof von Braga die Gläubigen zu einem antikommunistischen Kreuzzug gerufen hatte. Ministerpräsident Vasco Gonçalves wurde als Exponent des KP-nahen MFA-Flügels nicht nur von den Rechten, sondern auch von den portugiesischen Sozialisten zum Rücktritt aufgefordert. Auch dem damaligen

Demonstration am Jahrestag der Ermordung der Landarbeiterin Catarina Eufemia

SPD-Vorsitzenden und Präsidenten der Sozialistischen Internationale, Willy Brandt – seit Anfang 1975 in ständigem Telefonkontakt mit Soares – und seinen politischen Freunden in den regierenden sozialdemokratischen Parteien, Palme und Kreisky, ging die antikapitalistische Dynamik der Offiziere entschieden zu weit.

Vasco Gonçalves versuchte drei Wochen lang, den sozialistischen Kurs gegen den Widerstand der Mittelschichten und Bauern fortzusetzen. Damit stieß er bei einem Teil seiner Kameraden in der MFA auf immer größeren Widerstand. Seine Anhänger dagegen skandierten im August 1975 im überfüllten Lissaboner Sportpalast voller Leidenschaft »Força, força, companheiro Vasco, nós feremos uma muralha de aço.« (Nur Mut, Kamerad Vasco, wir bilden eine Mauer aus Stahl). Anfang September trat Vasco Gonçalves gezwungenermaßen zurück. Wenig später mußte auch Otelo seine Posten räumen. Die nächste (und letzte) provisorische Regierung war mehrheitlich sozialdemokratisch-liberal und profilierte sich durch eine arbeiterfeindliche Wirtschafts- und Sozialpolitik mit großzügigen Konditionen für ausländisches Kapital, in der Hoffnung, auf diese Weise EG-Kredite locker zu machen.

Wie gewonnen, so zerronnen

Aber es gab noch MFA-Einheiten, die sich weigerten, Einsatzbefehle auszuführen, die sie für konterrevolutionär hielten. Daraufhin erzwang die Sozialistische Partei mit einem Regierungsstreik die Wiederherstellung der »Ordnung« in der Armee, und altgediente Berufsoffiziere, denen die Linksentwicklung und Politisierung der Armee schon lang nicht mehr paßte, schritten zur Tat: Spezialkommandos, die ihr Handwerk im Kolonialkrieg gelernt hatten, brachten am 25. November 1975 die rebellierende MFA-Linke in der Armee kurzerhand zur Raison. Ihre führenden Kader wurden unter Hausarrest gestellt (Otelo) und später in die Reserve versetzt (Vasco Gonçalves), manche flüchteten außer Landes (Ex-Arbeitsminister Hauptmann Costa Martins) oder landeten im Knast.

Mario Soares wurde Ministerpräsident der ersten verfassungsmäßigen Regierung. Seit seine Partei im April 1976 die ersten Parlamentswahlen (diesmal mit der Parole »Europa ist mit uns«) gewann, gilt er als Symbolfigur für erfolgreiche sozialdemokratische Konterrevolution.

Ab 1976 wurden die großen, in der neuen Verfassung festgeschriebenen Reformen Stück um Stück zunächst ökonomisch, dann auch juristisch ausgehöhlt. Die Landkommunen bekamen keine staatlichen Vorzugskredite mehr, auch den nationalisierten Industrien wurde der staatliche Geldhahn zugedreht. Die Arbeiter in diesen Betrieben mußten das Recht auf Kontrolle der Geschäftsführung wieder an Konzernmanager abgeben, Anfang der achtziger Jahre begann eine großangelegte Offensive gegen die Landkommunen, in deren Verlauf mehr als die Hälfte der »Kollektiven Produktionseinheiten« mit Polizeigewalt zerstört und zahlreiche Latifundien wiederhergestellt wurden.

Statt die versprochene Entwicklungshilfe für einen angeblichen sozialdemokratischen Wohlfahrtsstaat zu geben, verwiesen die westeuropäischen Partner Portugal an den für seine unsoziale »neoliberale« Auflagenpolitik berüchtigten Internationalen Währungsfonds. Das Resultat: Portugal ist hinterster Hinterhof der NATO geblieben.

So konnten wir zwar Caetano definitiv abhaken, doch an seine Stelle trat kein Fidel, keine Sandinistische Front, sondern der gewöhnliche Kapitalismus mit parlamentarischem Antlitz.

König Juan Carlos I. beim Fahneneid

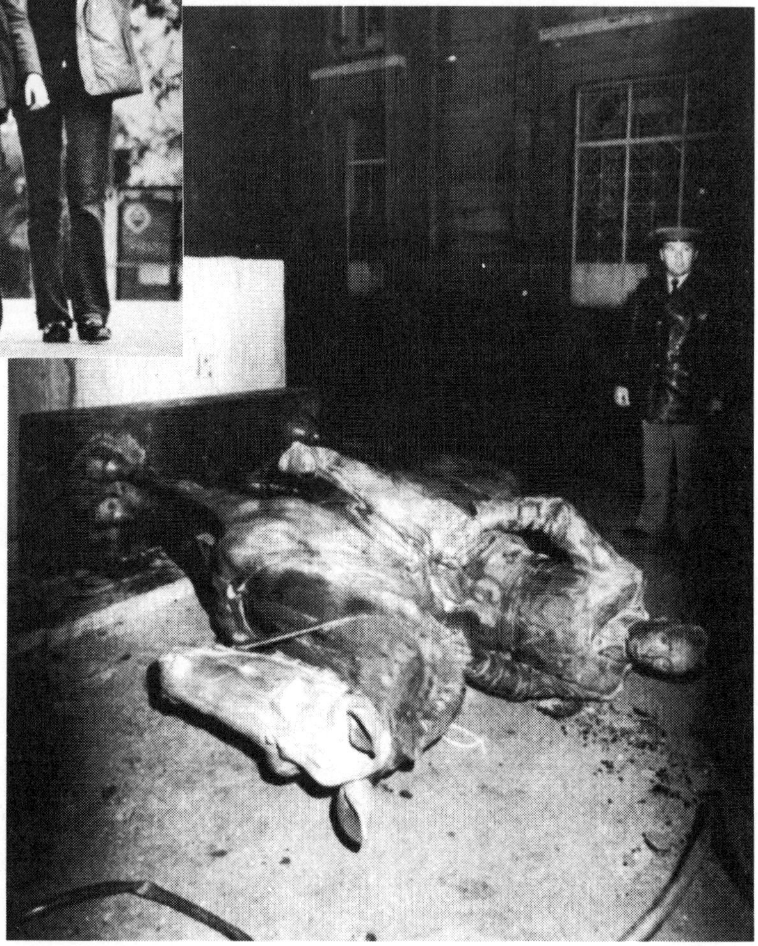

Gestürztes Franco-Denkmal

Spanien

Am 20.11.1975 stirbt General Francisco Franco, uneingeschränkter Herrscher in Spanien seit sechsunddreißig Jahren, Verkörperung des spanischen Faschismus. Er stirbt im Alter von 82 Jahren, im Bett, wie es in einem Lied Wolf Biermanns heißt. Noch zwei Monate vor seinem Tode hatte er fünf Regierungsgegner hinrichten lassen.

Der Unruhe und Anschläge im Lande Herr werden wollen hatte Franco mittels eines Anfang der siebziger Jahre erlassenen Dekrets, das die spanischen Richter dazu verpflichtete, für schuldig befundene Attentäter von Polizisten, Soldaten, Regierungsbeamten unbedingt zum Tode zu verurteilen. Aufgrund dieses Erlasses wurden 1975 elf Mitglieder der ETA und anderer oppositioneller Organisationen zum Tode verurteilt. Allen internationalen Protesten zum Trotz wurde das Urteil gegen fünf der elf am frühen Morgen des 27. September 1975 vollstreckt – Francos letzte Opfer.

Der Generalissimo hatte dafür gesorgt, daß Spanien nach seinem Tode in seinem Geiste weiterregiert würde. Schon 1969 hatte er Prinz Juan Carlos zu seinem Nachfolger bestimmt. Unmittelbar nach Francos Tod wird dieser zum König ausgerufen und am 26.11. inthronisiert. Kronrat und Parlament, die Cortes, bestehen weiterhin aus Anhängern Francos und des alten Regimes. Erst 1982 deutet sich eine Veränderung an: die sozialdemokratische PSOE erringt die absolute Mehrheit bei den Cortes-Wahlen.

25. Juli 1974. Tausende Athener bereiten dem Komponisten Mikis Theodorakis, der aus der Emigration nach Griechenland zurückkehrt, einen begeisterten Empfang.

Griechenland

Nach sieben Jahren Diktatur tritt die griechische Militärregierung, geführt von General Gisikis, am 23. Juli 1974 zurück. Die Regierungsgewalt wird zivilen Politikern übergeben; der frühere Ministerpräsident Karamanlis kehrt aus dem Pariser Exil zurück und wird von der Bevölkerung Athens begeistert empfangen. Schon einen Tag nach seiner Rückkehr wird er als neuer Regierungschef vereidigt. Das Obristenregime hat endgültig abgedankt.

Vorausgegangen waren diesem Machtwechsel schwere Konflikte um die Insel Zypern. Nachdem die Obristen den Sturz des zypriotischen Erzbischof Makarios betrieben hatten, um eine Vereinigung der Insel mit Griechenland zu erreichen, drohte die Türkei mit der Invasion Zyperns, um dies zu verhindern. Dieser Fehlschlag und auch der wachsende Widerstand der Bevölkerung gegen die Junta, hatte zu offener Kritik zahlreicher Offiziere geführt, die eine »Regierung der nationalen Rettung« forderten.

Karamanlis erste Amtshandlungen sind die Wiederherstellung der Presse-, Meinungs- und Versammlungsfreiheit und eine umfassende Amnestie. Das Konzentrationslager auf der Insel Jaros wird aufgelöst. Politisch Verfolgte wie beispielsweise Melina Mercouri und Mikis Theodorakis können ihr Exil verlassen. Theodorakis hatte unter der Junta zwei Jahre in Haft verbracht und war im April 1970 schwerkrank nach Italien entlassen worden. Nun kehrt er nach Griechenland zurück.

Andi Brauer

Mit Hammer, Sichel und Gitarre

Linke Off-Kultur der Siebziger

1

Du hast den Roten Punkt am VW mit echtem Blinkerhebelchen und geteilter Heckscheibe. Du sagst GENOSSE zu Nachbarn, Kumpels, Kommilitonen. Du wohnst in WG mit und ohne Anspruch. Du hörst Ernst Busch, John Mayall, Floh de Cologne. Pausenlos. Du haßt: deinen Vater, die Polizei, klassische Musik, Kapitalisten schlechthin. Du liebst: Demos, Lederjacken und eine jener verplüschten Eckkneipen mit linkem Stammtisch, morgendlicher Katerhorror garantiert.

Du gehörst dazu. Dein linkes Outfit ist durchgestylt wie 'ne Neonkneipe der post-wave Ära. Du rackerst in einer der paar dutzend Aufbauorganisationen für die endgültige Partei der Arbeiterklasse, Kapitalkurs, Resozialisierung, Rote Hilfe, Asta.

Die frühen Siebziger: Zeit der Zersplitterung, aber auch gleichzeitiger Konsolidierung einer offensiv selbstbewußten Linken. Das revolutionäre Pathos der 68er, geronnen zur Szene. Das eroberte Terrain ist abgesteckt, einige Oberschlaue beginnen bereits sich einzurichten. Nach angestrengten Jahren der Theorie ist Hemdsärmeligkeit angesagt: ran an die Arbeiterklasse. Du mußt die Führung übernehmen. Die Ausstrahlung des linken Ghettos auf die faszinierte Außenwelt ist erstaunlich. Viel zu früh scheint es, den kulturellen Phänomenen jener Jahre nachzuspüren. Nostalgisches Wohlbehagen, wie beim modischen Revival der Roarin' Fiftieth, mag sich nicht einstellen. Revolutionäre Verklärung, wie beim 68er Studententrip, bleibt aus. Hitzig war's, eine Parole jagte die nächste, Trend knallte auf Trend. Vom Hippie-Zeitalter zur Punk-Ära im Raketentempo. Vom Proletkult der Ultralinken zur autonomen Szene der AKW- und Hausbesetzer im Eilmarsch. Vom individuellen Terror der RAF und ihrer Gefolgschaft hin zu jener nostalgierenden Linken, die im Schatten toskanischer Bauernhäuser die seelischen Wunden leckte.

Das Elektronikzeitalter war im Anmarsch. Personal-Computer und SDI standen in den Sternen, aber wenigstens die Lautsprecherwände der Rock-Bands wuchsen bereits ins Gigantische. Deep Purple und Led Zeppelin lehrten das akustische Fürchten. Tangerine Dream oder KRAFTWERK schufen Grundlagen des Elektro-Pop. Die sexuelle Revolution verbrauchte tonnenweise Penicillin. Die Drogenwelle schwappte über den großen Teich. Frank Zappa, Zotensänger und genialer Musiker, erfand Fake-Rock und Rap. Am Ende des Jahrzehnts schließlich wurden die Haare abgeschnitten und es kam Farbe in die Frisuren: die ersten und wesentlichen Punk-Bands, Vorboten des nächsten Jahrzehnts.

Siebziger-Jahre-feeling, miefiges Schimpfwort für stilistische Spürnasen von heute, altbacken, muffig, reaktionär. Nur einige Gruppen der neuen englischen Szene tragen inzwischen wieder Hammel und Sichel. Ghettoschlachten und wirtschaftliches Chaos werfen ihre Schatten voraus.

Armut war Markenzeichen. Das Zeitalter staatlicher Zuwendungen, vom Kinderladen zum besetzten Haus, von der Off-Bühne zum Senats-Rock, ließ auf sich warten. Langwierige Kämpfe waren vonnöten, ehe Vater Staat das Säckel zückte, um seine Almosen zu verteilen. Konkurrenzdruck und Wohlverhalten waren der Preis. Recht und billig, gemessen am drohenden Untergang.

Eine endgültige Analyse des kulturellen Geschehens dieser Zeit steht aus, sie mag jenen vorbehalten sein, die mit Zettelkasten und akademischer Wahrheit gerüstet, den Zeigefinger auf die Wunden legen und uns das Plätzchen im

endgültigen Kulturkalender des Jahrhunderts zuweisen werden.

Ich war einfach nur dabei, weitsichtig auf dem einen, blind auf dem anderen Auge, aber auf jeden Fall mittendrin. Insofern möge man willkürliche Auslassungen verzeihen, die sich aus allzu subjektiver Sichtweise ergeben, ebenso den provinziellen Blick, der oft nur mühsam die Ereignisse jenseits der Berliner Mauer, im Bonner Hinterland erfassen kann.

2

Was waren Hauptmerkmale jener schnell entfalteten und früh verblühten Widerstandskultur zu Beginn des letzten Jahrzehnts, die kurze Zeit den deutschen Michel das Fürchten lehrte und die Vision eines rot verseuchten Überbaus hervorrief, dessen Sprengkraft nur noch durch rigide staatliche Zensur bezähmbar schien? Die frühen Formen waren geprägt vom antiautoritären Gestus des Kommunarden-Zeitalters. Mit nackten Ärschen gelang es FLOH DE COLOGNE, das bürgerliche Publikum zu schockieren. Mit riesigen, kunstvoll gefertigten Masken und Dekorationen (von Natascha Ungeheuer) agitierte das Kreuzberger Straßentheater. Verbindungen zu Agitationsformen der zwanziger Jahre waren unübersehbar, aber vermutlich selten bewußt. Eine ähnliche Aufbruchsstimmung gebar vergleichbare Gestaltungsprinzipien: Epik, Montageprinzip, das Einbeziehen populärer Formen der Unterhaltung zum »transportieren« politischer Botschaften.

Radikalität war Markenzeichen. »Ein Nixon weniger, und ihr sollt sehen, es wird mit dem Frieden gleich besser gehen«, reimte LOK KREUZBERG, ohne sich der Kopf-ab-Mentalität ihrer Zeilen bewußt zu sein. »Macht kaputt, was euch kaputtmacht« war der Slogan der »Scherben«, die bei der ersten Berliner Hausbesetzung Berlins, der Umfunktionierung eines Gebäudetrakts des ehemaligen Kreuzberger Bethanien-Krankenhauses in das »Georg von Rauch«-Haus, aktive Hilfestellung leisteten. Sänger: Rio Reiser.

Abgelöst wurde der antiautoritäre Frühling vom gewerkschaftlichen »Sommer«, jener Phase, in der Organisationen der »traditionellen« Arbeiterbewegung eine relative Blüte erlebten. Auch an den Unis und Hochschulen hatten Mitte der Siebziger Bündnisse des SHB und des MSB Spartakus viel zu sagen. Die Perspektive nach Jahren der Suche schien endlich gefunden. »Kultur« wurde an allen Ecken und Enden gebraucht. Anwendbar mußte sie jetzt sein, ihr Erfolg meßbar an der Anzahl der abgegebenen Aufnahmeformulare nach den jeweiligen Veranstaltungen. Der fröhliche Leichtsinn der frühen Jahre wich einem bemühten Nachvollziehen der vorgegebenen Schwerpunkte. Jahr für Jahr drängten immer neue Generationen von Jugendlichen in die Organisationen und mußten mit immer den gleichen Themen aufs gemeinsame Ganze eingeschworen werden: ein riskanter Umgang mit Kultur, der Stagnation und Unbehagen zwangsläufig hervorrief.

3

Back to the roots. Als anno '70 die Berliner Schaubühne am Halleschen Ufer »Die Mutter« zur Aufführung brachte und gleichzeitig die ästhetische Führung am bundesdeutschen Schauspiel-Horizont übernahm, schien die linke Wende auch im Bereich staatlich geförderter High-tech-Kultur vollzogen. Es folgten »Optimistische Tragödie« (ein phantastischer Revolutionsschinken vom Aufstand anarchistischer Matrosen 1917), »Die Lohndrücker« von Heiner Müller. Endlich, 1974, Gorkis »Sommergäste«, die das Ende der Revolution am Halleschen Ufer einläuten sollten. Der Weg zum Ku'damm und Botho Strauß war vorbereitet.

Parallel zur Schaubühnen-Power gab's Alarm an diversen deutschen Bühnen. Frankfurt, München, Stuttgart. Faßbinder, Kroetz, Peymann. Der Kollektivgedanke feierte neurotische Urständ, und dies nicht nur zur Sommerszeit. Fröhlich progressive Jugendredaktionen in den Sendern produzierten dicht am Geschmack einer radikal fortschrittsgläubigen Jugend. SFBeat. Rock-Palast. Elfeinhalb. Zeitungen und Verlage arbeiteten zu. Die Stadtzeitungen entstanden, »Hobo«, später gespalten in »TIP« und »Zitty« in Berlin, der »Plärrer« in Nürnberg, »Pflasterstrand« in Frankfurt. Kulturdezernenten wendeten beflissen die Jacken und trugen eine Zeitlang das rote Innenfutter nach außen. Der Druck von oben war unvermindert, die Gratwanderung streckenweise perfekt.

Eines hatten sie alle gemeinsam, die im sicheren Schatten staatlicher Subventionen ihr progressives Wesen trieben: leutselig hofierten sie die autonomen Kult- und Kulturgruppen der Linken, geboren und geborgen im warmen Schoß der Szene, allzeit bereit, das neue Bewußtsein an die Frau/den Mann zu bringen, deutlich, derb, gelegentlich hochbegabt. Den populärsten von ihnen gelang der Sprung ins karge Profilager, von missionarischem Sendungsbewußtsein durchdrungen, aber keinen Penny in der Tasche. Als ich anno '78 nach sieben Jahren LOK KREUZBERG am TAT Frankfurt im Jugendtheater aushalf, irritierte mich zunächst, daß die Schauspieler sämtlichst Butter aßen.

4

Die linke Off-Kultur konnte für ein paar Stunden kitten, was sonst getrennt marschierte. Friedlich vereint hockten Gruppen und Grüppchen bei Shit und schalem Kneipenbier und beklatschten die tagespolitischen Parolen, die die Bühnenprogramme der agitierenden Künstler in reichem Maße würzten. Selbst der weise Vater Degenhardt war nicht gefeit vor Plattheiten dieser Art. Diskutiert wurde nach der Vorstellung, erst das Vergnügen, dann der Streß. Agitatoren der verschiedensten Zirkel erhoben die Stimmen und erstachen sich gegenseitig mit messerscharfem Wortgeschütz. Das Fußvolk ging amüsiert und gähnend nach Hause.

Lok Kreuzberg

Allen linken Off-Gruppen gemeinsam war auch die gezielt antikapitalistische Stoßrichtung. Wie das Kapital abzuschaffen war, blieb nebulös, aber daß, war wichtigste Botschaft. »Keine Macht für niemand« verlangten TON STEINE SCHERBEN und wollten samt Kapital den guten Vater Staat aus den Angeln heben. »Arbeiter auf die Tribüne« sangen LOK KREUZBERG und FLOH DE COLOGNE und meinten damit durchaus die sozialistische Demokratie nach östlichem Vorbild. »Lehrlinge zusammenhalten« intonierte SPD-Mann LERRYN und beschwor damit die Kult-Figur des Agitprop der Siebziger: den Lehrling im Blau-

TON STEINE SCHERBEN (links Rio Reiser)

Dieter Süverkrüp

Franz Josef Degenhardt und Hannes Wader

Floh de Cologne

mann, den unvermeidlichen Besen in der Hand, arg gebeutelt vom Meister als Erfüllungsgehilfen des Systems, aber am Ende dank Pfiffigkeit und Solidarität seiner Mitstreiter stets siegreich.

Tatsächlich war auch im Bereich der alteingesessenen Arbeiterbewegung einiges in Bewegung geraten. Die behäbigen Gewerkschaften hatten durch den allgemeinen linken Aufschwung kräftig Zulauf im Jugendsektor erhalten und gaben einige traditionelle Vorurteile dran, um diese Bastion weiter auszubauen. Ruhrfestspiele, Junges Forum, der Jugendmonat der IG Metall zogen ein großes jugendliches Arbeiterpublikum. Die Jugendrevuen »Profitgeier« von FLOH DE COLOGNE oder »Count Down« von LOK KREUZBERG waren gezielt für diesen Bereich erstellt, mit gewerkschaftlichen Zuschüssen ausgestattet, faktisch abhängig geworden von der tagespolitischen Gnade eher konservativer Routiniers in den obersten Gewerkschaftsetagen. Mitte der Siebziger war der Zenit dieser Kollaboration überschritten, in zunehmendem Maße wurde an den Stühlen linker Jugendfunktionäre gesägt, die Schmidt-Riege warf ihre Schatten voraus.

5

Pünktlich zum Deutschen Herbst gaben eine Reihe der Gallionsfiguren des Agitprop das Löffelchen ab. Ende '77 verabschiedete sich LOK KREUZBERG vor 10 000 zahlenden Zuschauern in Berlin vom Publikum, zerfressen von Perspektivlosigkeit und kommerziellen Sehnsüchten. Die »Scherben«, inzwischen im holsteinischen Exil, lieferten eher sphärische Seifenblasen denn gesellschaftskritischen Druck. Wenig später gründete Dieter Dehm (LERRYN) bei der EMI sein Label »Musikant« mit »Bots«, Klaus Lage, Grönemeyer, mit dem eine durchaus kommerzielle Wende im Sektor progressiver Unterhaltung eingeläutet wurde: der Erfolg heiligte die Mittel. Andere machten weiter bis zum bitteren Ende, so die Kölner »Flöhe« († 1983), oder die Theatermanufaktur, die in der ehemaligen Schaubühne am Halleschen Ufer in Berlin ums Überleben kämpft. Endlich im Zielbahnhof eingelaufen, ist der Zug längst abgefahren.

Etwas mehr Glück beschieden blieb einigen Verlagen und Buchhandlungen der Szene. Zwar fielen manche der kulturellen Wende am Ende der Siebziger zum Opfer, andere konnten überleben durch Erweiterung des Repertoires und dank der wachsenden Kaufkraft ihrer alten Klientel. »Pläne« in Dortmund, zum Beispiel, gegründet von Dieter Süverkrüp, um dem chronischen Boykott übelmeinender Medienpäpste zu entgehen, gewachsen mit Ernst Busch, FLOH DE COLOGNE oder den Kinderliedern von Christiane und Frederik, heute Nachlaßverwalter der letzten Bastionen DKP-naher Tonkultur (Hannes Wader), in erster Linie aber Sammelbecken verschiedenster Kleinst-Labels von Bottrop bis Toronto. Oder auch Elefanten Press, gestartet 1976 mit der »Lehrlingsrolle«, einer Sammlung flotter Agitprop-Plakate im Ofenrohrformat.

Die Zeit der Abrechnung war gekommen. Kritik und Selbstkritik allenthalben. Allzu beflissen waren wir bereit gewesen, den Wünschen der Bewegung nach schneller, den akuten Bedürfnissen der Stunde angepaßter Kost entgegenzukommen. Allzu oft hatten wir es an notwendiger Genauigkeit fehlen lassen, allzu gern hatten wir vom Balsam ständig überfließender Sympathie allein für's Dazugehören gekostet. Hart wurde mit den epischen und plakativen Formen ins Gericht gegangen. Brecht verstaubte wieder in den Archiven, Botho Strauß als Verkünder der neuen Innerlichkeit war neuer Götze. Schnell war vergessen, daß die Formensprache der politischen Jahre sehr legitime Wurzeln hatte: das radikal antikapitalistische Denken vertrug die Ausdrucksmittel des bürgerlichen Kultur- und Unterhaltungsbusiness nicht oder nur in verzerrter Form. Entsprechend dem allgemeinen Lebensgefühl war das Politische allgegenwärtig und versah Kunst und Kleinkunst mit dem untrüglichen Stempel: für kommerziellen Verzehr nicht geeignet. Allein das Weglassen dieser politischen Duftmarke verhalf manch altem Kämpfer der marxistischen Kulturfront zu blitzschnellem Aufstieg. Noch ehe wirklich eigenständige und überlebensfähige Formen und Ensembles sich hatten installieren können, war der Spuk verflogen. Das Individuum schlug zurück und traf das Kollektiv an seiner empfindlichsten Stelle, seiner tendenziellen Unfähigkeit, die Auswirkungen gesellschaftlichen Irrsinns auf den einzelnen so wirksam werden zu lassen, daß Gefühl und Verstand gleichermaßen beschäftigt wurden.

Und doch lebten sie weiter, die spontanen und skurrilen

»Massenkunst« im Hinterhof: Die Elefanten Press Galerie, auch ein Kind der frühen siebziger Jahre

Formen des Agitprop, angefüllt mit den neuen Inhalten der frisch erblühten autonomen Szene. Bullenterror, Kernkraftwerke, Autobahntrassen, Themen der 3 Tornados oder des Vorläufigen Frankfurter Fronttheaters. Hinzu kam eine neue, überaus attraktive Komponente: das Lachen der Szene über sich selbst.

Auch die Großveranstaltungen der Friedensbewegung in der ersten Hälfte der 80er Jahre sollten eine gewisse Neuauflage der Politkultur jener frühen Jahre bringen, jetzt aber unter neuen Vorzeichen. Die Systemfrage, die Frage nach Wohl oder Übel der freikapitalistischen Ordnung, blieb vor der Tür. Endlich war es auch dem Kommerz, der sich nun nicht mehr selbst in Frage gestellt sah, möglich, mitzufeiern. Und man mischte kräftig mit. Die Sehnsucht nach Frieden als Konvergenzpflästerchen, angesichts schreiender Ungerechtigkeit in aller Welt.

Spuren jenes linken Aufbruchs in Sachen Kultur finden sich weiterhin an zahlreichen Stellen des gesellschaftlichen Überbaus. Den eklen Deutschen Schlager zum Beispiel hat's nahezu das Leben gekostet. Das große Geld wird heute mit Künstlern verdient, die eher realistische Texte und Musik machen und sich ihres Marktwertes dennoch durchaus bewußt sind. Oder das emanzipatorische Kinder- und Jugendtheater: zwar inzwischen in gelegentliche Bedrängnis geraten, kämpften »GRIPS« und »ROTE GRÜTZE« mit den Tücken schwarzgelber Kulturpolitik und blieben bisher stets siegreich. Und sie gedeihen nach wie vor, die autonomen Spielstätten und Zentren, deren Ursprünge im Pioniergeist der siebziger Jahre lagen: die Hamburger Fabrik, das Berliner Tempodrom, das KOMM in Nürnberg. Und, und, und. Ein Nachwort kann noch nicht geschrieben werden: wir sind mittendrin.

Kinder- und Jugendtheater »Rote Grütze«

Idole: Lennon, Hendrix, Dylan…

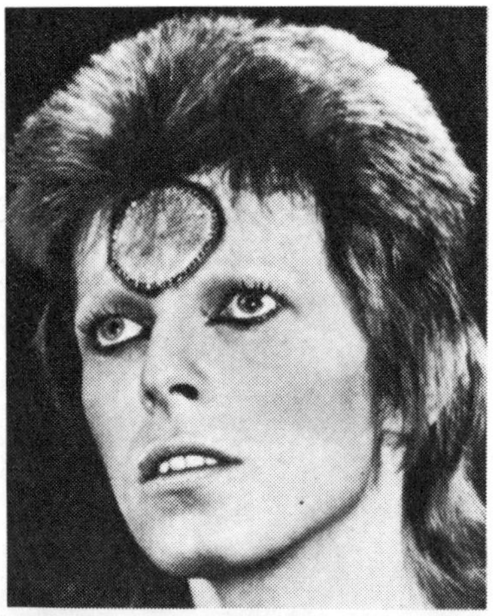

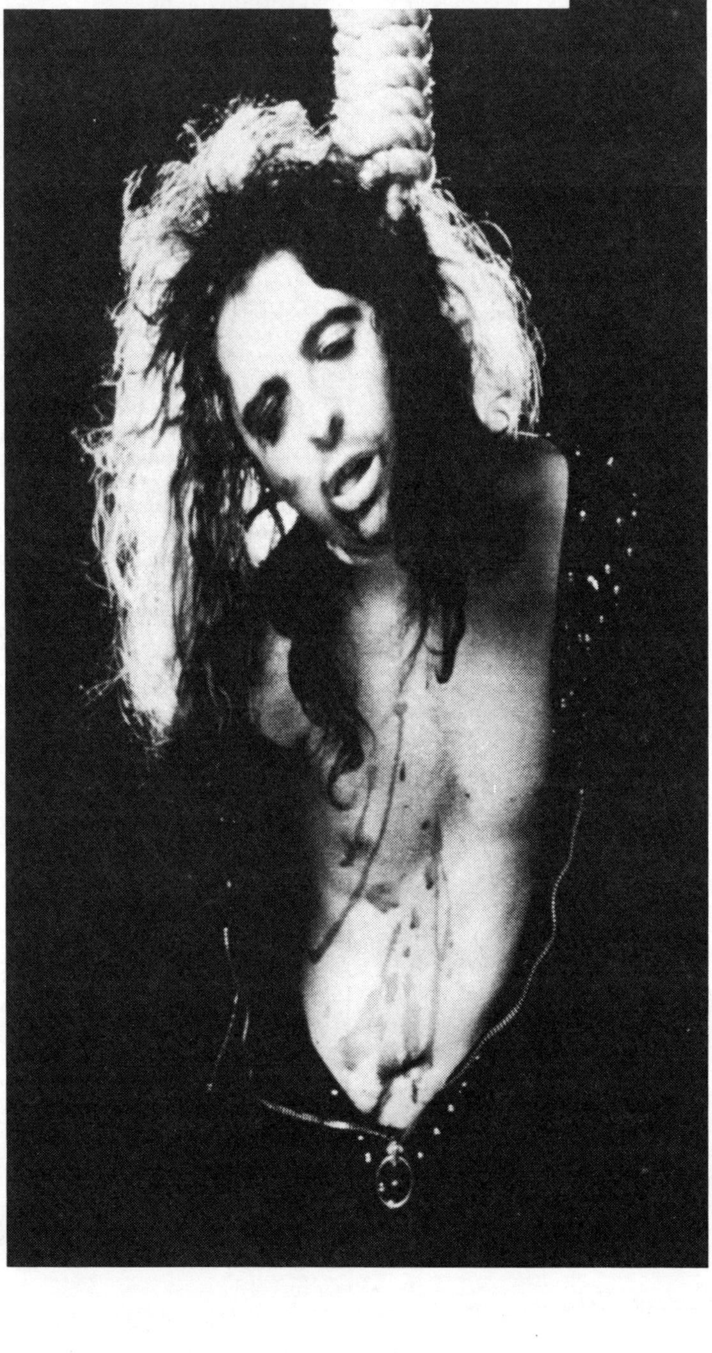

Anfang der 70er Jahre:
New Look mit sadomasochistischem Einschlag und Transvestiten-Glamour präsentieren sich David Bowie, Roxy Music, Lou Reed und Alice Cooper

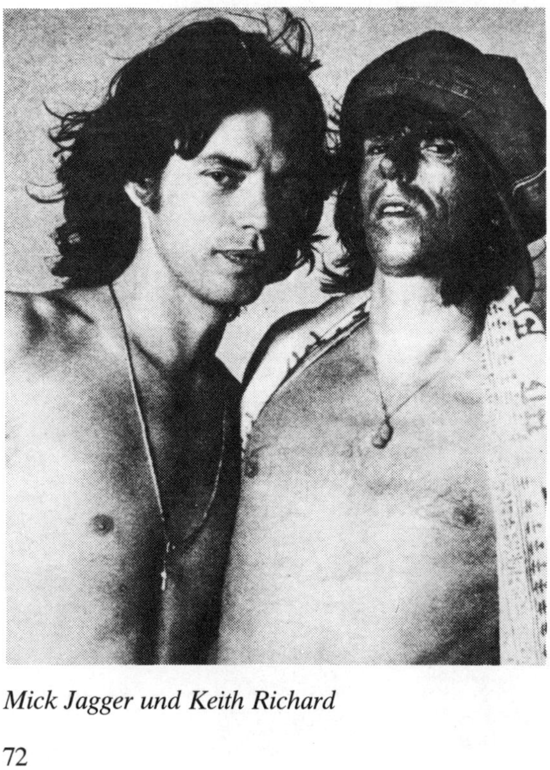

Mick Jagger und Keith Richard

Legten die Grundlagen der elektronischen Popmusik: Tangerine Dream

Patti Smith

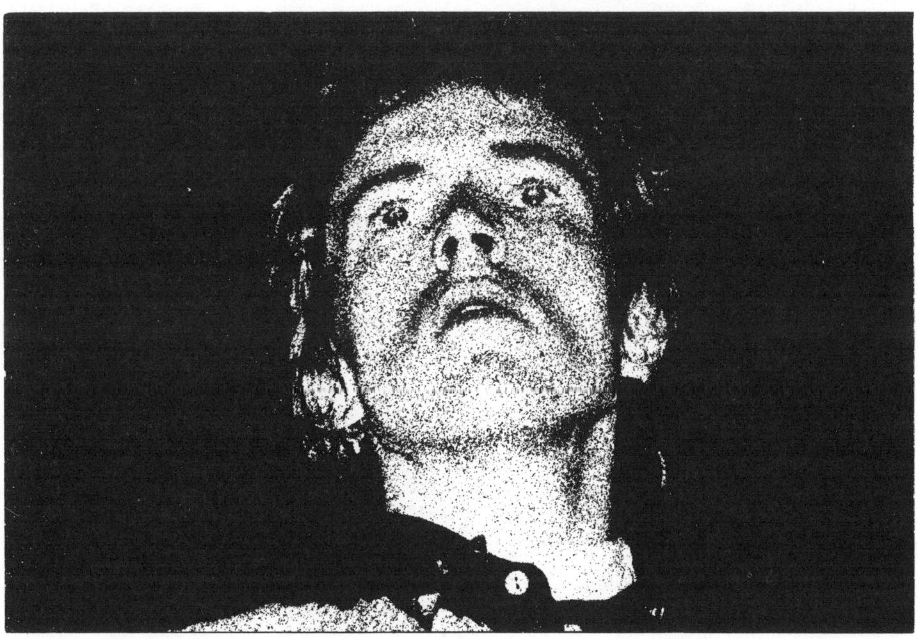

Johnny Rotten von den Sex Pistols

Jochen Staat

Der Versuch, sich an der Glatze aus dem Sumpf zu ziehen

Die K-Gruppen

Wer weiß noch wie sie kämpften, die Plipis gegen die AOler, die MLer gegen die KBler, Neue Einheit gegen Neuen Weg, Revolutionärer Weg gegen Arbeiterbund, jeder gegen jeden, und es wurden immer mehr, die gegeneinander kämpften. Mitte der siebziger Jahre gab es zehn proletarische Avantgarden. Jede überzeugt, die Führung der Arbeiterklasse in der Bundesrepublik zu sein. Einzelne davon brachten jeweils zahlreiche Abspaltungen hervor, so daß selbst der Verfassungsschutz zeitweilig nicht mehr durchblickte und argwöhnte, es handle sich hierbei um ein besonders raffiniertes linksrevolutionäres Ablenkungsmanöver. Einige dieser Parteien erklärten sich in deutscher Tradition auch gleich noch zur Führung des Proletariats der DDR, was dazu führte, daß sich auch der StaSi heftig für sie interessierte. Dies hielt diese Avantgardistenparteien jedoch keineswegs davon ab, sich an den Frühwerken Walter Ulbrichts zu schulen. Hervorgegangen sind diese Parteien aus der Studentenbewegung von 1967/68, die sich antiautoritäre Bewegung nannte.

Was bringt einen überzeugten Antiautoritären dazu, sich seine schulterlange Lockenpracht streichholzkurz zu schneiden, seine speckige Lederjacke gegen einen Blazer und Jeans gegen graue Bügelfaltenhosen zu vertauschen?

Zwei Jahre zuvor hatten sie ihm auf der Straße Prügel angedroht. »Euch sollte man die Haare scheren und dann ab ins Arbeitslager«, hatten sie ihm nachgerufen. »Wir wollen Toleranz, selbst bestimmen, wie wir leben wollen, uns von den repressiven Zwängen dieser autoritären Gesellschaft befreien«, hatte er bei seiner Kandidatur zum SMV-Sprecher in einem Artikel 1968 geschrieben. Zwei Jahre später gehörte er einer Partei an, die alles andere als tolerant war, eine strenge Disziplin von ihren Mitgliedern forderte und es gar nicht abwegig fand, im Falle ihres Sieges selbst Arbeitslager für politische Gegner einrichten zu lassen. Wenn notwendig, verprügelte der parteieigene Ordnerdienst auch schon Mal Mitglieder anderer linker Gruppen gehörig.

Reinhold war Mitglied des Ordnerdienstes, weil er schon als Schüler Karate gelernt hatte.

Zwischen der Entscheidung, sich in eine hierarchische Partei einzugliedern und den antiautoritären Revoluzzer-Look abzulegen, lagen die Sommerferien 1970. Reinhold hatte sie mit seiner Wohngemeinschaft in Sylt verbracht. Dort hatte der Vater seiner Mitbewohnerin Ulli ein Haus. Die Wohngemeinschaft hatte geplant, Ferien nicht traditionell als Urlaub zu verbringen, sondern mit revolutionärer Schulung zu verbinden.

In Sylt lasen und diskutierten sie »Was tun« von Wladimir Iljitsch Lenin. »Wenn wir eine Revolution wollen, brauchen wir eine revolutionäre Avantgarde, eine Partei der Revolutionäre, die genug Ausdauer hat, um den Kampf langfristig zu führen. Das ewige Hasten von Kampagne zu Kampagne bringt uns nicht mehr weiter. Wir müssen den studentischen Arbeitsstil und die Schlamperei bei uns selbst bekämpfen. Wir müssen zu wirklichen Revolutionären werden.« Dies schrieb Reinhold in ein Schulungsprotokoll und: »Peter muß scharf kritisiert werden, da er auf zwei Schulungssitzungen fehlte, stattdessen in die Kneipe ging und besoffen zurückkam.« Peter zog drei Monate nach den Sommerferien aus der Wohngemeinschaft aus. Er ist heute Schreiner in einem Alternativbetrieb.

Reinhold verbrachte einige Jahre seines Lebens als Berufsrevolutionär. Er wurde von seiner Partei von Berlin nach Dortmund und später nach Frankfurt geschickt. Dort bekam seine Überzeugung einen ersten Knacks. Als die Leute vom »Revolutionären Kampf« und andere Sponti-Gruppen einige leerstehende Häuser besetzten und in tagelangen Straßen-

schlachten gegen die Polizei verteidigten, sollte er den Sympathisanten seiner Partei erklären, daß solche Aktionen reformistisch seien und nur Illusionen über das kapitalistische System schüren würden. »Engels hat schon geschrieben«, erzählte Reinhold seiner Sympathisantengruppe, »daß die Wohnungsfrage erst im Sozialismus gelöst werden kann.« »Red' doch kein Scheiß«, sagte der einzige Lehrling, der in der Gruppe war – alle übrigen waren Studenten oder Schüler – »da sind die Häuser leer, und wir können sie uns nehmen. Ich zieh' dort ein. Ich will endlich raus bei meinen Alten.« Der Lehrling erschien noch ein paar Wochen zur Schulung, dann blieb er weg. Er ist heute – nach Zweitem Bildungsweg – Maschinenbauingenieur.

Der zweite Knacks passierte 1974. Da kriegte Reinhold Krach mit seiner Freundin Angelika. Angelika war im Auftrag der Partei in eine Frauengruppe gegangen und sollte dort Überzeugungsarbeit leisten. Eines abends sagte sie zu Reinhold: »Du könntest dich 'mal'n bißchen mehr um die Wohnung kümmern, wenn du morgens in die Uni gehst, läßt du immer den ganzen Frühstückskram auf dem Tisch stehen und ich kann ihn wegräumen.« »Das kommt wohl von der Frauengruppe«, sagte Reinhold. »Ja«, antwortete Angelika, nur: »ja«. Nach einem halben Jahr trat Angelika aus der Partei und der Beziehung mit Reinhold aus. Sie mietete sich mit einigen anderen Frauen einen Bauernhof und studierte Kunst. Angelika ist heute Landtagsabgeordnete der Grünen.

Es gab noch viele solcher Knackse bei Reinhold. Damals in Frankfurt hatte er zum erstenmal das Gefühl, daß etwas nicht stimmte mit der Parteilinie. Aber noch oft dachte er, hier stimmt doch etwas nicht. Da war die Einstufung von Stalin als Revolutionär, die Unterstützung seiner Partei für Pol Pot, den millionenfachen Massenmörder von Kambodscha, die Idee einer nationalen Einheitsfront unter Beteiligung von Teilen der CDU gegen den aggressiven sowjetischen Sozialimperialismus, die Weigerung, DKP- und SEW-Mitglieder gegen Berufsverbote zu verteidigen, der Versuch, eine eigene revolutionäre Gewerkschaft (RGO) zu gründen, die Einschätzung der SPD-Führung als sozialfaschistisch, die Unterstützung des militärischen Vorgehens der VR China gegen Vietnam. Reinhold unterstützte solche Positionen »mit politischen Bauchschmerzen«. Bei Reinhold dauerte es acht Jahre, bis seine »Bauchschmerzen« ihn aus der Partei trieben. Inzwischen waren fast ein Drittel der Parteimitglieder freigestellte und bezahlte Funktionäre. Da die Zahl der Sympathisanten nach 1975 rapide abgenommen hatte, war die Partei hoch verschuldet. Reinhold zahlte noch ein weiteres Jahr seine Beiträge weiter, um seinen Genossen zu helfen, den Schuldenberg abzubauen. Reinhold arbeitet heute als Lehrer.

Seine Partei gibt es nicht mehr. Auch ihre zumindest ökonomisch erfolgreicheren Konkurrenzparteien nicht. Doch die Frage bleibt, warum entstanden aus einer antiautoritären Bewegung Gruppierungen, die in autoritärer und undemokratischer Erstarrung endeten?

Innerhalb des SDS ging es durchaus nicht antiautoritär zu. Es gab Opinionleader mit Gefolgschaften. Gegen die Herrschenden wurde der Antiautoritarismus als politische Strategie begriffen, erst wenige verstanden ihn als ihre persönliche Lebensphilosophie. 1967 wurden die entschiedensten Verfechter dieser Idee, die Kommune I, aus dem SDS ausgeschlossen. Der Maoismus hatte eine enorme Anziehungskraft erhalten, da er querlag zu den traditionellen kommuni-

Mit geballter Faust: die Vorsitzenden Aust (KPD/ML) und Semmler (KPD/AO)

stischen Parteien, da er mit der Kulturrevolution ein innersozialistisches Reformmodell zu verkörpern schien, da Studenten angeblich eine gesellschaftliche Umwälzung ausgelöst hatten.

1969 war die Studentenbewegung auf die Universitäten zurückgeworfen, ihre Organisationsaufrufe (Bildet Basisgruppen überall) an die arbeitende Bevölkerung blieben ohne nennenswerte Resonanz. Selbst in Frankreich, wo es 1968 eine kurze Allianz der Arbeiterklasse und der Studenten gegeben hatte, war die Studentenbewegung in einer desolaten Situation. Kommunistische Parteien spielten in den Befreiungskämpfen der Dritten Welt und vor allem in Vietnam eine führende Rolle. Die Reste des SDS hatten keine Theorie für eine Zeit nach der Revolte. Tausende politisierter Schulabgänger strömten in die Universitäten, Schüler und Lehrlinge gründeten eigene Organisationen. Drang nach immer neuen Aktionen prägte die Teach-ins und Versammlungen. Eine ganze Generation von SDS-Opinionleader stand am Ende ihres Studiums und sah keinen Sinn darin, als Otto Normalverbraucher in das Berufsleben einzutreten oder noch ein Jahr Universitätspolitik zu treiben. Unter der Revolution wollte man es nicht machen.

Die Übernahme scheinbar erfolgreicher Revolutions- und Theoriemodelle erschien als die Zerschlagung des gordischen Knotens und versprach die Tür zur Weltgeschichte weit aufzustoßen. Nur wenige begriffen, daß die Studentenbewegung in ihrer gesellschaftsverändernden Dimension auf ihrem Höhepunkt auch schon ihr Ende gefunden hatte. Die meisten glaubten, am Beginn einer revolutionären Entwicklung zu stehen. Dies galt übrigens auch für die Studentenbewegung in den anderen westlichen Ländern, die nicht weniger dogmatische ML-Parteien und Sekten hervorgebracht haben. Mit dem Rückgriff auf die Kominternpolitik der zwanziger Jahre und dem Aufbau stalinistischer Parteien beantworteten viele »informelle SDS-Kader« die Frage nach ihrer zukünftigen Politik in doppelter Weise verhängnisvoll. Sie griffen auf bereits gescheiterte Politik- und Strategieelemente zurück und gründeten Parteien, deren Formzwang den Antiautoritarismus, den Geist der Revolte in kürzester Zeit kanalisiert hatte. Der Versuch, sich an der Glatze aus dem Sumpf zu ziehen, mußte scheitern. Daß es fast zehn Jahre gedauert hat, bis dies von vielen Beteiligten begriffen wurde, spricht für die Geschwindigkeit politischer Prozesse hierzulande. Und dabei soll es sich um den politisch mobilsten Teil des gesellschaftlichen Spektrums gehandelt haben!

In ihrer Blütezeit konnten die K-Gruppen bis zu 40 000 Personen zu bundesweiten Demonstrationen mobilisieren. Das Zentralinstitut für Sozialwissenschaftliche Forschung der FU sammelt neben Flugblättern, Plakaten und Zeitungen auch Daten über die 68er Bewegung und ihre Folgen. Für die siebziger Jahre sind rund 5 000 örtliche Gruppen, Untergruppen oder Sympathisantenorganisationen der diversen K-Gruppen erfaßt. Etwa 100 000 Personen sollen während der siebziger Jahre irgendwann einmal zeitweise einer dieser Untergliederungen angehört haben. Der weitaus größte Teil dieser Leute hat heute als Aktivist oder Sympathisierender bei den Grünen eine politische Heimat gefunden.

Klaus Gürtler

Toter Hund

Oder: Was blieb von der chinesischen Kulturrevolution?

In der Nacht vom 12. auf den 13. September 1971 stürzte ein chinesisches Flugzug über der VR Mongolei ab. Neun verkohlte Leichen wurden gefunden, eine davon war Lin Biao. Der »engste Waffengefährte und der beste Schüler des Vorsitzenden Mao« war auf dem 9. Parteitag der KP Chinas im April 1969 per Statut zu dessen Nachfolger bestimmt worden. Auf dem 10. Parteitag im August 1973 wurde Lin Biao posthum aus der Partei ausgeschlossen. Tschou En-lai warf ihm vor, er habe im August 1970 »einen konterrevolutionären Staatsstreich gestartet, der aber mißlang«. Danach habe er im März 1971 einen Putsch-Plan »Übersicht über das Projekt 571« aufgestellt und am 8. September einen bewaffneten Staatsstreich und »einen Mordanschlag auf unseren großen Führer Vorsitzenden Mao« versucht. Danach sei er geflohen und abgestürzt.

So weit die Legende, denn die erst nach dem 10. Parteitag, also über zwei Jahre nach dem Sturz Lin Biaos und Tschen Po-tas geführte Kampagne zur »Kritik an Lin Biao und Konfuzius« kann wohl als die verworrenste in der Geschichte der KP Chinas gelten.

Es gab durchaus belegbare Konflikte zwischen Mao und Lin, besonders in der Frage des Personenkultes. Die zweite Differenz betraf das Amt des Staatspräsidenten. Sie brach während der ZK-Konferenz in Lushan Ende August 1970 auf. Aus den verfügbaren Quellen geht hervor, daß Lin dieses Amt gern für sich wieder eingeführt hätte und Mao dagegen war. Aber ein Putsch?

Die Kampagne gegen Lin Biao war von außerordentlicher Dürftigkeit. Keine einzige der bekannten Reden oder schriftlichen Äußerungen wurde einbezogen, immer ging es um den ominösen geheimen »Putschplan«. Eine Kampagne der Vertuschung und Verdummung, denn unmittelbar nach der Ausschaltung Lin Biaos und Tschen Po-tas vollzog sich – wohl kaum zufällig – eine dramatische Wende der chinesischen Außenpolitik.

Im Frühjahr 1970 verschärften die USA ihren Indochinakrieg und überfielen Kambodscha. China verstärkte daraufhin seine Hilfeleistungen. Am 20. Mai 1970 trat Mao mit einem Aufruf an die Öffentlichkeit, der die bisherige chinesische Außenpolitik unterstrich: »Völker der ganzen Welt, vereinigt euch, besiegt die USA-Aggressoren und alle ihre Lakaien.« Doch die These vom »Hauptfeind US-Imperialismus« sollte nicht mehr lange bestimmend bleiben. Im Juli 1970 gebrauchte Tschou En-lai erstmals den Begriff der »Zwei Supermächte«, der zwei Jahre später dadurch ergänzt wurde, daß der US-Imperialismus defensiv und absteigend, der »Sozialimperialismus« der Sowjetunion hingegen offensiv und aufsteigend sei. Die Konsequenz war katastrophal, denn mit steigender Bosheit wurden sämtliche revolutionären oder auch nur oppositionellen Widerstandsbewegungen als Produkt des »Sozialimperialismus« diffamiert, alle gegen die Sowjetunion gerichteten »Verteidigungsanstrengungen« jedoch als fortschrittlich gelobt.

Genau um diese außenpolitische »Wende« muß es jedoch auf dem »Lushan-Plenum« 1970 gegangen sein, denn schon Anfang November lud Tschou En-lai über den Journalisten Edgar Snow den US-Präsidenten Richard Nixon zum Besuch in Peking ein. Dieser wurde im Feburar 1972 das spektakulärste Fanal einer reaktionären Kurswende, die später im Krieg gegen Vietnam ihre konsequente Erfüllung finden sollte.

Zur Urheberschaft Maos an dieser Politik ist nur festzustellen, daß diese immer wieder betont, aber nie belegt wurde. Erst 1977, also nach dem Tode Maos, veröffentlichte die chinesische Presse einige Zitatfetzen, die so zu deuten wären.

Den westeuropäischen Maoisten stellte die neue Außenpolitik jedoch hohe Anforderungen an ideologischer Gelenkigkeit. Empfänge für Kohl (1974) oder Strauß (1975), bei denen diese als wachsame Kämpfer gegen sowjetisches Hegemoniestreben gefeiert werden, freundliche Beziehungen zum chilenischen Pinochet-Regime und eine scharf ablehnende Haltung zur Nelken-Revolution in Portugal und zum Befreiungskampf in Angola und Mozambique – das löste putzige Kapriolen aus, die bis zur rechtsradikalen Wende einiger maoistischer Gruppierungen führte. Der Angriffskrieg gegen Vietnam diskreditierte die chinesische Außenpolitik vollends. Der Zerfall dieses einst wichtigen Sektors der westeuropäischen Linken wurde dadurch erheblich beschleunigt, und das Stichwort »Mao« löst heute häufig nur noch peinliche bis humoristische Erinnerungen aus.

Wind von rechts

Der 10. Parteitag war jedoch gekennzeichnet durch die Rückkehr eines Mannes, der nach dem (natürlichen) Tode Liu Schao-tschis wie kein anderer die in der Kulturrevolution bekämpfte Rechte repräsentierte: Deng Hsiao-ping, »der

Großer Empfang für Strauß (1975)

Die neuen Sterne am Parteihimmel: Hua Guo-feng und Deng Hsiao-ping (unten)

andere oberste Parteimachthaber auf dem kapitalistischen Weg«. Schon im April 1973 tauchte er plötzlich auf, der 10. Parteitag wählte ihn dann ins ZK. Etwas später wurde er in das Politbüro kooptiert, was Licht auf die sehr labilen Mehrheitsverhältnisse des Parteitages wirft: Zur Wahl hätte es wohl noch nicht gelangt. Gewählt wurde stattdessen ein Schanghai-Linker: Wang Hung-wen rückte in die neue fünfköpfige Gruppe der stellvertretenden Parteivorsitzenden auf den zweiten Rang nach Tschou En-lai. Deng zog im Januar 1975 nach: da wurde er ebenfalls stellvertretender Vorsitzender und zugleich Generalstabschef der Armee.

Am 8. Januar 1976 starb Tschou En-lai. Er, der die Kulturrevolution ohne Kratzer überstanden hatte, hatte den Sturz Lin Biaos zu einer unfangreichen Rehabilitierung von Funktionären genutzt, die während der Kulturrevolution ausgeschaltet worden waren. Es sollte sich jedoch zeigen, daß die wiederentstandene Rechte keineswegs einheitlich war: Es war erwartet worden, daß Deng zum Nachfolger Tschous aufsteigen würde, da er ihn vor seinem Tode regelmäßig vertreten hatte.

Stattdessen stieg ein neuer Provinzstern an den Parteihimmel: Hua Guo-feng. Während der Kulturrevolution war er kritisiert worden, wurde aber dennoch zum stellvertretenden Vorsitzenden des Revolutionskomitees der Provinz Hunan gewählt. Seit dem 9. Parteitag saß er im ZK, seit dem 10. im Politbüro. 1975 wurde er stellvertretender Ministerpräsident und Minister für öffentliche Sicherheit – ein mächtiger Mann des Apparates, der den Linken ebenso kritisch gegenüberstand wie den riskanten »Reform«-Plänen der Deng-Fraktion. Ein Kompromiß-Kandidat, der stark genug war, beide Fraktionen gegeneinander auszuspielen. Zuerst bekamen die Linken Luft.

Schon Ende 1975 hatte an der Pekinger Universität eine Kampagne gegen den »Wind von rechts« begonnen, die nun auf die gesamte Öffentlichkeit übergriff und sich sehr schnell gegen Deng Hsiao-ping richtete. Die Vorwürfe waren wohlbekannt und – im Gegensatz zur Lin-Kampagne – sehr ausführlich belegt. Er wolle die Auflösung des Volks- und Kollektiveigentums zugunsten des Privatkapitals, er wolle Experten privilegieren und achte nicht auf ihren politischen Charakter, er wolle mit der Kulturrevolution abrechnen usw. – Kritikpunkte, die aus heutiger Sicht ihre volle Berechtigung haben.

1976: Die »Vierer-Bande« am Pranger

Die Bewegung nahm Formen der Kulturrevolution an – es wurden massenhaft Wandzeitungen geschrieben, es gab Kritikversammlungen und Demonstrationen. Doch von Anfang an wurde darauf geachtet, daß die Kontrolle der Partei gewahrt blieb: Die Bildung von »Kampfgruppen« und das Herstellen von Verbindungen zwischen einzelnen Gruppen wurde schlicht verboten. Vor Streiks wurde gewarnt, »Stabilität und Einheit« war offiziell oberstes Ziel.

Am 7. April 1976 tagte das Politbüro und beschloß, Deng Hsiao-ping aller Staats- und Parteiämter zu entheben. Noch am gleichen Abend kam es zu riesigen, spontanen Massendemonstrationen, am nächsten Tag demonstrierten in Peking allein mehr als eine Million Menschen. Ein Sieg der Linken jedoch war nicht zu bejubeln: Unter Mißachtung aller formaler Kompetenzen wurde Hua Guo-feng zugleich zum Ministerpräsidenten (zuständig: der Nationale Volkskongreß) und zum Ersten stellvertretenden Parteivorsitzenden (zuständig: das ZK-Plenum) gewählt.

Die Linke versuchte, sich diesen Beschluß zunutze zu machen, und begann eine Kampagne gegen die »kleinen Dengs«, die zunehmend an Breite und Schärfe gewann.

»Große Ordnung« gegen »Großes Chaos«

»... nach meinem Tode, wenn die Rechten die Macht ergriffen haben... könnten die Rechten meine Worte benutzten, um an die Macht zu gelangen. Die Linke wird daraufhin irgendwelche anderen Worte von mir benutzen, um sich zu organisieren, dann wird sie die Rechte niederschlagen.« Mao Tse-tung, der dies 1966 seiner Frau schrieb, starb am 9.

Maos Witwe Tschiang Tschiang vor Gericht in Peking

Wandzeitungsleser in der Pekinger Tschinghua-Universität

September 1976. Die vorausgesagte Machtergreifung der Rechten nahm die Form eines Putsches an: Die westliche Presse erging sich in Spekulationen über Schußwechsel im Politbüro, als wäre sie bei der Verhaftung der Witwe Maos, Tschiang Tsching und dem verbliebenen Rest der linken, Wang Hung-wen, Dschang Tschun-tjiao und Yao Wen-yüan dabeigewesen.

Wie vorhergesagt, durften auch die passenden Mao-Zitate nicht fehlen: Warnungen vor Fraktionsbildung, die gerade aus dem Munde Maos doch sehr seltsam klingen. Sogar Äußerungen Maos, die eindeutig gegen Deng Hsiao-ping gerichtet waren, wurden jetzt unter leichten Kürzungen gegen die »Viererbande« gewendet. Doch dieser Zitaten-Schmus wurde relativ schnell nebensächlich, genauso wie Vorwürfe, daß die Vier ein Mordkomplott gegen Mao geplant (wie einst Lin Biao?) und einen dekadenten Lebensstil geführt hätten. Immer mehr rückte in vielen Details die gesamte Kulturrevolution ins Zentrum der Angriffe, wobei es peinlich vermieden wurde, die Rolle Maos auch nur anzusprechen.

Die Ausschaltung der »Viererbande« war jedoch nur der vorläufige Endpunkt des Versuches, eine zweite Kulturrevolution zu beginnen. Schon im Juli/August, als der Tod Maos absehbar war, hatte sich in etlichen Provinzen und Städten die Kampagne gegen Deng in teils bewaffneten Straßenkämpfen, Streiks, Besetzungen von Partei- und Regierungsbüros und Gefangenenbefreiungen eskaliert. Hierbei stützten sich die Linken besonders auf die bewaffneten Miliztruppen, die sonst dem Kommando der Armee unterstanden, die auch die Munition unter Verschluß hielt. Teilweise führten die Kämpfe bis zur regionalen Machtübernahme oder zu einer Situation paralleler linker und rechter Macht- und Organisationsstrukturen. Besondere Schwerpunkte waren die Provinzen Hupei, Honan, Schansi, Kiangsi und Yünnan.

Nach dem Putsch der Rechten wurden die Krisengebiete militärisch »befriedet«, die Lage blieb jedoch noch Monate danach angespannt. Nur mühsam konnte Hua Guo-feng den Einfluß der Linken in der Partei zurückdrängen, wobei immer mehr das Mittel des »ordentlichen« Gerichtsverfahrens dominierte. Diese Verfahren kümmerten sich allerdings einen Dreck um bestehende Gesetze: Nach der Verfassung von 1969 waren das Streikrecht und das Recht auf freie Meinungsäußerung in Wandzeitungen und Demonstrationen garantiert. Gerade dies war jedoch Inhalt der meisten Anklagen.

Im Juli 1977 kehrte Deng zurück in seine Ämter. Das ZK, das zugleich den Ausschluß der »Viererbande« aus der Partei und allen Ämtern bestätigte, war schon reichlich verkleinert: 50 der etwa 200 Mitglieder waren dem Putsch zum Opfer gefallen.

Auf dem 11. Parteitag im August 1977 schließlich wurden als höchste Ziele die »Große Ordnung« und die Steigerung der Produktion herausgestellt. Hua Guo-feng blieb es überlassen, die zentrale These Maos vom Weiterbestehen des Klassenkampfes im Sozialismus zu revidieren: Wenn die Partei nur wachsam sei, »können die den kapitalistischen Weg Gehenden unmöglich zu einer bürgerlichen Klasse in der Partei werden, denn (!) sie sind nur eine Handvoll und werden darüber hinaus ständig entlarvt und hinausgesäubert.« So einfach ist das. So friedlich es nun im Inneren zugehen sollte, so kriegerisch benahmen sich die chinesischen Politiker nach außen hin: Nach einer 1977 begonnenen, planmäßigen Verschlechterung der Beziehungen zu Vietnam, begannen chinesische Truppen am 17. Februar 1979 eine »Strafaktion«

Plakat in Schanghai 1979

gegen das »asiatische Kuba«, das immerhin gerade Kambodscha von einem der barbarischsten Regime dieses Jahrhunderts befreit hatte.

In wessen Nachfolge sich die chinesischen Rechten mit dieser Aggressionpolitik stellten, wurde mit erstaunlicher Offenheit demonstriert: Deng Hsiao-ping besuchte zwei Wochen zuvor die USA und kündigte dort an, man würde Vietnam »einige fällige Lehren« erteilen. Auch seinen Gastgebern erteilte Deng »Lehren«: »Wir hoffen, daß die USA effektivere und entschlossenere Maßnahmen gegen die Herausforderung durch den Hegemonismus ergreifen.« Kommentar überflüssig. Die »Strafexpedition« wurde nach erheblichen Verlusten im Mai zurückgezogen.

Die Restauration

Unterdessen gingen die Prozesse gegen die Linken weiter, inzwischen auch mit etlichen Todesurteilen. Während Coca-Cola seine ersten Flaschen in China verkaufen konnte, erschütterte eine neue Welle von Demonstrationen die Großstädte. Viele der nach der Kulturrevolution in die Wüste geschickten Rotgardisten kehrten wieder in die Städte zurück und verlangten Arbeitsplätze. Es wuchs ein soziales Konfliktpotential heran, das mit den bürokratisch-planwirtschaftlichen Methoden von Hua Guo-feng kaum aufzufangen war. Hier schlug die Stunde Dengs, denn der Aufbau eines privatkapitalistischen Sektors bedarf eben nicht nur eines Unternehmers, sondern auch arbeitsloser Arbeitskräfte. Zugleich mit der endgültigen Abrechung mit dem Kurs Maos seit 1957 gelang es dadurch den ›radikalen Reformern‹ um Deng, auch Hua Guo-feng 1981 abzuhalftern.

Ein Signal war die Rehabilitierung Peng Te-huais im Dezember 1978. Peng war 1959 wegen seiner Opposition gegen den »Großen Sprung« als Verteidigungsminister abgesetzt worden. Nicht zu Unrecht wurde sie als Absage an die Volkskommunen begriffen, deren Abschaffung und Reprivatisierung seit diesem Zeitpunkt einsetzte.

Den Abschluß schließlich bildete die Rehabilitierung Liu Schao-tschjis im Februar 1980. Zugleich beschloß das ZK »die in Artikel 45 der Verfassung der Volksrepublik China enthaltene Formulierung: Die Bürger ›haben das Recht auf freie Meinungsäußerung, freie Aussprache, große Debatten und das Anschlagen von Wandzeitungen‹ zu streichen«, da sie ein »Unruhefaktor« gewesen sei.

Am 20. November 1980 begann der Prozeß gegen die »Viererbande« und die »Lin Biao-Clique«, u.a. gegen Tschen Po-ta, der mit Todesurteilen und lebenslänglichen Haftstrafen endete. Den »Hauptschuldigen« jedoch konnte man nicht mehr vor Gericht zerren, er blieb ungeschoren.

Er war nichts weiter als ein toter Hund.

China auf dem Weg zur »Großen Ordnung«

Chinesische Soldaten auf dem Weg zur Front im Krieg gegen Vietnam

Günter Giesenfeld

Die Mühen der Ebene

Vietnam und Kampuchea

Zum Jahreswechsel 1977/78 befand ich mich auf einer Studienreise in Vietnam. Eines morgens stieg unser vietnamesischer Dolmetscher Chi mit nassen Augen in den Bus ein, der uns nach Haiphong bringen sollte. Unter dem Arm trug er, wie jeden Tag, die Parteizeitung »Nhan Dan«. Aber im Gegensatz zu sonst hatte er es an diesem Tag eilig, uns zu berichten, was er gelesen hatte: Die vietnamesische Regierung hatte zum ersten Mal Berichte über Massaker veröffentlicht, die die Truppen des »Demokratischen Kampuchea« bei Übergriffen ins Grenzgebiet Vietnams an der Bevölkerung schon seit 1975 verübten. An diesem Tag fand Chi nicht mehr zu seinem plaudernden und gelegentlich humorvollen Ton zurück, seine ein wenig formelle Freundlichkeit war einer offen gezeigten Betroffenheit gewichen. Die Tränen, die seine Übersetzung der Zeitungsartikel immer wieder unterbrachen, galten wohl nicht so sehr den Opfern unter der Bevölkerung des Südens, als vielmehr dem – durch diesen Schritt in die Öffentlichkeit endgültigen – Eingeständnis der vietnamesischen Führung, daß der Bruch mit der kampucheanischen Bruderpartei nicht mehr zu vermeiden sein würde. Und das bedeutete nicht nur die Fortdauer und Eskalation des Grenzterrors, die Belastung durch Hunderttausende von kampucheanischen Flüchtlingen vor dem Pol-Pot-Regime und, wegen der notwendigen Evakuierungsmaßnahmen, eine existenzielle Beeinträchtigung der Aufbauarbeit im Süden, sondern vor allem auch möglicherweise einen neuen Krieg, der nicht nur das Land belasten, sondern auch in der Weltöffentlichkeit kaum auf Verständnis stoßen würde.

Chi hat uns damals die Zusammenhänge nicht so detailliert erläutert, obwohl sie ihm wahrscheinlich schon bekannt waren. Aus seinen stockend, nach und nach geäußerten Kommentaren sprach vor allem die Trauer um die verlorene, verratene Solidarität zwischen Vietnamesen und Kampucheanern. Auch für viele von uns, die wir so lange für die Solidarität mit den indochinesischen Ländern gekämpft hatten, wirkten diese Nachrichten wie ein unerwarteter Schock. Gewohnte Denkstrukturen waren plötzlich in Frage gestellt, und was im Krieg so leicht in Gut und Böse eingeteilt werden konnte, erwies sich als eine unerwartet komplexe, widersprüchliche Realität, zu deren exakter, auf Fakten und historischen Zusammenhängen beruhender Durchdringung uns die Solidarität im Krieg wenig Zeit geboten und wenig Bedürfnis nahegelegt hatte. In diesen siebziger Jahren, die wir als die Epoche der grausamsten Zerstörungen des Vietnamkriegs, aber auch als die des endgültigen Sieges der Revolution in Vietnam erlebt hatten, waren längst schon Entwicklungen in Gang gekommen, die unsere Vorstellungen vom problemlosen und schnellen Wiederaufbau bald über den Haufen werfen sollten.

Noch als ich im Dezember 1973 als einer der Delegierten der deutschen Solidaritätsbewegung in Paris gegen die US-amerikanische Bombardierung Kampucheas demonstrierte, präsentierten sich uns die Vertreter der GRUNK (der königlichen kampucheanischen Regierung der nationalen Einheit, unter Prinz Sihanouk, der sich damals in Peking aufhielt) als eine geschlossene Front von Befreiungskämpfern, die mit einhelliger Unterstützung der Bevölkerung und in Aktionseinheit mit den Vietnamesen handelten und kämpften. Aber dies war damals schon eine Fiktion. Bis in die fünfziger Jahre reichten nämlich die Fraktionskämpfe innerhalb der kampucheanischen Befreiungsbewegung zurück, die letztlich erst Anfang 1978 mit einem (wahrscheinlich durch eine chinesische Intervention erzwungenen) Sieg der radikalen »Stalinisten« (der Ausdruck stammt von Sihanouk) um Pol Pot endeten.

Diese Gruppe hatte sich damals in Paris konstituiert, ihr

Vietnam 1972. Kinder fliehen vor einem Napalm-Angriff der US-Truppen

gehörten ausschließlich kleinbürgerliche Intellektuelle aus Phnom Penh an, die zu der Zeit Studenten an der Sorbonne waren: Khieu Samphan, Ieng Sary, Hu Nim, Hu Yuon und Saloth Sar, welch letzterer 1978, um einen der Ideologie gemäßen Lebenslauf präsentieren zu können, einen neuen Namen annahm: Pol Pot. Ihre Politik war bestimmt durch Ideen eines radikalen Bruchs mit allen Traditionen in Kampuchea und einen Neuaufbau des Landes auf rein agrarischer Basis. Die Städte, in denen sich eine französisch gebildete und westlich orientierte Bourgeoisie entwickelt hatte, sollten samt ihren durch die Kolonialkultur »verseuchten« Bewohnern »eliminiert« werden, wie es in Veröffentlichungen aus der Pariser Zeit heißt. Vor allem aber lehnte diese Gruppe jegliche Zusammenarbeit mit dem Viet Minh und später mit der FNL (vietnamesische Befreiungsbewegung, gegründet 1960) strikt ab und betrachtete Vietnam als den eigentlichen Gegner. Damit befand sie sich, als die meisten ihrer Führer in den späten fünfziger Jahren zur bereits in der Kolonialzeit aktiven kampucheanischen »Issarak«-Bewegung stießen, in einem unüberwindbaren Gegensatz zu deren Prinzip der Zusammenarbeit mit den vietnamesischen Befreiungskämpfern und zeitweise auch mit Sihanouk, vor allem in dessen »antiimperialistischer Periode« in der Zeit etwa 1960 bis zu seinem Sturz 1970.

Von da an hörten die Fraktionskämpfe nicht mehr auf, und es muß davon ausgegangen werden, daß ein großer Teil der Massaker des Pol-Pot-Regimes zwischen 1975 und 1979 Säuberungsaktionen in der eigenen Partei, Armee und Regierung gewesen sind, bei denen alle alten »Issarak«-Kämpfer, aber auch Genossen aus der Pariser Zeit liquidiert wurden, die die konzeptionslose, immer ausschließlicher auf dem Haß gegen Vietnam gegründeten Politik nicht mehr mitmachen wollten (wie etwa Hu Yuon, von dem man in einem Gefängnis später ein aufschlußreiches, über hundert Seiten langes handschriftliches »Geständnis« gefunden hat). Dieser Sieg im inneren Machtkampf mußte mit der völligen Isolierung des Regimes von der Bevölkerung bezahlt werden, und nur durch diktatorische Kontrolle und brutale Verfolgung jeglicher Opposition (400 000 Bauern und Soldaten waren bis 1978 schon nach Vietnam geflohen), sowie als reines Werkzeug chinesischer Politik, konnte das Regime sich bis 1979 halten und einen eskalierenden Grenzkrieg gegen Vietnam führen.

Erst allmählich sind, seit etwa 1980, diese Fakten bekannt geworden, ist mit solchen Veröffentlichungen das Bild, das der unermüdliche Interviewgeber und Memoirenschreiber Sihanouk immer wieder von seinem Heimatland verbreitet hat, korrigiert worden. Was damals, 1978, Trauer und Empörung in Vietnam hervorrief, das endgültige Scheitern einer friedlichen Zusammenarbeit mit dem Nachbarland und der offene Grenzkrieg, traf uns, die europäischen Freunde, ahnungslos und unvorbereitet. Aber eigentlich hätte, was die globalere Lage betraf, uns ein Blick in die Geschichte warnen müssen. Schon zweimal, nämlich 1945 und 1954, waren die Friedenshoffnungen der Vietnamesen nach einem Sieg enttäuscht worden: erst nach dem Ende des zweiten Weltkriegs durch die von Nationalchina und England unterstützte Rückkehr der französischen Kolonialtruppen und dann zehn Jahre später, nachdem diese besiegt worden waren, durch das Eingreifen der Vereinigten Staaten. Und so wie sich deren Einmischung schon früher hatte absehen lassen (zu 80 Prozent hatten die USA schon vor 1954 die Kosten des französischen Krieges getragen), war auch der Positionswechsel in der Politik der Pekinger Revolutionsregierung, die zunächst ein treuer Verbündeter des vietnamesischen Befreiungskampfes gewesen war, schon in den Verhandlungen von Genf spürbar gewesen, dann in den sechziger und siebziger Jahren immer deutlicher geworden. Aber der offene Bruch mit Vietnam, unter dem Zeichen eines immer ausschließlicher die Politik der VR China bestimmenden Konflikts mit der Sowjetunion und der sich daraus ergebenden »Annäherung« an die USA, sowie die offene Rückkehr zum jahrhundertealten regionalen Hegemoniestreben, erfolgten erst nach 1975.

Flüchtlinge aus Kampuchea Ende der siebziger Jahre

Gewiß haben die Ereignisse, die nach diesem Sieg das große Prestige der vietnamesischen Revolutionäre beeinträchtigten, nicht alle ihren Ursprung in den direkten und indirekten Machenschaften des neuen, nun mit dem alten verbündeten Gegners. 1975 herrschte große Ratlosigkeit angesichts der wirtschaftlichen Lage in Südvietnam, wurde eine forcierte Industrialisierung in Gang gesetzt, deren langandauerndes Scheitern den Aufbau jahrelang lähmte. Damals unterschätzte man weiterhin nicht nur die Kriegsfolgen in bezug auf die sozialen Strukturen und ideologischen Dispositionen eines großen Teils der Bevölkerung im Süden, sondern auch die Intensität und Wirksamkeit des westlichen Handelsboykotts und der amerikanischen Anstrengungen, die Lage so lange und so intensiv wie möglich destabil zu halten – ganz zu schweigen von den noch auf Generationen unabsehbaren Folgen der systematischen Verseuchung weiter Gebiete durch den chemischen Krieg und die dadurch ausgelösten ökologischen und genetischen Katastrophen.

Alle diese Fehler haben auch ihr Teil dazu beigetragen, daß es zu den bekannten Anlässen für eine Diskriminierung der vietnamesischen Revolution auch in der kritischen westlichen Öffentlichkeit kam: Umerziehungslager noch zwölf Jahre nach Kriegsende, Flüchtlingsströme, wirtschaftliches Chaos, und schließlich das vietnamesische Eingreifen in Kampuchea. Bei jedem einzelnen dieser Ereignisse läßt sich jedoch nachweisen, daß erst durch gezielte Destabilisierung von außen eine existenzielle Gefahr für die vietnamesische Regierung entstanden ist: so durch die gezielten Aufforderungen aus Peking an die Adresse auch derjenigen Angehörigen der chinesischen Minderheit in Vietnam, das Land zu verlassen, die nicht von den ökonomischen Maßnahmen 1978 betroffen waren, so durch die bewußte Produktion von »boat-people«-Flüchtlingen durch die US-Flotte und andere »Hilfsschiffe«, deren Standorte in Radiosendungen auch heute noch verbreitet werden, nachdem die legale Ausreise durch ein Abkommen zwischen der vietnamesischen Regierung und dem Hochkommissariat für Flüchtlingshilfe der UNO (UNHCR) längst geregelt ist; so durch die politische Unterstützung und Bewaffnung von in Vietnam immer noch aktiven Gruppen ehemaliger Thieu-Offiziere, die von einem neuen Bürgerkrieg und Eingreifen der USA zwar nur träumen können, aufgrund der allgemein gespannten Situation aber durchaus in der Lage sind, durch Terror und Attentate Unsicherheit zu verbreiten. Nicht nur im Grenzkrieg Pol Pots gegen Vietnam nahm die Intervention bereits wieder militärische Formen an: Als »Strafaktion« gegen Vietnam marschierten im März 1979 chinesische Truppen in mehrere Provinzen Nordvietnams ein und zerstörten weite Gebiete, um den Sturz des Pekinger Schützlings Pol Pot zu rächen. Schließlich unterstützen seit 1979 Thailand, die USA und die VR China politisch und militärisch die kampucheanischen Kontras durch die Einrichtung von US-Dienststellen in Thailand, die dafür sorgen, daß die dortigen Flüchtlingslager als Rekrutierungszentren für die antivietnamesische »Koalition« aus Pol Pot und zwei weiteren, militärisch unbedeutenden Gruppen erhalten bleiben. Die beiden »nichtkommunistischen Partner« Pol Pots sind Son Sann, ein ehemaliger Schwarzhändler, Gangsterboß und Minister in Sihanouks Kabinett, und der Prinz Sihanouk selbst, sie haben nur als Adressaten politischer und militärischer Unterstützung für den Westen eine politische Bedeutung.

Damals, im Bus nach Haiphong, hörten wir Chi einigermaßen ratlos zu. Von den eben erwähnten Zusammenhängen wußten wir fast nichts, und die eigentliche Enthüllung der neuen Konstellation, für deren Entstehung wir noch keine schlüssige Erklärung hatten, erfolgt erst nach unserer Rückkehr mit dem vietnamesischen Eingreifen in Kampuchea. Die desorientierende Unerklärbarkeit dieser Vorgänge, die Erkenntnis, daß wir aus Informationsnot unsicher waren, daß sich die von uns als »Übertreibungen der bürgerlichen Presse« eingeschätzten Berichte aus Kampuchea als wahr herausgestellt hatten, das Unverständnis angesichts des jahrelangen vietnamesischen Schweigens, all das hat wohl sehr viele endgültig resignieren lassen, unter ihnen auch solche, die vielleicht schon länger einen Vorwand suchten, sich aus der lästig gewordenen internationalistischen Verpflichtung zu lösen oder sich anderen, aktuelleren Brennpunkten zuzuwenden.

Von heute aus gesehen, ist die Erklärung für dieses Verhalten nicht schwer zu formulieren. Die Vietnambewegung der sechziger und siebziger Jahre war im wesentlichen eine Bewegung gegen den Krieg der USA in Vietnam gewesen. Die damit verbundene Parteinahme für die vietnamesische Revolution war sehr abstrakt und beruhte nicht auf genauer Kenntnis der Voraussetzungen und Bedingungen, die ihre Durchführung nach dem militärischen Sieg bestimmen würden. Denn im Bewußtsein der meisten war Vietnam nur ein, wenn auch wichtiger, Teilaspekt innerdeutscher, innereuropäischer oder innerwestlicher Politik. Der Protest richtete sich gegen den Krieg der USA und gegen die Unterstützung dieses Krieges durch die Bundesregierung. Wir hatten nachvollzogen, daß die Schuld für die Verbrechen nicht nur bei den Generälen und Regierungen lag, sondern auf Auswüchse oder, je nach Auffassung, auf grundsätzliche Züge des kapitalistischen Westsystems zurückzuführen war, die in der imperialistischen Aggression nur offener zutage traten. Gegenüber diesen konkreten Analysen waren die Vorstellungen von der vietnamesischen Revolution von Mythen geprägt: vom Mythos der unbesiegbaren Guerilla, vom Mythos der großen Versöhnung nach dem Krieg, vom Mythos der allein alle Probleme lösenden Lehre des Marxismus-Leninismus. In der Verschiedenheit dieser Mythen, die kaum jemand an der Realität überprüfte, lag der Grund für die Zersplitterung der späteren Vietnambewegung, als die gegeneinander polemisierenden Gruppierungen ihre unterschiedlichen Modelle und Kampfziele auf Vietnam projizierten und tatsächliche oder untergeschobene Parolen der vietnamesischen Revolution direkt auf die hiesigen Verhältnisse übertrugen.

Infolgedessen waren die Vorstellungen darüber, was nach dem Sieg der Revolution in Vietnam zu passieren habe, so vage, daß sie schon dem Ansturm der ersten Kampagnen unter dem Stichwort Menschenrechtsverletzungen in einer antikommunistischeh Presse, der man zuvor so gründlich mißtraut hatte, micht mehr gewachsen waren. Als mit dem Ende des Krieges das »Wogegen«, bei dem Einigkeit geherrscht hatte, weggefallen war, hing das »Wofür« in der Luft, und die Verteilung solidarischer Zuwendung wurde an Bedingungen geknüpft, die von ganz abstrakten und dogmatisch starr eingeforderten Prinzipien geprägt waren wie etwa »Basisdemokratie« und »Sozialrevolution« (Buro/Grobe) oder eine »universale und unerschütterliche Politik für die Menschenrechte von der ersten bis zur vierten Welt« (Pascal Bruckner). Nur wenige sind seither den mühsameren Weg gegangen, sich endlich kundig zu machen, die konkreten Bedingungen zu untersuchen und vor allem zu bedenken, unter denen in Vietnam, wie in allen von Kolonialismus, wirtschaftlicher Ausbeutung und Kriegen zerstörten Ländern der Dritten Welt, der Wiederaufbau und die Einführung neuer gesellschaftlicher Strukturen erfolgen müssen.

Daß viele stattdessen lieber schnell vom positiven zum negativen Mythos überliefen, kennzeichnet die Situation gegen Ende der siebziger Jahre. Wie früher der abendländische Pioniergeist, so wird nun die Hilflosigkeit globalisiert, viele Enttäuschte aus der Politisierungsphase wenden sich gegen die eigene Vergangenheit und auch gegen das Land, welches diese Phase einst in Gang gesetzt hat. Die solidarische Beschäftigung mit der Dritten Welt überhaupt, der Internationalismus, erscheint als anchronistisch und naiv, als eine Art Nostalgie. Von dieser Position bis zum aggressiven Antikommunismus und seinen Folgerungen und Folgen ist es nur ein Schritt: Pascal Bruckner, einer der brillantesten und zugleich arrogantesten Kritiker der Fehler des Internationalismus der siebziger Jahre, sieht hinter der nicaraguanischen Revolution ganz einfach nur noch die jüngste Machination des Kremls. Das nennt einer seiner Rezensenten »die Kapitulation des Geistesmenschen vor der Gewalt«.

Ankunft vietnamesischer Flüchtlinge in der Bundesrepublik

Ekkehart Krippendorff

Jahrzehnt ohne happyend

Die USA in den Siebzigern

Präsident Tricky Dicky Nixon

Nostalgie wird nicht aufkommen bei dem, der sich und andere an die amerikanischen siebziger Jahre erinnert. Was die jüngere US-Geschichte anbelangt, sind allenfalls die drei kurzen Kennedy-Jahre 1960–63, nostalgisch verklärt – und auch das eigentlich ganz zu unrecht, denn damals war eingebrockt worden, was in den Siebzigern dann bitter ausgelöffelt werden mußte und was diesem Jahrzehnt sein Siegel aufdrückte: Vietnam. Das Stichwort verweist zugleich auf ein Paradox. Ein halbes Jahrzehnt ist es zentrales Thema, bringt jener Krieg mit allem, was mit ihm direkt und indirekt zusammenhängt, die US-amerikanische Gesellschaft und Politik in ihre wohl seit dem Bürgerkrieg, der mehr als ein Jahrhundert zurückliegt, tiefste Existenz- und Sinnkrise, und nach einem weiteren halben Jahrzehnt, also 1979, ist alles vergessen, überwunden, oder jedenfalls erfolgreich unterdrückt und verdrängt. Geht man fehl in der Annahme, der Hoffnung (!), daß es da längerfristig eine Tiefenwirkung geben muß, die das von allen erlebte Trauma in eine »Vergangenheitsbewältigung« überführt? Symbolisch das »War Monument« für die US-Gefallenen zu Fuße des Obelisken in der »Mall« von Washington, D.C.: ein in seiner Schlichtheit eindrucksvoller rechtwinkliger Einschnitt in einen Grashügel, der auf schwarzem Marmor nur die Namen der toten GI's trägt; zehn Jahre nach seiner Errichtung erzwang die vergessenwollende Öffentlichkeit, daß doch noch eine »echte« Denkmalsgruppe dazugesetzt wurde, bestehend aus drei heroisch blickenden Kriegern...

Die Amerikaner teilen ihre Geschichte – darin dem auch sonst bisweilen als Vorbild zitierten Imperium Romanum ähnlich – in die Regierungszeiten ihrer Präsidenten ein. Und so beginnen denn die siebziger Jahre tatsächlich mit dem Amtsantritt Nixons im Januar 1969, und sie enden mit der Wahl Reagans 1980. Dazwischen liegen die Präsidentschaften von Ford (1974–76) und Carter – heute, in den achtziger Jahren, schon fast vergessene Namen. Am Ende dieses Jahrzehntes konnte von einer der prominentesten amerikanischen Zeitschriften, nämlich »Business Week«, im Haupttitel öffentlich ausgesprochen werden (und war damit Gemeingut öffentlichen Bewußtseins geworden), was die Berater um Nixon und Kissinger zu Beginn des Jahrzehnts immerhin erkannt und aufzuhalten versucht hatten: »The Decline of U.S. Power.« Eine historische Wende markiert also dieses Jahrzehnt, nicht zuletzt in dem, was als »öffentliche Meinung« immer wieder befragt wird. Die gesamte US-Geschichte hindurch und bis in die fünfziger und sechziger Jahre hinein, war die große Mehrheit der Amerikaner der Meinung gewesen, daß die Gegenwart besser als die Vergangenheit gewesen sei und die Zukunft besser als die Gegenwart sein werde; »der« Amerikaner galt, und das nicht zu unrecht, subjektiv wie eigentlich auch objektiv für die Mehrheit gerechtfertigt, als optimistisch, im Privaten wie als Angehöriger der mächtigsten und reichsten Nation der Erde. Am Ende der siebziger Jahre hatte sich diese Einstellung fundamental gewandelt. Jetzt sah die Gegenwart schlimmer aus als die Vergangenheit, und die Zukunft würde schlechter sein als die Gegenwart. Die erklärenden Stichworte heißen Watergate, Chile, Kent State, Öl-Schock, Geiseldrama – und natürlich immer wieder Vietnam. Zu den Stichworten gehört aber auch der Name Nixon selbst. Da war der wohl bis dahin verachtetste, auch gefürchtetste Kandidat nach so vielen bis ins Peinliche reichenden Anläufen Präsident geworden, »Tricky Dicky«, dem zumindest alle Liberalen nur das Schlimmste zutrauten, und manche hatten in der Hitze des Wahlkampfgefechtes sogar von Auswandern gesprochen. Es sollte sechs Jahre dauern, bis sie sich bestätigt sahen und Nixon der historisch vorbildlosen Präsidentenanklage nur

Auf dem Campus der Kent State Universität erschoß die Nationalgarde 1970 demonstrierende Studenten

durch einen ruhmlosen Amtsverzicht zuvorkam. Auch Watergate, seit Nixons Sturz ein Synonym für die Vertuschung von Amtsvergehen überall in »ordentlichen« Verfassungsstaaten, hing aufs engste mit Vietnam zusammen. Denn die Politiker, die 1969 die Regierung der USA übernahmen, sahen »Vietnam« als einen universalen, also auch inner-amerikanischen Bazillus, eine Art »Immun-Schwäche« gegenüber kommunistischer Zersetzung der freiheitlich-demokratischen Grundwerte. Als Nixon am 30. April 1970 im Fernsehen die folgenreiche Entscheidung rechtfertigte, den Krieg nun auch noch nach Kambodscha zu tragen (womit die Voraussetzungen für die spätere Machtergreifung des massenmörderischen Pol-Pot-Regimes im Namen einer radikalen »kommunistischen« Gesellschaftsordnung geschaffen wurden), tat er das mit folgenden Worten:

»Meine amerikanischen Mitbürger, wir leben in einer Zeit der Anarchie, jenseits unserer Grenzen und zu Hause. Wir sehen, wie alle die großen Institutionen, die von freien Zivilisationen in den vergangenen fünfhundert Jahren geschaffen wurden, blindwütig angegriffen werden. Selbst hier bei uns, in den Vereinigten Staaten, werden große Universitäten systematisch zerstört. Überall in der Welt sehen sich kleine Nationen von innen und außen angegriffen. Wenn wir es zulassen, daß der Welt mächtigste Nation, die Vereinigten Staaten von Amerika, wie ein bemitleidenswerter, hilfloser Riese dasteht, werden die Kräfte des Totalitarismus und der Anarchie die freien Nationen und die freien Institutionen überall in der Welt tödlich bedrohen.«

Das klang – und war auch so gemeint – wie ein Aufruf zum Krieg, nicht zuletzt gegen den Feind im Innern, gegen die revoltierende Jugend so gut wie gegen die liberale, kritische Intelligenz. Der FBI bekam freiere Hand, gegen die Unruhestifter im Lande vorzugehen, als je zuvor seit den McCarthy-Hexenjagden der frühen fünfziger Jahre, die noch gut in Erinnerung waren – und er tat es auch, zusammen mit den polizeilichen und militärischen Ordnungskräften. 1970 erschoß die Nationalgarde von Ohio auf dem Campus der Kent-State, und die von Mississippi in der Jackson-State-University demonstrierende Studenten. Erschossen beziehungsweise systematisch nach provozierten Zusammenstößen ermordet wurde der relativ kleine Kern der militanten Black Panther-Bewegung, was im Unterschied zu »Kent State« wenig lautstarke Empörung bei der liberalen (weil weißen) Öffentlichkeit hervorrief; unmöglich zu sagen, aber legitim, darüber nachzudenken, was aus den USA geworden wäre, wenn es diesem Ansatz zu einer revolutionären schwarzen Befreiungsbewegung möglich gewesen wäre, sich zu entwickeln, ehe sie buchstäblich im Keim erstickt wurde. Die wenigen Überlebenden Black Panther-Führer gingen für Jahre, manche für immer (bis heute) ins Exil. Auf dem Höhepunkt der Anti-Nixon-Proteste wegen des Krieges in Vietnam und Kambodscha befanden sich fast 500 Universitäten und Colleges im Streik. Ein Mann wie Daniel Ellsberg, der damals die, inzwischen als unübertreffbare Quelle für die regierungsinterne Geschichte und Vorgeschichte des Vietnamkrieges bekannten, »Pentagon-Papiere« in die Öffent-

Angela Davis wurde 1970 wegen angeblicher Beihilfe zum Mord verhaftet. Ihre drohende Verurteilung zum Tode konnte nicht zuletzt von einer weltweiten Solidaritätsbewegung verhindert werden. Angela Davis wurde zu einer Symbolfigur des schwarzen Widerstandes.

Black Panther

Slum-Familie in Brooklyn

lichkeit schmuggelte, er wurde zum alptraumhaften Symbol für eine politische Klasse, die überall Wertezerfall und Subversion witterte, von Vietnam bis in die heiligen Hallen der eigenen Macht. Aus dieser Paranoia heraus wurde dann 1972 der berühmte Watergate-Einbruch der »Nixon-Klempner« bei den Wahlkampfmanagern der Demokratischen Partei begangen, was 1974 schließlich, nachdem die volle Wahrheit mühsam genug ans Licht gebracht worden war, zu Nixons Rücktritt führte. Nixon selbst hatte den Einbruch in das Hotel Watergate in Washington, bei dem die Unterlagen über die Wahlkampfstrategie der Demokratischen Partei gestohlen wurden, wenn nicht in Auftrag gegeben, so doch gedeckt. Und Watergate heißt nicht nur Nixon: fast vierzig mittlere und hohe Regierungsbeamte wurden unter Anklage gestellt und zum Teil sogar auch verurteilt. Schon der altersweise Tolstoi hatte gewußt, daß alle Regierungen kriminelle Verschwörungen gegen das Volk sind. Nur fliegen die wenigsten dann auch auf.

Während das Watergate-Geschwür noch schwelte, bekämpften die Nixon-Leute, und allen voran Außenminister Kissinger, noch eine andere Unbotmäßigkeit: die Verschwörung einer Bevölkerung mit ihrer eigenen Regierung gegen die imperiale US-Dominanz. »Ich sehe nicht ein, warum wir untätig zusehen sollen, wie ein Land kommunistisch wird wegen der Unverantwortlichkeit seiner eigenen Bevölkerung«, soll er über die Situation in Chile geäußert haben, wo der Sozialist Salvador Allende 1970 demokratisch zum Präsidenten gewählt worden war. Nach drei Jahren hatte man es geschafft, Chiles Wirtschaft so zu paralysieren und zu destabilisieren und gleichzeitig das bis dahin als besonders verfassungstreu geltende Militär für sich zu gewinnen, daß dem überall in der Welt mit der größten Anteilnahme, mit Sympathie und Hoffnungen begleiteten Experiment, sich von der ökonomisch erdrückenden Ausbeutungsvormacht USA zu entziehen, per Staatsstreich ein blutiges Ende gemacht werden konnte. Dieses Blut fließt heute noch. Paradoxerweise hatten die US-Strategen vermutlich mehr Angst davor, daß Allende wenig später abgewählt werden könnte, als daß sich aus seiner Regierung eine »kommunistische Diktatur« entwickeln würde, denn das hätte den Mythos zerstört, daß der Kommunismus deshalb mit allen Mitteln beizeiten bekämpft werden müsse, weil er die Macht auf demokratischem Wege nie wieder abgäbe. Dabei war Allende ja nicht einmal ein solcher »moskovitischer« Kommunist. Aber mit Allende sollten kommunistische Parteien beziehungsweise demokratische Bewegungen auch und gerade in anderen Teilen der Welt getroffen werden: der sich entwickelnde »Eurokommunismus« in Portugal, Spanien, Frankreich und vor allem in Italien. Hier war es KPI-Chef Berlinguer, der sofort nach Allendes Sturz die radikale Konsequenz zog und den expliziten Verzicht auf eine demokratisch gewählte linke Regierungsmehrheit der »51 Prozent« erklärte. Selbst der so stabil anti-kommunistische NATO-Bündnispartner Bundesrepublik zeigte aus dem Paranoia-Blickwinkel der Nixon-Kissinger-Leute erste »AIDS-Symptome«: die Ost-Politik Willy Brandts wurde, um es vorsichtig zu sagen, mit großem Argwohn verfolgt, und welche Rolle westliche Geheimdienste beim Sturz Brandts gespielt haben, darüber darf man zumindest Vermutungen anstellen. 1973/74 näherte sich schließlich die Vietnam-Agonie ihrem bitteren Ende. Das 1961/62 so arrogant-selbstsicher begonnene Machtspiel, »Domino-Theorie« genannt, war offensichtlich nicht mehr zu gewinnen. Es war verloren worden auf dem sogenannten Schlachtfeld, aber auch an der inneren Front und nicht zuletzt (manche sagen sogar entscheidend) auf dem Felde der Wirtschaft, das heißt mit einer nicht mehr erträglichen Außenverschul-

Wounded Knee Seed

P. 3

--SPECIAL SUPPLIMENT TO THE SHANNON COUNTY NEWS--

Pictured above is Jacob Holdt of Denmark (with camera) as he is about to be released by Pine Ridge Police at the reservation border line (SHANNON COUNTY NEWS PHOTO by David Bunnell)

Clearwater's Body Taken To CROW DOG CAMP

CROW DOG'S CAMP--The body of Frank Clearwater, who was the first victim of the Wounded Knee takeover, was transported here Tuesday from Fools Crow Camp near Kyle on the Pine Ridge Reservation. The funeral procession left Fools Crow's about 11 a.m. and was stopped twice by police before reaching its destination. Pine Ridge Police and FBI agents who"escorted" the procession stopped it about five miles east of Martin where they checked the identification of all participants and arrested two people for allegedly violating a tribal court order banning them from the reservation as "undesirable persons."

Author Arrested

One of those arrested was Danish author Jacob Holdt who is in the United States preparing a Documentary for Danish Television and writing for the Denmark Christian Science Monitor.

In an interview with the Shannon County News, Holdt reported that he had been cleared by the Secret Service at the Republican Convention in Miami this past summer and that he stayed with Republican delegates in the Fountain Bleu Hotel where he interviewed such notables as Julie Eisenhower, John Wayne, Ronald Reagon and others. Holdt, who was handcuffed and whose souvenir Republican Convention Press Pass was ripped off his jacket and not returned found things not so easy on the Pine Ridge Reservation. He was released at the reservation border line.

The procession was again stopped outside Crow Dog's while the Rosebud Tribal Council decided whether to allow Clearwater's body to be buried on the Rosebud. Finally, it was decided to allow burial on private but not on tribal land.

FUNeraL

The Funeral and burial were to be held Wednesday at Crow Dog's camp.

HARD TO BELIEVE This picture was taken in South Dakota

Am 1. März 1973 besetzen bewaffnete Sioux-Indianer Wounded Knee (South Dakota), um gegen die Zustände in den Indianer-Reservaten zu protestieren. Nach 37 Tagen beenden sie die Besetzung, nachdem sich die Regierung zu Verhandlungen bereit erklärt hat.

Der Sarg des während der Besetzung getöteten Frank Clearwater

dung durch die Militärausgaben, die übrigens von den »Bündnispartnern« zu einem wesentlichen Teil und zunehmend widerwillig mitgetragen worden waren. Es war ein bitteres Ende, auch wenn der dem ohne amerikanische Unterstützung hilflosen südvietnamesischen Puppenregime 1975 versetzte Todes-Gnadenstoß durch die nordvietnamesischen Truppen von der gesamten linken, engagierten Weltöffentlichkeit als ein gerechter Sieg gefeiert wurde. Zuviel war in dem gefolterten kleinen Land zerschlagen, zuviel Unheil angerichtet worden, zu ungeheuerlich war die physische und die psychische, die ökonomische und die politische, die menschliche und die kulturelle Zerstörung nach mehr als dreißig Jahren ununterbrochenen Krieges, als daß daraus eine vorbildhafte, eine humane, freie sozialistisch-kommunistische neue Gesellschaft hätte entstehen können, auf die Millionen von Vietnam-Demonstranten und Solidaritätsbewegungen gesetzt hatten. Der Vietnam-Krieg war keine, wie es so manches Buch, mancher Film suggerieren möchte, »amerikanische Tragödie«, er war ein politisch leichtfertiges Verbrechen der herrschenden Klasse der USA und ihrer intellektuellen Trabanten (darunter nicht zuletzt die smarten Politologen und Strategie-Intellektuellen), es war und ist die Tragödie eines kleinen Volkes, einer alten Kultur und einer ganzen Region.

so Selbstverständliches geworden war wie die Luft zum Atmen und das Wasser aus der Leitung.

Dazu gehört auch das wichtige Stichwort Iran. Der Schah von Persien war einer der treuesten der treuen US-Trabanten gewesen; seinen Thron dankte er – zumindest seit dem durch feine US-Intrigen 1953 rückgängig gemachten Rauswurf – der sicheren amerikanischen Unterstützung. Aber selbst der Schah wurde damals aufmüpfig und träumte wohl von einem eigenen Hegemonial-Imperium im Mittleren Osten: »Ihr Westler habt den Preis des Weizens, den ihr uns verkauft, um 300 Prozent gesteigert, und ebenso den für Zucker und Zement ... Ihr kauft unser Rohöl und verkauft es uns dann wieder als Petrochemie-Produkt zum hundertfachen Preis ... Es ist nur gerecht, daß ihr von jetzt ab mehr für das Öl bezahlt ... zehnmal mehr.« Zum Schah aber sahen oder hatten die USA keine Alternative, also mußte man mit ihm leben, auch mit der langsam in der Öffentlichkeit bekanntwerdenden Brutalität seines »Modernisierungs-Regimes«. Als Jimmy Carter 1976 Präsident wurde und, um das Vietnam-Trauma psychologisch zu überwinden, eine moralisierende Menschenrechtskampagne zum Aushängeschild seiner Außenpolitik machte, tat er sich gerade hier, im Iran, schwer. Obwohl die Exzesse der CIA-trainierten SAVAK, der »Schah-Gestapo«, bekannt genug waren, lobte Carter

Aber die amerikanischen Siebziger tragen politisch nicht nur den Namen Vietnam. Da manifestiert sich auch der widerspruchsvolle und konfliktgeladene Ausbruchsversuch von Teilen der Dritten Welt aus dem »Imperium«. Chile ist schon genannt worden, am Ende der Dekade steht Nicaragua. Dazwischen aber liegen die zunächst erfolgreichen und von den USA wegen ihres Vietnam-Engagements nicht verhinderten letzten Entkolonisierungen der portugiesischen Übersee-Territorien Guinea-Bissau, Angola, Mozambique als Parallelvorgang zur »Revolution der Nelken« in Portugal (deren spätere Rücknahme geht – ausnahmsweise – nicht auf das Konto des Weltgendarmen USA, sondern auf das der Sozialdemokraten und der Linken selber), dazwischen liegt der wirtschaftliche Kriegserklärungsversuch der OPEC-Länder an die Erste Welt mit dem Yom-Kippur-Krieg 1973 und dem »Ölschock« – dem plötzlichen Preisanstieg und der Benzinknappheit auch in den USA, wo der Autosprit etwas

bei einem offiziellen Iran-Besuch am Neujahrstag 1977 öffentlich sein Gastland als »Insel der Stabilität« und »die Bewunderung und Liebe, die das Volk Ihrer Majestät entgegenbringt«. Genau zwei Jahre später war der geliebte Mann verjagt und ein internationaler Paria, den niemand in seinem Staate für mehr als eine Nacht beherbergen wollte. Aber die ihn ablösten, das waren nicht die von den USA gefürchteten und von der (europäischen) linken Anti-Schah-Solidaritätsbewegung als einzige Alternative beschriebenen Demokraten, Sozialisten und liberalen Reformer der westlichen Emigration. Es waren die fundamentalistischen Ayatollas des Islam und deren populäre Massenbasis, von deren Existenz anscheinend niemand gewußt hatte. Die paßten in kein Schema, kein imperialistisches und kein sozialistisches, und sie verhielten sich genau so »undogmatisch«, das heißt unberechenbar, wie sie es als politisch-ideologische Kraft waren. Das »Geisel-Drama«, die von Khomeini-Fanatikern in der

Teheraner US-Botschaft zu Erpressungszwecken gefangengenommenen amerikanischen Bürger, mobilisierte mehr als zwei Monate lang vom November 1979 bis zum Januar 1980, die amerikanische Öffentlichkeit zu einer historisch beispiellosen Hysterie. Der fehlgeschlagene, abenteuerliche Versuch ihrer Befreiung mittels eines militärischen Sonderkommandos, trug nicht unwesentlich zu Carters Wiederwahl-Niederlage bei – die gedemütigten USA, denen religiöse Fanatiker der unterentwickelten Dritten Welt auf der Nase herumtanzen konnten, das war ein gefundenes Fressen für die martialisch auftretende außenpolitische Cowboy-Programmatik eines Ronald Reagan (der sieben Jahre später eben im Iran auch sein »Canossa« erleben sollte).

An einem Punkt allerdings eröffnete die Cartersche Menschenrechtskampagne, obwohl sie primär als anti-sowjetisches Instrument konzipiert worden war, gewissermaßen wider Willen eine kurzfristige Bresche in der harten US-Position im Vergleich mit den Vorgänger-Regierungen Nixon-Ford. Die Somoza-Diktatur in Nicaragua war, seitdem sie unter massiven inneren Widerstandsdruck der militanten Sandinisten stand, nun wirklich »menschenrechtlich« durch nichts mehr zu rechtfertigen, geschweige denn – außer über eine direkte Militärintervention – zu halten. Für Nicaragua eine, wie sich herausstellen sollte, plötzliche und einmalige

Gunst der Stunde. Zwei, drei Jahre früher oder schon ein Jahr später, 1980, hätten die USA den Sieg der Sandinisten nicht akzeptiert; das hat die »Weltpolitik« in Mittelamerika und darüberhinaus entscheidend verändert.

Mitten in dies schlimme Jahrzehnt fiel ein Datum, das zu selbstgerechtem Jubel Anlaß geben sollte, aber zur großen Peinlichkeit wurde: das große »Bi-Centennial« – zweihundert Jahre USA, 1776–1976. Nixon hatte sich davon die Krönung seiner »imperial presidency« versprochen; vor seiner historischen Reise nach China 1972 taufte er das traditionelle Präsidentenflugzeug »Air Force One« um in »The Spirit of '76«. Von diesem Geist war dann 1976 nicht viel übrig geblieben, und alle großen Spektakel, renovierten historischen Gebäude, Gedenkreden und Feuerwerke konnten über den tiefen Pessimismus, die Perspektivlosigkeit, das Ende des »American Dream«, die ideologisch-politische Ohnmacht der noch immer mächtigsten Nation der Erde, aber auch über ihren schleichenden, relativen wirtschaftlichen Niedergang (verglichen mit Westeuropa und Japan) nicht hinwegtäuschen: noch immer waren (und sind) die USA zwar »Number One«, aber doch »Number One minus Eins«. Die geistige, gesellschaftliche, kulturelle Vitalität der US-Gesellschaft an der Basis, die Produktivität ihrer Wissenschaft, ihrer Kunst und Literatur, der Vielzahl ihrer »Bewegungen« (von der der Schwarzen bis hin zu den Frauen, die eine weltweite rezipierte feministische Avantgarde darstellten) fanden keinen Ausdruck in der Politik, erzielten keinen Einbruch in die politisch herrschende Klasse.

Die kompensierte vielmehr ihre außen- und innenpolitische Machteinbußen mit Militarisierung, Rüstungswettlauf und dem 1980 erfolgreichen Appell an die Primitiv-Instinkte der Angst vor Desintegration, Schwäche und »Anarchie«. Reagan hieß und heißt der medienfabrizierte politische Erfolgsschlager, mit dem die siebziger Jahre enden und die neue Dekade beginnt. Aber in vieler Hinsicht führt er nur fort, was das vorangegangene Jahrzehnt in vergleichsweise schwindelhafte Höhe getrieben hatte: den Ersatz von realem Machtverlust durch die Potenzierung des Gewaltapparates. Wie diese Herren die Welt sahen und sehen, das hatte Ex-Präsident Nixon 1980 in einem Rechenschaftsbuch so formuliert: »Wenn wir und die Sowjets in Nuklearwaffen in etwa gleich stark sind, aber sie haben 5000 Kubaner oder auch nur 500 Agitatoren und Terroristen, dann haben wir kein Kräftegleichgewicht, dann ist die größere Macht in einer jeweiligen Region auf ihrer Seite.« Hier liegt, ungeachtet der massiven ökonomischen Profitinteressen, die politische Logik der weltweiten amerikanischen Militärpräsenz und Rüstung. 1969, also zu Beginn der Dekade, hatten die USA insgesamt 3,2 Millionen Soldaten im aktiven Dienst, die Hälfte davon verteilt auf 2700 Stützpunkte und Basen in dreißig Ländern, eine weitere Million stationiert in achtundvierzig verbündeten Ländern (darunter in Südvietnam); eine Million Menschen waren Zivilbedienstete des Militärapparates, die Rüstungsbeschäftigten nicht eingeschlossen. Für diesen Apparat wandten die USA zehn Prozent ihres Bruttosozialproduktes auf: 75 Milliarden Dollar, zwei Drittel des gesamten Staatshaushaltes. Das war zu Zeiten des Höhepunktes des Vietnamkrieges, also zu Beginn der siebziger Jahre. Jene 75 Milliarden waren 1977 auf 108 Milliarden und 1980, als der Vietnamkrieg sechs Jahre beendigt und »längst vergessen« war, auf 142 Milliarden Dollar, also das Doppelte, angewachsen, noch ehe die achtziger Jahre, die Präsidentschaft Reagan und das Star-War-Programm begonnen hatten und die USA wieder zur »Number One plus eins«-Nation machten oder zu machen versuchten.

Anatol Feid

Chile, September 1973

1

Am 5. November 1970 hielt der neugewählte sozialistische Präsident Chiles, Salvador Allende, im Nationalstadion von Santiago seine Antrittsrede. Er sagte: *»Der Sieg gehört den Werktätigen, dem leidgeprüften Volk, das eineinhalb Jahrhunderte lang unter dem Namen Unabhängigkeit die Ausbeutung durch eine herrschende Klasse ertrug, die zur Sicherung des Fortschritts unfähig war und in Wirklichkeit von ihm nichts wissen wollte. Es ist eine uns allen bekannte Wahrheit, daß Rückstand, Unwissenheit und Hunger unseres Volkes und aller Völker der Dritten Welt existieren und weiterbestehen, weil sie für einige wenige Privilegierte von Vorteil sind. Aber endlich ist der Tag angebrochen, um Schluß damit zu machen: Schluß mit der wirtschaftlichen Ausbeutung, Schluß mit der sozialen Ungleichheit, Schluß mit der politischen Unterdrückung.«*

Salvador Allende mit Pablo Neruda

Gewählt worden war Allende schon am 4. September, da er aber die absolute Mehrheit verfehlt hatte, wurde eine Nachwahl im Parlament erforderlich. Für die Armen und Unterdrückten Chiles würde die Wahl eines marxistischen Präsidenten Hoffnung auf das Ende ihrer Not bedeuten: 80 % des Bodens waren in den Händen von 4 % Großgrundbesitzern, die Landarbeiter wurden mit Hungerlöhnen abgespeist; in Santiago lebten 600 000 Menschen (bei drei Millionen Einwohnern) in Elendsvierteln ohne Strom, Wasser und Kanalisation; bei einer Gesamtbevölkerung von elf Millionen waren 1,5 Millionen Kinder unterernährt, über eine halbe Million von ihnen geistig dauerhaft geschädigt; die Analphabetenquote lag bei 15 %, der Schulbesuch wurde meist sehr früh abgebrochen, da die Kinder mit für den Unterhalt der Familie sorgen mußten.

Das alles sollte sich ändern. Die Menschen aus den Poblaciones, den Elendsvierteln, sangen: »Heute wechseln wir nicht nur einen Präsidenten aus. Wir bauen ein neues Chile.«

Beratung in den Poblaciones von Santiago

2

Der Hoffnung der Armen entsprach die Angst der Besitzenden von Grund und Boden, von Industrie- und Wirtschaftsunternehmen, von Banken. Neben circa 5% der Chilenen sind das auch ausländische Gesellschaften; aus den USA unter anderen die »Kennecot Copper Corporation« und der Elektronikkonzern ITT; aus der Bundesrepublik zum Beispiel die Farbwerke Hoechst, die Farbenfabriken Bayer AG, die Badische Anilin & Soda-Fabrik (BASF) und die Dresdener Bank, aber auch Privatpersonen wie der ehemalige F.D.P.-Abgeordnete Knut Freiherr von Kühlmann-Stumm, der Frankfurter Warenhausmillionär Georg Karg (Hertie) oder der Hamburger Versandthändler Werner Otto.

Die Besitzenden taten alles, um die Bestätigung Allendes durch das chilenische Parlament zu verhindern. Einen Tag nach der Wahl durch das Volk wurden 220 Millionen Mark von den Banken abgehoben; die Gesamtsumme, die ins Ausland gebracht wurde, wird auf mindestens eine Milliarde Dollar geschätzt. Unternehmer gingen dazu über, ihre Arbeiter zu entlassen oder sie nicht zu bezahlen mit der Begründung, sie hätten kein Geld mehr. Der ITT-Konzern versuchte, in Zusammenarbeit mit dem CIA, Druck auf die chilenischen Christendemokraten auszuüben, damit sie bei der Nachwahl gegen Allende stimmten.

Wenige Tage vor der entscheidenden Sitzung im Parlament telegrafierte das CIA-Hauptquartier an seine Zweigstelle in Santiago: *»Offensichtlich gibt es noch immer keinen Grund, der einen Putsch rechtfertigen würde und der ihn in Chile oder Lateinamerika annehmbar erscheinen ließe. Es erscheint uns daher nötig, einen Grund zu schaffen, um die Argumente zu untermauern, die wahrscheinlich vorgebracht werden, um diesen Streich zu rechtfertigen, und zwar, daß man Chile vor dem Kommunismus retten müsse. (...) Wir brauchen Auskünfte, die eindeutig bestätigen, die Kubaner hätten eine Reorganisation aller chilenischen Nachrichtendienste nach sowjetisch-cubanischem Muster geplant, was eine gute Grundlage für einen Polizeistaat wäre. (...) Einige der von Ihnen verfaßten Propagandabücher sind vorzüglich. Bitte benutzen Sie von den vorliegenden Argumenten solche, die Ihnen am vertrautesten sind, um einen Bericht zu verfassen, der auf einigen allgemein bekannten und anderen erfundenen Tatsachen beruht und einen Putsch rechtfertigt, eine Spaltung der Opposition herbeiführt und den Militärs neue Anhänger bringt. Wenn Sie über entsprechende Kontakte zur Armee verfügen, versuchen Sie sich auszudenken, wie man diesen Bericht entdecken könnte. (...) Soll ein Umsturz Erfolg haben, so muß er gerechtfertigt werden.«*

Der Amtsantritt Allendes, der durch sein Versprechen, die Verfassung nicht anzutasten, die Stimmen auch der Christdemokraten für sich gewann, konnte nicht verhindert werden. Die Besitzenden taten, was der US-amerikanische Botschafter in Chile bereits am 21. September 1970 (drei Tage vor der Abstimmung im Parlament) an den damaligen US-Außenminister Henry Kissinger gekabelt hatte: *»Wir werden alles in unseren Kräften stehende tun, um Chile und die Chilenen in größte Armut zu bringen, falls Allende Präsident wird. Wir sind bereit, uns die nötige Zeit zu lassen, um Chile und den Chilenen die grausame Wahrheit einer kommunistischen Wirklichkeit zu verdeutlichen. (...) Jegliche Hoffnung, sich recht und schlecht aus der Affäre zu ziehen, ist für Chile rein illusorisch.«*

Die Besitzenden brauchten für ihr Zerstörungswerk rund drei Jahre.

3

Allendes Position war schwach, denn er war zwar gewählter Präsident, hatte aber keine parlamentarische Mehrheit hinter sich. Drei Jahre lang konnten er und das ihn stützende Bündnis Unidad Popular nur mit Gesetzen regieren, die die kurzlebigen Volksfrontregierungen von 1932 und 1938 erlassen hatten (und die in Vergessenheit geraten waren) und mit dem Landreformgesetz, das die Christdemokraten unter Präsident Eduardo Frei, dem Vorgänger Allendes, verabschiedet hatten. Die Parteien der Unidad Popular waren: die Sozialistische Partei (marxistisch), der Allende angehörte, die Kommunistische Partei (marxistisch) und die Radikale Partei (sozialdemokratisch) sowie die Volksbewegung der Arbeiter und Bauern (MAPU), die aus der Christdemokratie hervor gegangen war, inspiriert von der kirchlichen Soziallehre; außerdem die Christliche Linke (IC), die sich von der Christdemokratie abgespalten hatte, und die später zur Unidad Popular stieß. Ihre Wurzeln lagen in der Befreiungstheologie. Die Revolutionäre Volksbewegung (MIR) arbeitete zeitweise mit der UP zusammen.

Die Opposition aber hatte über ihre parlamentarische Mehrheit hinaus auch entscheidenden Einfluß auf Justiz, Verwaltung, Polizei und Militär, dazu waren die wichtigsten Medien fest in ihrer Hand.

Allende und die Unidad Popular taten, was sie konnten: Jedes Kind unter 15 Jahren erhielt täglich kostenlos einen halben Liter Milch; die gesetzlichen Mindestlöhne wurden um 35–60% erhöht und soziale Hilfeleistungen verstärkt; durch Sofortprogramme wurde die Arbeitslosigkeit von über 8% auf unter 2% gedrückt; die Preise für die meisten Grundnahrungsmittel und Verbrauchsgüter wurden eingefroren, dasselbe galt für die Mieten; für die Bewohner der Poblaciones wurden Wohnungsbauprogramme geplant und in Angriff genommen. Die Gesundheitsfürsorge für die Armen war kostenlos; der Großgrundbesitz (über 40 ha) wurde aufgelöst und die Ländereien den Landarbeitern zur genossenschaftlichen Bebauung übergeben; die Kupferindustrie und das Bankensystem wurden verstaatlicht; unter Mitsprache der Mapuches, der Ureinwohner Chiles, wurde ein neues Indianergesetz beraten und verabschiedet. Es garantierte den Indios die Achtung ihrer Lebensbesonderheiten und ihrer kollektiven Wirtschaftsform.

Immer wieder und heftiger griffen die Reichen an. Die Unternehmer weigerten sich zu produzieren, weil sie Angst vor Enteignung hatten; die Medien verbreiteten gezielt das Gerücht, die Lebensmittel seien knapp. Wer Geld hatte – und das waren damals die meisten Chilenen – deckte sich hamsternd mit allem ein, was nur irgendwie zu bekommen war. Dadurch wurden viele Waren wirklich knapp. Dazu kam, daß Ladenbesitzer ihre Waren in Verstecken horteten, anstatt sie zu verkaufen. So wurden die Schaufenster tatsächlich leer, und vor den Geschäften standen Käuferschlangen.

Teile der Kirche, besonders des höheren Klerus, machten sich zum Sprachrohr der Reaktion. Über den Fernsehkanal der katholischen Universität bereitete Pater Raul Hasbun ideologisch den Umsturz vor. *»Dem Marxismus ist die Lüge wesenseigen. Er braucht sie, wie die Fliege den Mist, die Fäulnis. Er ist wie ein Krebsgeschwür, das einen brandigen Organismus braucht.«* Über Präsident Allende sagte er: *»Er steht zweifellos nicht unter dem Einfluß des Geistes Gottes. Der Stolz, der mich an ihm so sehr stört, kommt vom Teufel und ist der Abgrund aller guten Absichten des Menschen und macht die Tat Gottes unmöglich.«*

Eine »Hungerdemonstration«: Damen des Mittelstandes proben den Aufstand

Kredite, dic die Regierung Allende benötigte, wurden nicht gewährt oder kurzfristig zurückgefordert, notwendige Maschinenteile für die Arbeit in den Kupferminen wurden nicht geliefert; der Kupferkonzern Kennecot versuchte 1972 und 1973 chilenisches Kupfer als Entschädigung für seine Enteignung beschlagnahmen zu lassen; die USA steuerten und finanzierten die Streiks der 40000 für die Versorgung Chiles unverzichtbaren privaten Fuhrunternehmer. Der Schwarzmarkt blühte, wer überhöhte Preise und Schmiergelder zahlen konnte, bekam, was er brauchte. Immer häufiger, abends, Punkt 22 Uhr, stellten sich die Damen der guten Gesellschaft auf die Balkons und ließen ihre Kochtöpfe aneinanderscheppern: eine Kriegserklärung des besitzenden Bürgertums an die Regierung des Volkes. Auf gleicher Ebene lagen die Streiks der Ärzte vom Oktober 1972 und vom Juni 1973: sie protestierten gegen die Reform des Gesundheitsdienstes, die alle Ärzte verpflichtet hätte, regelmäßig Dienst auch in den Polikliniken der Elendsviertel zu leisten. Aus Protest gegen die Landreform schlachteten die Großgrundbesitzer Tausende von Rindern und verbrannten Saatgut. Nachdem sie außerdem mit Schlägertrupps gegen die Landarbeiter vorgegangen waren und einige umgebracht hatten, bewaffneten sich diese auch.

4

Die Regierung bemühte sich, die Verteilung der wichtigsten Grundnahrungsmittel streng zu kontrollieren. Auf ihre Initiative hin entstanden in den Poblaciones sogenannte Markt- und Preiskomitees, die die Aufgabe hatten, Schwarzhändler anzuzeigen, Preise und Gewicht ständig zu kontrollieren und, wenn nötig, selbst Lebensmittel zu verkaufen oder zu verteilen.

Eine Pobladora sagt über die damalige Zeit: »*In diesem Klima des Haßes und der Gewalt gegen uns, die wir doch nichts anderes wollten als arbeiten, essen und menschenwürdig wohnen und unsere Kinder erziehen, konnte nichts zu einem guten Ende gebracht werden. Viele Reformen der Regierung blieben in den Anfängen stecken, von anderen hörten wir nur wie von schönen Märchen; auch die Milch für unsere Kinder kam nicht jeden Tag bis in unsere Siedlung. Aber wir merkten auch, warum das so war, und zum erstenmal waren wir sicher, eine Regierung gewählt zu haben, die auf der Seite der Armen stand und das Schicksal der Armen teilte. Sie wurde bedroht, verleumdet und eingeschüchtert, man hetzte zu Gewalt und Mord gegen unsere Regierung. Gleich nach der Wahl Allendes brachten sie den loyalen General Schneider um; später versuchten sie, General Prats zu töten, weil er nicht bereit war, eine demokratisch gewählte Regierung zu verraten. Sie verübten auch Sprengstoffanschläge auf Erdölleitungen und Kraftwerke, also auf alles, was damals unser Eigentum war. Deshalb fingen wir an, Kampforganisationen aufzubauen. Es war Notwehr.*«

Aber gerade der Aufbau solcher Kampforganisationen spaltete die Unidad Popular. Während vor allem die kommunistische Partei und Teile der sozialistischen versuchten, eine Verständigung mit der christdemokratischen Opposition herbeizuführen, um den Preis, von nun an nur sehr viel langsamere Schritte zur Umgestaltung der Gesellschaft unternehmen zu können, forderten die anderen UP-Parteien die bedingungslose Unterstützung des – wenn nötig – gewaltsamen Kampfes des Volkes um seine Rechte.

Aber die Bildung bewaffneter Arbeitermilizen wurde zum entscheidenden Streitpunkt. Unter dem Druck der Rechten, aber auch in Treue zum Ziel einer gewaltlos-demokratischen Veränderung Chiles, sprach sich Allende für die Entwaffnung der Milizen aus. Der Bruch in der Unidad Popular schien nicht mehr zu überbrücken zu sein.

Ein letzter Erfolg war der Allende-Koalition noch beschieden: Bei den Parlamentswahalen vom März 1973 erlangte die UP mit mehr als 44% der Stimmen ihr bestes Ergebnis

Beim Angriff auf den Präsidentenpalast »La Moneda« fällt Allende

und verhinderte das Wahlziel der Opposition: eine Zwei-Drittel-Mehrheit, mit der man den Präsidenten stürzen wollte. Die Medien schürten die Angst bis zur Hysterie: »Bei den nächsten Wahlen bekommt Allende 90% der Stimmen.«

Am 11. September 1973 putschte das Militär. General Auguste Pinochet Ugarte – nach dem Rücktritt des loyalen Generals Prat erst vor wenigen Tagen zum Oberbefehlshaber des Heeres ernannt – übernahm an der Spitze einer vierköpfigen Militärjunta alle Macht in Chile.

5

Ganze Elendsviertel in Santiago (wie Lo Hermida oder La Legua) werden dem Erdboden gleichgemacht. Tausende Pobladores, unter ihnen zahllose Frauen und Kinder, sterben in den Garben der Maschinenpistolen; Fabriken, in denen sich Arbeiterkomitees dem Putsch widersetzen, werden durch die Luftwaffe bombardiert; Universitäten und Schulen, wo sich Schüler und Lehrer verschanzt haben, werden von Panzern und aus Hubschraubern beschossen. Arbeiter, in deren Häusern Waffen gefunden werden und Ausländer, die sich nicht sofort ausweisen können, werden auf offener Straße erschossen. Kommandos der Polizei und Einheiten des Heeres, die sich den Putschisten nicht anschließen, werden bis zum letzten Mann niedergemacht.

Im Präsidentenpalast »La Moneda« fällt auch Salvador Allende. Der Rundfunk verbreitet seine letzte Rede: »... *In diesen düsteren und bitteren Augenblicken, in denen sich der Verrat durchsetzt, sollen Sie wissen, daß sich früher oder später, sehr bald, erneut die großen Straßen auftun werden, auf denen der würdige Mensch dem Aufbau einer besseren Gesellschaft entgegengeht. Es lebe Chile! Es lebe das Volk! Es leben die Werktätigen!*...«

Wohnungen prominenter Allende-Anhänger werden aufgebrochen und geplündert, auch die des unmittelbar nach

dem Putsch gestorbenen Literaturnobelpreisträgers Pablo Neruda. Ein Journalist berichtet: »Den Besuchern bot sich ein bestürzender Anblick. Inmitten eines verwüsteten Hauses stand der Sarg mit dem toten chilenischen Nationaldichter. Rund um den Katafalk wehten in der Zugluft zerrissene Fotos. Auf dem Boden lagen Tonscherben, Reste präkolumbianischer Tonkrüge. Neben dem Sarg, in dem durch eine Glasscheibe hindurch das Gesicht des Dichters zu erkennen war, saß Nerudas Witwe Mathilde.«

Auf Inseln, Schiffen und in Stadien werden erste Konzentrationslager errichtet. Aus dem Nationalstadion in Santiago berichten Zeugen: »Wir waren etwa eine Woche dort. Wir haben persönlich die Erschießung von 400 bis 500 Gefangenen in Gruppen von 30 bis 40 Menschen gesehen.« – »Während meines Verhörs wurden ich und andere Mitgefangene durch Schläge mit Gewehrkolben, mit Fußtritten in die Nieren, Rippen und Genitalien traktiert. Eine besonders ausgeklügelte Folter war das Liegen auf dem kalten Beton bis zu 40 Stunden. Mit Schubkarren, die mit Pflastersteinen gefüllt waren, fuhren Soldaten über die Gefangenen hinweg. Ein Argentinier, der neben mir in der Zelle lag, wurde zum Verhör gerufen. Nach einer Stunde kam er blutverschmiert zurück. Kaum war er da, schleiften sie ihn wieder weg. Dann hörten wir Schüsse.« – »Ich habe Dinge gesehen, die so weh taten, als hätte ich sie selbst abbekommen. Ich denke an einen Block im Stadion, wo die Frauen eingesperrt waren. Wir konnten sehen, wie die Soldaten ganz offen hingingen, um die Frauen zu vergewaltigen. – Ich schätze, wir waren

links: Bücherverbrennung
linke Seite: Pinochet mit Putschgeneralen
oben: Internierung im Nationalstadion in Santiago
»Das Leben im Stadion ist bei sonnigem Wetter recht angenehm« (Bruno Heck, früherer CDU-Generalsekretär, am 18.10.73 in der SZ)

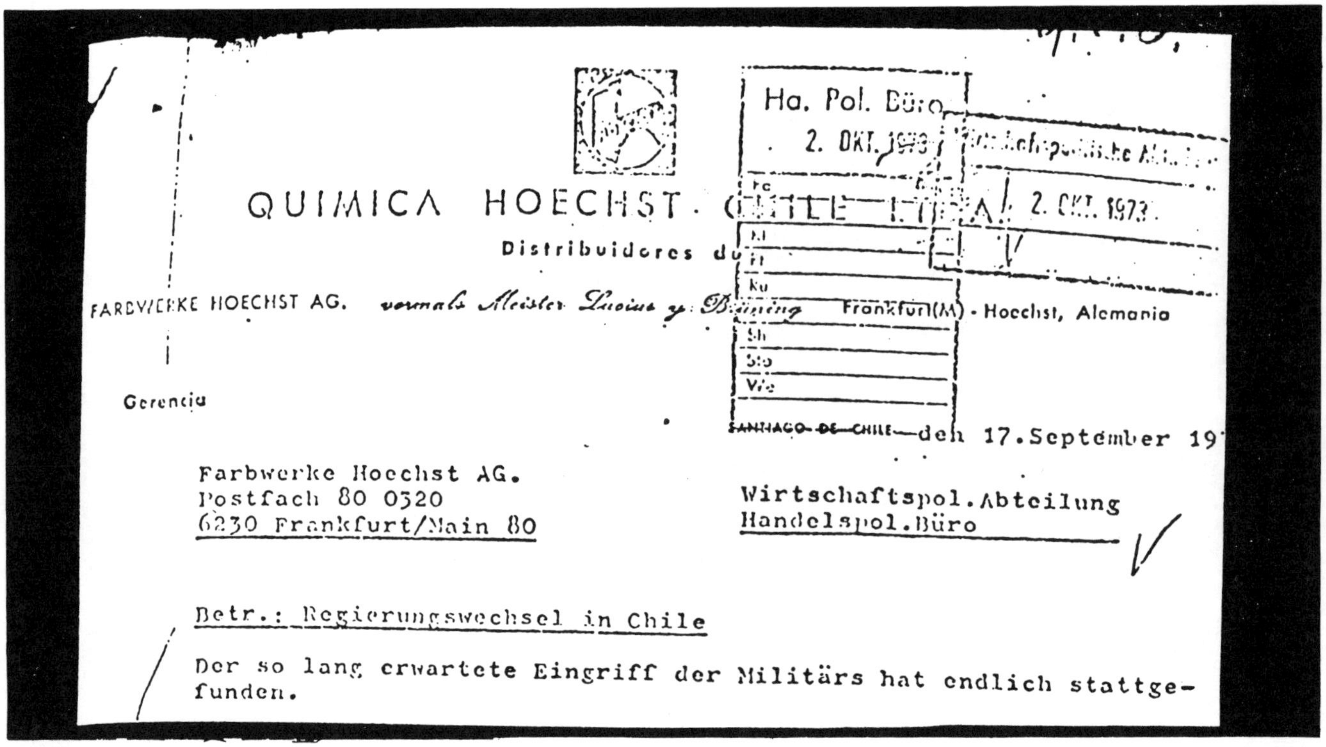

QUIMICA HOECHST · CHILE LTDA.

Distribuidores de

FARBWERKE HOECHST AG. vormals Meister Lucius y Brüning Frankfurt(M) · Hoechst, Alemania

Ha. Pol. Büro

2. OKT. 1973

2. OKT. 1973

Gerencia

SANTIAGO DE CHILE den 17. September 19

Farbwerke Hoechst AG.
Postfach 80 0320
6230 Frankfurt/Main 80

Wirtschaftspol. Abteilung
Handelspol. Büro

Betr.: Regierungswechsel in Chile

Der so lang erwartete Eingriff der Militärs hat endlich stattgefunden.

15 000 Gefangene im Stadion. Viele, viele von denen sind heute verschwunden. Wir, die Gefangenen, haben Listen gemacht, damit die Familienangehörigen draußen überhaupt wußten, wer alles drin sitzt. Niemand wußte ja, wer alles da ist, was überhaupt los ist, auch die Militärs schon nicht mehr. (...) Diese Listen sind rausgeschmuggelt worden, nicht nur in Chile, sondern auch ins Ausland. Das war schwierig, denn wir wußten nicht, wem wir vertrauen konnten. Ich habe im Stadion viele Offiziere in Zivil gesehen, die unter den Gefangenen saßen und versuchten, sie auszuhorchen.«

6

»Jetzt investieren!«, hieß es nun in der sogenannten freien Welt – und das war auch notwendig, denn allein ITT hatte eine Million Dollar in den Putsch investiert. Quimica Hoechst konnte das berühmt-berüchtigte Telegramm an die Frankfurter Zentrale senden: *»Der lang erwartete Eingriff der Militärs hat endlich stattgefunden. Am 13. abends stand bereits einwandfrei fest, daß der Staatsstreich mit relativ geringen Verlusten an Material und Menschenleben (Anm. des Verf.: teffender als mit dieser Reihenfolge hat sich der Kapitalismus selten selbst porträtiert) – wir schätzen 2 000 bis 3 000 Tote – gelungen war. Chile wird in Zukunft ein für Hoechster Produkte zunehmend interessanter Markt sein.«*

Es waren 30 000, die in den ersten Tagen der Diktatur ermordet wurden. Zehntausende flohen ins Exil. Aber den interessanten Markt gab es tatsächlich. Die Kupferpreise, zur Zeit Allendes vom internationalen Kapital in den Keller gedrückt, stiegen sprunghaft an, denn die Nationalisierung wird rückgängig gemacht werden. Seit September 1973 geschieht die brutalste Ausplünderung des Landes und seiner Menschen, die die Geschichte Chiles kennt. Chile wurde zum Labor des Chicagoer Wirtschaftstheoretikers Milton Friedman, der beweisen wollte, daß es allen Menschen erst dann wirklich gut geht, wenn Arbeitslöhne gesenkt und Sozialversicherungen abgeschafft werden, wenn die Reichen wenig oder gar keine Steuern zahlen, wenn es keinen Umweltschutz gibt und ausländische Investoren das Land nach Gutdünken ausplündern können. Natürlich geht so etwas nur unter dem Schutz der Maschinenpistolen, durch das Verbot demokratischer Parteien und freier Gewerkschaften, mit Hilfe von willkürlichen Verhaftungen, Folter und Mord.

Aber mit der Unterdrückung wächst der Widerstand. Gewerkschaften und Parteien arbeiten aus der Illegalität heraus. Die Kirche wird nach der Zerschlagung des »Ökumenischen Komitees für den Frieden« unter der geistigen Führung von Kardinal Silva Henriquez mehr und mehr zur Stimme derer, die von der Diktatur stumm gemacht worden waren. Die siebziger Jahre hindurch gibt es eine Vielzahl von Aktionen, wie z.B. Demonstrationen zum 1. Mai, Hungerstreiks der Angehörigen der Verschleppten mit weltweiter Resonanz, die unmittelbar den Sturz der Diktatur und die Machtübernahme durch eine Koalition aller antifaschistischen Kräfte anstreben. Am Ende des Jahrzehnts steht allerdings die bittere Erkenntnis, daß zum Sturz der Diktatur eine langfristige Strategie mit einer Vielzahl und Vielfältigkeit taktischer Maßnahmen notwendig ist. Der Weg der Befreiung wird lang und blutig sein.

Anmerkungen:

Die Zusammenarbeit von Konzernen (vor allem ITT), CIA und US-amerikanischer Regierung deckte der Journalist Jack Anderson 1972 auf. Die Dokumente werden hier zitiert aus: Solidarität mit der chilenischen Kirche. Eine Arbeitshilfe zu Chile und zur Vicaria de la Solidaridad, herausgegeben vom Diözenanvorstand des Bundes der deutschen katholischen Jugend (BDKJ) im Erzbistum Köln.

Das Telegramm der Firma Hoechst wurde zitiert nach: Der Spiegel, 10.12.1973

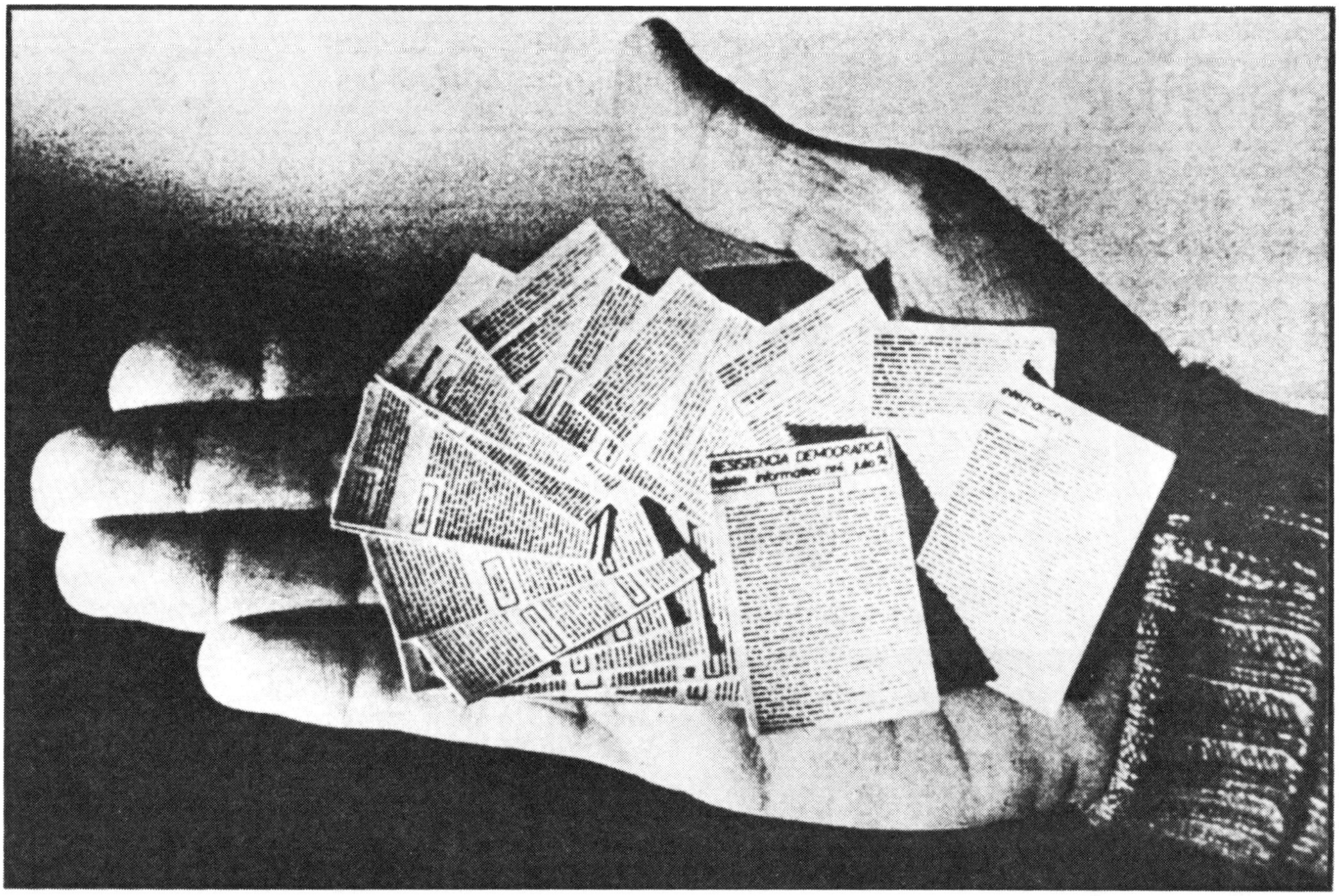

Nach dem Putsch gehen Aufrufe zum Widerstand gegen die Militärjunta von Hand zu Hand: Mini-Zeitungen, Flugblätter, Nachrichten

Solidaritätskundgebung für die Unidad Popular (hier in Westberlin) finden in allen Ländern der Welt statt

Wolf Biermann

Chile

Ballade vom Kameramann

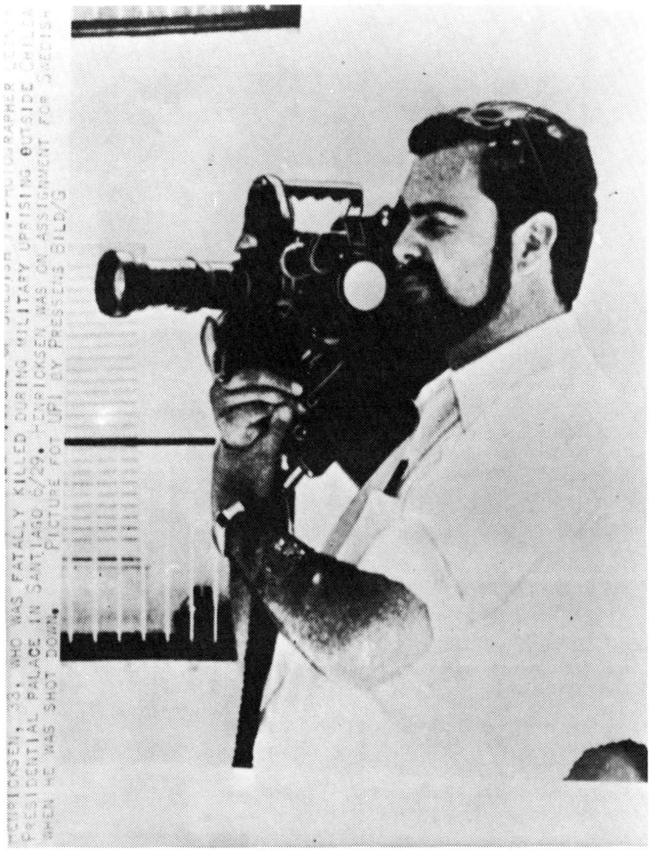

Der schwedische Fotograf Leonardo Henricksen filmte seine eigene Erschießung (Santiago 1973)

Genossen, nun sagt was! Erinnert sich keiner?
Mensch, wenigstens einer! Es muß hier doch einer
Den Namen noch wissen und wo und wann
Er starb, in Chile, der Kameramann!

In Santiago, im blutigen Jahr
Da fielen so viele, zu viele
Und das ist Chile in einem Wort:
Ein Mann filmt seinen Mörder beim Mord!

Ach, Macht kommt aus den Fäusten
Und nicht aus dem guten Gesicht
Aus Mündungen kommt die Macht ja
Und kommt aus den Mündern nicht!
Genossen, das ist klar
Das ist und bleibt auch wahr
Das ist die bittere Wahrheit
der UNIDAD POPULAR

Das ist uns ein lehrreicher Film geworden
Ich sah das Geschäft der Soldaten: das Morden
Ich sah solche Bilder, die jeder kennt:
Das Volk rennt über das Pflaster ums Leben
Und wie die Gewehre die Straßen fegen
Und wie sich Proleten hinlegen zum Sterben
Ich sah die Geschose reißen die Kinder
Und wie sich die Frau'n auf die Toten schmeißen

Du siehst bei der Arbeit mit der MPO
Besonders dies Vieh, dieser Bulle mit Stahlhelm
Wie der an den Kiefer die Knarre preßt
Und wie er sich Zeit läßt beim Zielen beim Zielen...
Der Kameramann zielt genau auf den Mann
Der Mann legt genau auf die Kamera an
Dann wackelt das Bild, der Film reißt ab
– das ist es, was ich gesehen hab:

Ach, Macht kommt aus den Fäusten
Und nicht aus dem guten Gesicht
Aus Mündungen kommt die Macht ja
Und kommt aus den Mündern nicht!
Genossen, das ist klar
Das ist und bleibt auch wahr
Das ist die kostbare Wahrheit
der UNIDAD POPULAR

Die Kugel kam aus der Knarre
Die kam aus der Kamera nicht!
Und unser Kampf geht da weiter
Wo dieser Film abbricht:
Mit Knarre und Gitarre
Genossen, das ist klar
Und das ist die ganze Wahrheit
der UNIDAD POPULAR

Die Ausbürgerung Wolf Biermanns

»Die zuständigen Behörden der DDR haben Wolf Biermann, der 1953 aus Hamburg in die DDR übersiedelte, das Recht auf weiteren Aufenthalt in der Deutschen Demokratischen Republik entzogen.«

Mit dieser Nachricht meldete das »Neue Deutschland« am 17.11 1976 die Ausbürgerung Wolf Biermanns. Ihm war nach dem Abschluß einer Reihe von Konzertveranstaltungen in der BRD die Wiedereinreise in die DDR verweigert worden. »Dr. K.« rechtfertigte in der gleichen Ausgabe des ND die Entscheidung der Behörden. Anlaß war ein Konzert am 13.11.76 in der Kölner Sporthalle. Wolf Biermann hat den Abend ganz allein bestritten und ein Programm gestaltet, das sich ganz bewußt und gezielt gegen die DDR und gegen den Sozialismus richtet. Was er dort, noch als DDR-Bürger und in einem kapitalistischen Land, an Haß, Verleumdungen und Beleidigungen gegen unseren sozialistischen Staat losgelassen hat, macht das Maß voll. Schon jahrelang hat er unter dem Beifall unserer Feinde sein Gift gegen die DDR verspritzt. (...) Er verstieg sich zu der Erklärung: ›Ich bin zu jeder Schandtat bereit.‹ Sein Auftritt hat das in der Tat bestätigt.«

So sah es das »Neue Deutschland«. Wolf Biermann selbst war sich jedoch keiner Schuld bewußt: »Nach dem Kölner Abend war ich ganz und gar sicher, daß die Parteiführung, die natürlich jedes Wort, das ich dort gesagt und gesungen habe, zur Kenntnis nimmt, eigentlich erleichtert sein müßte: Ich habe auch dort Partei für die DDR und für den Versuch ergriffen, den Sozialismus aufzubauen. Es ist in Köln nichts passiert, was mich im Nachhinein gequält hätte.« (Spiegel 48/76)

Die Entscheidung der SED löste in der DDR scharfe Konflikte aus. Einen Tag nach der Bekanntgabe der Ausbürgerung veröffentlichten zehn der bekanntesten Schriftsteller der DDR sowie der Bildhauer Fritz Cremer eine Protesterklärung, in der sie die Verantwortlichen baten, »die beschlossene Entscheidung zu überdenken.« Sie wurde nicht überdacht. Die Folgen für die Unterzeichner der Resolution (und andere, sie sich solidarisch erklärten): Sarah Kirsch wird aus der Mitgliedsliste der SED gestrichen. Volker Braun erhält eine einfache, Stephan Hermlin und Christa Wolf eine strenge Rüge der Partei. Gerhard Wolf wird aus der Partei ausgeschlossen. Jurek Becker, Günter de Bruyn, Sarah Kirsch, Ulrich Plenzdorf, Volker Braun und Christa Wolf werden aus dem Vorstand der Berliner Sektion des Schriftstellerverbandes ausgeschlossen. Später wird den Autoren Stefan Heym, Rolf Schneider, Hans-Joachim Seyppel, Karl-Heinz Jakobs, Klaus Schlesinger, Klaus Poche, Kurt Bartsch, Adolf Endler und Dieter Schubert die Verbandsmitgliedschaft entzogen. Es beginnt die große Ausreisewelle der DDR-Künstler.

Ekkehart Krippendorff

Italien: Heißer Herbst, bleierne Jahre

Nach einem Jahrzehnt dramatischen Wirtschaftswachstums, den sechziger Jahren, mit ebenso dramatischen sozialen Konsequenzen – der große Exodus aus dem unterentwickelten Süden des Landes in die Industrielandschaften Norditaliens und nach Nordeuropa, wo billige Arbeitskräfte gebraucht wurden – wird das »Italienische Wirtschaftswunder« plötzlich, 1968/69, mit dem vergessen oder überwunden geglaubten Klassenkampf konfrontiert, dem militanten Kampf der Arbeit gegen das Kapital. Damit beginnen die italienischen siebziger Jahre; und nur vor diesem allgemeinen Hintergrund machen die verwirrenden Turbulenzen dieses Jahrzehnts einen Sinn, wenngleich es fraglich ist, ob sie je wirklich entziffert, ob die politischen Rätsel gelöst, ob die vielen Fragezeichen ihre Antworten je erhalten werden. Alles liegt da im dunkeln, nur die Chronik der Daten ist (relativ) unumstritten: eine Chronik von Streiks, Hausbesetzungen und Straßenschlachten, von Entführungen, Warnschüssen in die Beine Prominenter und von Morden, von Bombenanschlägen auf Züge und Versammlungen, von verschleppten und versandeten Prozessen gegen mutmaßliche Täter, von falschen Zeugenaussagen und Massenverhaftungen, von Staatsstreichgerüchten oder -versuchen, von angeklagten Offizieren der Sicherheitsorgane, von bestochenen Ministern und falschen Pässen für Polizeiinformanten, damit diese sich durch Flucht der Justiz entziehen konnten. Eine Chronik aber auch von Erfolgen der Arbeiterklasse im Kampf um Löhne und Rechte am Arbeitsplatz, von Volksabstimmungen über Ehescheidung und Abtreibung, die den Säkularisierungsprozeß der italienischen Gesellschaft sprungartig vorantreiben, eine Chronik des schleichenden Machtzerfalls des christdemokratischen Regimes in einer zugleich »blockierten Demokratie«, die den Wechsel von Regierungspartei und Opposition deswegen nicht zuläßt, weil die demokratische Alternative ein- und erstmalig im kapitalistischen Westen eine Kommunistische Partei frei gewählt an der »Macht« bedeuten würde.

Unaufhaltsam scheint das Wachstum der KPI-Wählerstimmen in diesen Jahren zu sein. Auf seinem Höhepunkt, im Juni 1976, sind es fast 34% der Stimmen, nur wenige Prozente Abstand zu den Christdemokraten. Westeuropäische Linke, vor allem in der Bundesrepublik, lernen italienisch und sehen im »Eurokommunismus« unter Parteisekretär Berlinguers Führung die real-revolutionäre linke Politik der achtziger Jahre entstehen. Dabei hatte derselbe Berlinguer im Oktober 1973, als unmittelbare Reaktion auf den Chile-Putsch der Militärs gegen eine mit knapper Mehrheit gewählte linke Regierung, verkündet, daß »51 Prozent« nicht genügten, um die Linke an die Regierung zu bringen und vor allem nicht, um sie dort zu halten gegen den militärischen Staatsstreich von rechts und den massiv zu erwartenden Interventionswiderstand der NATO-Partner, allen voran die USA, aber gleich gefolgt von der sozialdemokratisch regierten BRD, die, wenn schon nicht mit Panzern, so doch mit Wirtschaftsboykott drohte für diesen Fall ... Berlinguer bot einen »historischen Kompromiß«, eine Art große Koalition mit den »fortschrittlichen Kräften des Klassengegners« an. Angenommen wurde der nie, weder direkt noch indirekt, allenfalls insofern, als die mächtige KPI nun nicht mehr isoliert im Abseits der fünfziger Jahre stand, geächtet und verfolgt, eingeigelt und dogmatisch. Sie gehörte jetzt endlich »zur Familie«, zur politischen Klasse. Als sie stand, am Ende des Jahrzehnts, als ihr Stimmenanteil wieder rückläufig war (1979 : 31%), als Betrogene mit leeren Händen da: dem Klassenkampf hatte sie abgesagt, von der Regierungsbeteiligung war sie, trotz allen aktiven Eintretens für »die Institutionen«, für »den Staat«, weiter entfernt denn je, sie hatte die Militanz

Manifestation der Neapolitaner gegen Armut und Lebensverteuerung

Die italienische Frauenbewegung beginnt den Kampf um das Recht auf Ehescheidung

Die Jahre des »Eurokommunismus«: KPI-Führer Berlinguer, Carillo (Spanien), und Marchais (Frankreich)

der eigenen Basis hatte sie gebremst und entmutigt. Seit November 1980 hieß es zwar neuerdings »demokratische Alternative« zum christdemokratischen Regime, aber die Linke war inzwischen besiegt worden.

Auf dem Höhepunkt des Heißen Herbstes von 1969, am 12. Dezember, explodierte in einer Mailänder Bank eine Bombe: 16 Tote, zahlreiche Schwerverletzte. Gleichzeitig war auch in Rom, ohne Menschenopfer, eine Bombe am »Altar des Vaterlandes« explodiert. Die veröffentlichte Meinung und die Polizei wußten sofort, daß die Täter nur auf der Linken, wahrscheinlich bei den Anarchisten zu suchen seien. Die Aktion war insofern erfolgreich, als sich natürlich die gesamte organisierte Linke – KPI und Gewerkschaften vor allem – sofort von ihr distanzierten und zunächst einmal alle weiteren Kampfdemonstrationen absagten. Erst später stellte sich heraus, daß die Täter nicht nur auf der Rechten, bei den Neofaschisten zu suchen waren, sondern Hintermänner und Drahtzieher bis in die höchste Regierungskreise gehabt hatten. Die militante Linke allein hatte sofort von der »strage di stato«, dem »Staatsmassaker« gesprochen – und es sollten dem noch mehrere folgen: ein Bombenanschlag auf den Zug »Italicus«, der zwölf Tote forderte, und auf eine antifaschistische Kundgebung in Brescia 1974 (acht Tote), bis hin zum größten »Staatsmassaker« im Bahnhof von Bologna, August 1980, mit 85 Toten. Keiner dieser Anschläge wurde bis heute aufgeklärt. Kein Schuldiger wurde bislang bestraft, verhaftete Verdächtigte ließ »man« entkommen. Gleichzeitig aber entfaltete sich eine Art »kleiner Bürgerkrieg« von Gewalt und Gegengewalt: Polizisten griffen linke Demonstrationen an und wurden erschossen, auch von Neofaschisten, so wie militante Linke sich an der Ermordung einzelner Genossen wiederum durch Morde rächten. Den Regierenden war das nur recht, es war die »Strategie der Spannung«, die die Linke insgesamt diskreditierte (denn sie beherrschte die »Straße«, die Versammlungen, die großen Veranstaltungen, hatte »die Massen« auf ihrer Seite), indem ein Keil getrieben wurde zwischen die KPI und die Gewerkschaften auf der einen Seite, die ja die Legalität um jeden Preis respektieren wollten, und die militant vorgetragenen Forderungen und Erwartungen der Arbeiterklasse und der intellektuellen und zum Teil bewaffneten Gruppen, die deren Artikulation und Führung übernehmen wollten, auf der anderen Seite. Dabei gab es auch Querverbindungen zwischen gewalttätigen linken Avantgardisten, der von der Polizei (und höher) gedeckten massenmörderischen Rechten und Kreisen des organisierten Verbrechens, die bis heute nicht geklärt sind und wohl niemals geklärt werden. Mit Sicherheit aber war das christdemokratische Establishment der lachende (und oft manipulierende) Dritte im Bunde – bis zu dem Zeitpunkt, als den seit

Aldo Moro in der Gewalt der »Roten Brigaden«

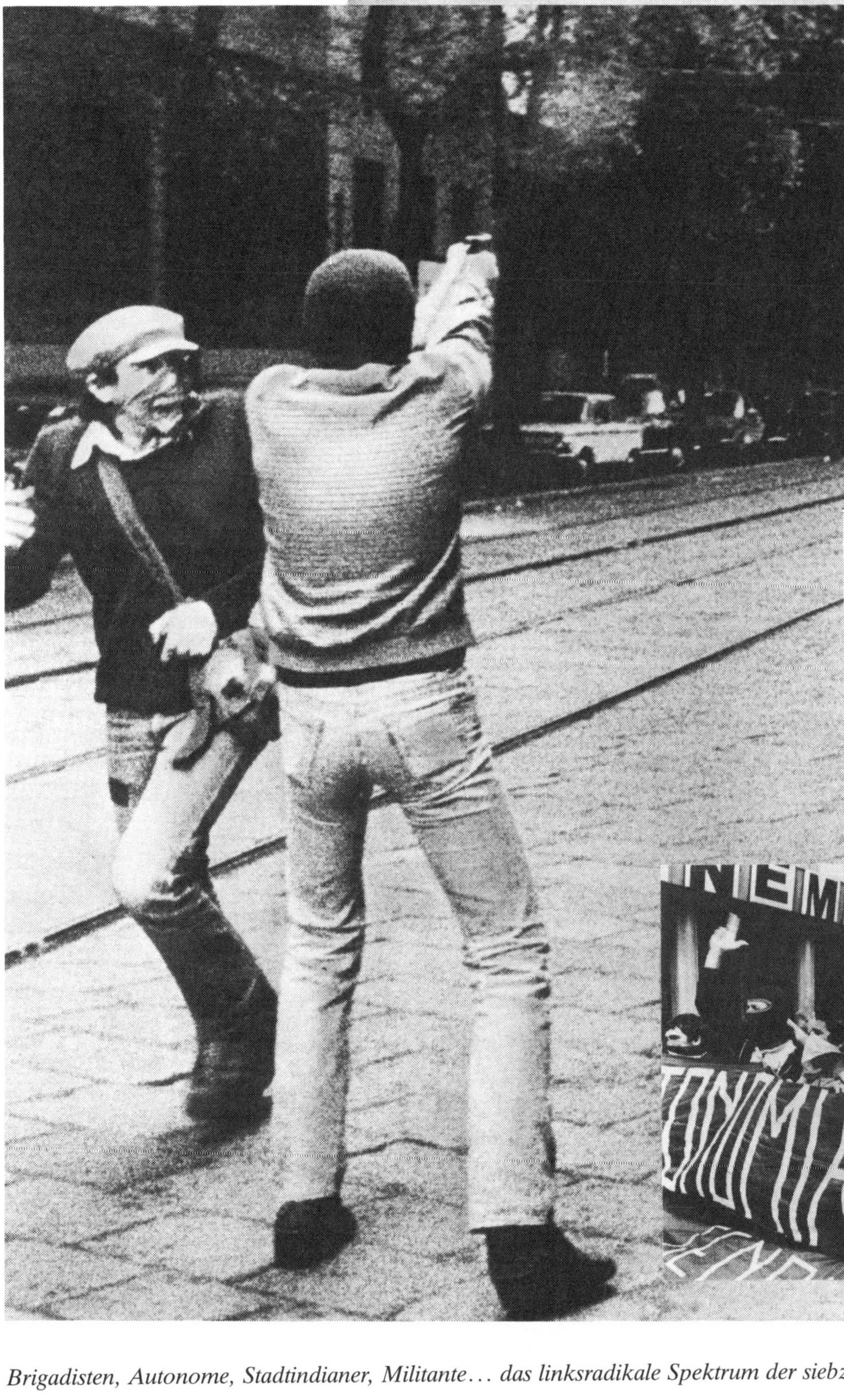

Brigadisten, Autonome, Stadtindianer, Militante… das linksradikale Spektrum der siebziger Jahre in Italien

Wandmalereien der »Stadtindianer«: Große Koalition aus Roten Baronen, linken Profs, KPI und DC (mit SS-Besatzung) gegen die »Autonomen« in Bologna 1977

Bologna 1977 im Ausnahmezustand

1976/77 über eine zentral organisierte Befehlsstruktur verfügenden »Roten Brigaden« ihr größter Coup gelang: die Entführung des christdemokratischen Parteichefs, Aldo Moro, am 16. März 1978, wobei dessen Polizeieskorte tot auf der Straße blieb. Und selbst in diesem Fall ist man bis heute nicht ganz sicher, ob diese Entführung nicht auch höhere (christdemokratische, westlich-geheimdienstliche) Interessenten und Drahtzieher hatte. Moro befand sich auf dem Wege zu einer Parlamentssitzung, in der er seine Strategie der sukzessiven KPI-Regierungsbeteiligung durchsetzen wollte. Erst am 9. Mai wurde er ermordet, nach 55 Tagen eines dunklen Intrigenspiels. 1983 erklärte ein Mailänder Appellationsgericht in der Urteilsbegründung gegen die Roten Brigaden: »Nachdem der Gesetzgeber über Jahre hinweg aus Gründen eigener Machterhaltung das Anwachsen des linken Terrorismus und dessen untergründige Nähe zur Rechten und dem organisierten Verbrechen entweder ignoriert oder sogar unterstützt hatte, hat er sich erst zum Handeln aufgerafft, als er jede akzeptable Grenze überschritt – inakzeptabel nicht für den Staat, sondern für die Politiker an der Regierung, d. h. als der Terrorismus begann, bis ins Herz des Staates vorzudringen, mit dem sich die Politiker identifizierten.« Kurz gesagt: 1977/78 hatte der Mohr »linker Terrorismus« seine Schuldigkeit, die Linke insgesamt als terroristisch und damit den Klassenkampf der Arbeiter zu disqualifizieren, getan – jetzt konnte dieser Mohr gehen. Heute gilt es als gesichert, daß die Polizei, wenn sie gewollt hätte, die anfangs noch kleinen Gruppen, die sich der legendären Pistole »P 38« als nicht nur symbolischer Waffe verschrieben hatten, schon 1972 hätte unschädlich machen können. Ein Teil der militanten Linken, so hieß es damals, besaß eine solche Waffe, und auf Demonstrationen wurde nicht nur die Faust geballt, sondern mit den Fingern eine Pistole angedeutet. Die linken Terroristen sind inzwischen (fast) alle gefaßt und verurteilt oder als aussagende »Reuige« freigelassen worden, während die Autoren der »Staatsmassaker«, die die Linke mit gewünschtem Erfolg provoziert haben, ebenso wie ihre ministerialen und bürokratischen Hintermänner im Dunkeln blieben. Der zu Beginn der Dekade denkbare und mögliche Sieg im Klassenkampf wurde so erfolgreich abgewehrt.

Und welche Chancen hatte er gehabt, welche Energien waren in der ersten Hälfte der siebziger Jahre freigesetzt worden! Da ist, allen voran, die singuläre, aber potentiell exemplarische Stadt Bologna zu nennen, die, seit 1945 unter kommunistischer Verwaltung, für einige Jahre zum Mekka der europäischen Linken wurde. Vorbildliche Restauration des historischen Stadtkerns, demokratische Mitbestimmung der Eltern an den Formen und Inhalten der Schulerziehung, Selbstverwaltung der Bezirke, Kulturzentren für die Pensionäre, öffentliche Transportmittel gratis, beginnende Schließung des Stadtzentrums für den Privatverkehr kennzeichneten die Politik der Stadtverwaltung. Da ist zu nennen die Frauenbewegung, die, avantgardistisch für Westeuropa und bald das amerikanische Vorbild überflügelnd, ihre Autonomie auch von der linken Männerpolitik proklamierte und begründete, autonome Frauen-Kulturzentren schuf, die Politisierung des Privaten erkannte. Da sind zu nennen die »Stadtindianer«, die eine neue urbane Kultur zu leben begannen; da ist zu nennen die Bewegung der »freien Radiostationen«, die sich entfaltete, nachdem ein Verfassungsgerichtsentscheid das Staatsmonopol über die Medien umgestoßen hatte; da gab es linke Tageszeitungen (von denen nur »il Manifesto« bis heute überlebt hat), Straßentheater, und und und. Im März 1977 »explodierte« Bologna, nachdem ein Genosse der Organisation Lotta Continua von der Polizei erschossen worden war. Die Polizei untersteht nicht der Stadt, sondern dem römischen Innenministerium. Bologna verwandelte sich über Nacht in ein Schlachtfeld, dann in eine militärisch besetzte Stadt.

Der Rest des Jahrzehnts waren die »bleiernen Jahre«, die der instrumentalisierten Roten Brigaden und verbittert-frustrierten Avantgardisten, die der Agonie des Klassenkampfes. Das große Thema in allen Tageszeitungen und Gramsci-Institutsveranstaltungen dieser Jahre war das »Modello Germanico«, das gefürchtete Vorbild der deutschen polizeistaatlichen Repression (Stichwort »Berufsverbote«) und vor allem das Ende der Weimarer Republik, das man auf Italien zukommen sah. Glücklicherweise – und so stark war die italienische Linke denn doch noch – ist es dazu nicht gekommen. Im Juli 1978 wurde als Nachfolger des korrupten, zum Rücktritt gezwungenen Giovanni Leone der aufrechte Antifaschist Sandro Pertini zum neuen Staatspräsidenten gewählt.

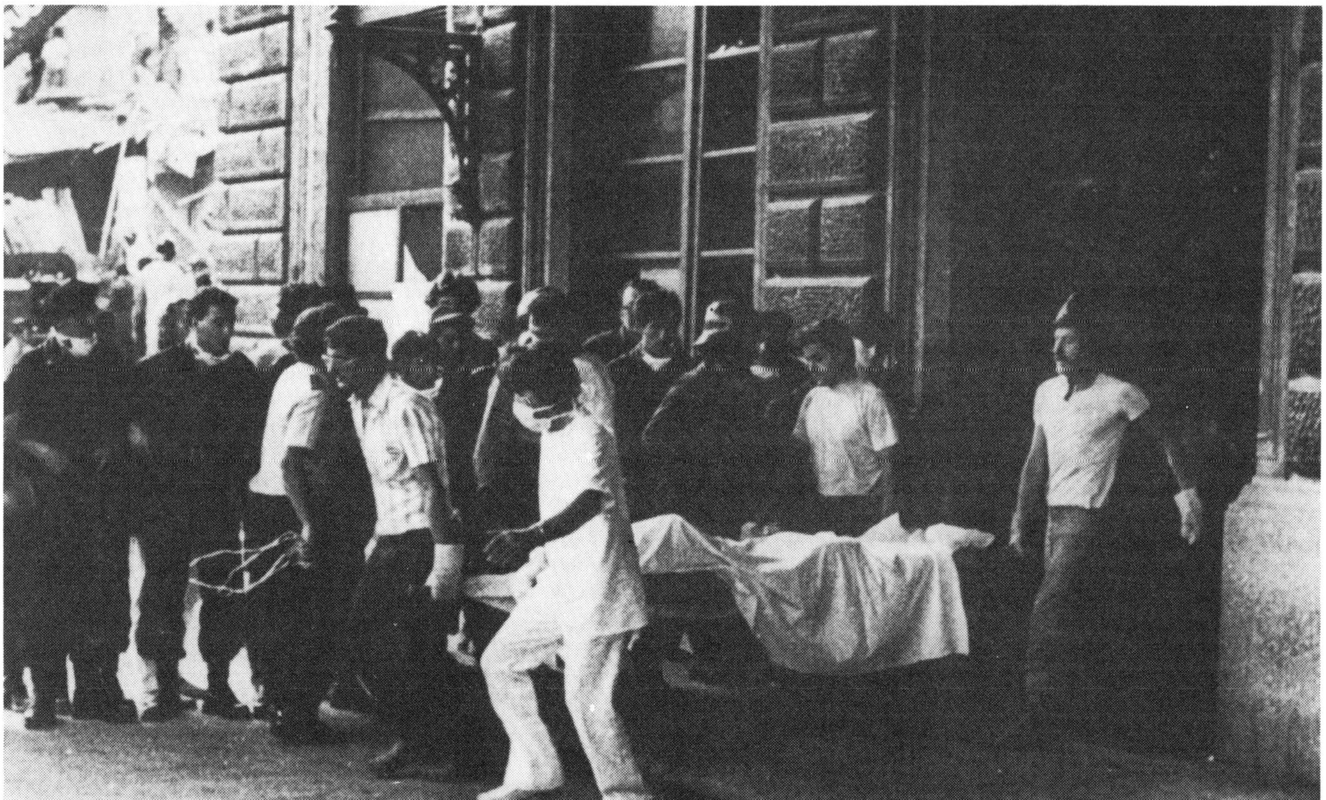

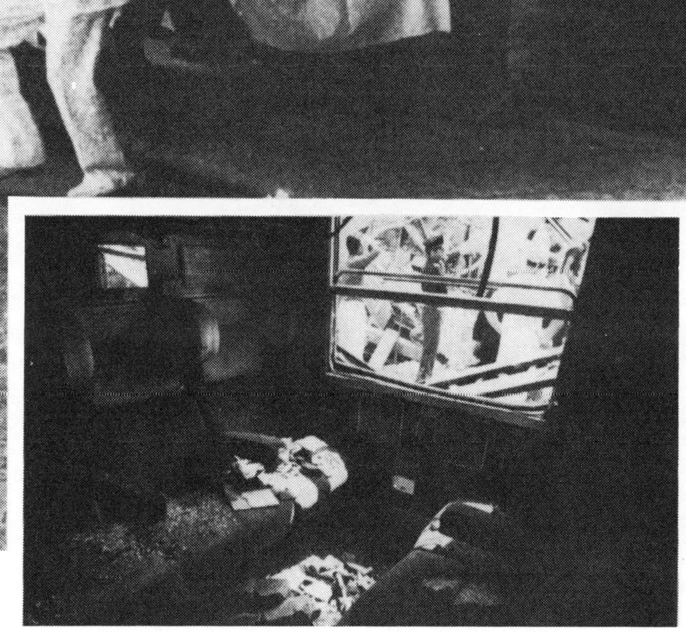

1980. Der Bombenanschlag auf den Bahnhof von Bologna fordert 85 Menschenleben

Peter O. Chotjewitz

Pisacane und andere Erinnerungen

Wie lange ist ein Verbrechen fluchwürdig? Ich verglich ihn mit Pisacane, wenn er mich fragte, wie ich zu ihm und seiner Sache stünde: Carlo Pisacane, geboren 1818, Sozialist und Revolutionär, Schriftsteller und Historiker, Freund und Anhänger des Republikaners, Aufrührers und Sozialisten Guiseppe Mazzini, geboren 1805.

Er wollte wissen, wie ich die Stimmung in der Bevölkerung einschätzte, die berühmte Meinungsumfrage zur RAF, die staatlichen Maßnahmen gegen sie, die er »counter insurgancy« nannte. Wer Carlo Pisacane war, wußte er nicht. Kannte sein Denkmal nicht am Golf von Policastro, auf dem Marktplatz von Sapri, an der lukanischen Westküste. Es hieß zwar, es sei die Pflicht jedes Revolutionärs, die Revolution zu machen, damals, Ende der sechziger Jahre. Der Spruch hing in jeder zweiten WG. Aber ich fragte mich, warum jede Revolution immer wieder bei Null anfangen mußte.

Pisacane, sagte ich, Sohn aus gutbürgerlichem Hause, homme des lettres, der sich mit einer Handvoll schlechtbewaffneter Gesinnungsgenossen 1857 in Genua einschiffte, sein kleines Gefolge mit Sträflingen von der Insel Ponza auffüllte und die süditalienischen Bauern zum Aufstand gegen Kirche und Grundherren aufwiegeln wollte. Mercantini (1821–71) hat ein Gedicht darüber geschrieben, das in Italien jedes Schulkind kennt.

Ich sprach vom Denkmal, das wir im Herbst 1969 besichtigt hatten. Er sprach von einer vorhersehbaren politischen Situation in der Bundesrepublik, die den Machtapparat dazu zwingen würde, ihn und seine Freunde umzubringen. Ich beschrieb den Tod Pisacanes. Die Bauern, die er befreien wollte, folgten nicht ihm, sondern dem Klerus, der sie dazu aufwiegelte, ihn umzubringen. Am 28. Juni 1857, 120 Jahre vor Stammheim, wurden Pisacane und die Seinen gesteinigt.

Er glaubte nicht daran, daß sich bestimmte Dinge in der Geschichte wiederholen müssen. Warum erzählst du mir das?

Ich besuchte ihn alle paar Wochen unter dem Vorwand, sein Verteidiger zu sein, und wir saßen jedes Mal in der gleichen schäbigen, muffigen, winzigen Besucherzelle, die wahrscheinlich mit Wanzen gespickt war.

Was werdet ihr draußen tun, wenn die Situation da ist? Was haben wir hier drinnen für eine Chance?

Nur eine, sagte ich. Die Terroristen von gestern sind die Helden von heute. Nimm Giuseppe Mazzini. Sein Leben verbrachte er damit, in Italien Aufstände anzuzetteln. Selbst nach dem Sieg des *risorgimento* mußte er im Ausland leben. Kurz vor seinem Tod kehrte er heimlich nach Italien zurück und starb praktisch im Untergrund. Aber heute hat jedes Kaff seine Viale Mazzini.

Ich schätze, er war dem Ziel noch zu fern und dem Tod schon zu nahe, um meine historischen Sottisen genießen zu können.

Immerhin: Was auffällt, wenn man diese alten Geschichten liest, ist die Tatsache, wie gut sich der moderne Staat, im Vergleich mit dem vor hundert Jahren, schon im Vorfeld gegen seine radikalsten Gegner zu schützen gelernt hat. Es gibt keine Aufstände mehr.

Vielleicht liebte ich ihn auch deshalb, weil sein Unterfangen so hoffnungslos antiquiert war. Vielleicht bestärkte ich ihn in seinen Plänen, um noch einmal eine Revolte mit-

Plakat 1970

zuerleben und im Alter damit prahlen zu können: Ich habe Pisacane die Hand gegeben. Er war mein Freund. Mir hat er die Wahrheit gesagt.

Wie alles anfing, weiß ich nicht, aber das Projekt RAF hatte schon Gestalt, als ich ihn wiedertraf. Wir kannten uns aus Berlin. Es war in Rom, 1969, Dezember, und auf den Straßen sangen beamtete Professoren Arm in Arm mit Fabrikarbeitern: »E se la Cina ci dà il fucile, guerra civile, guerra civile.« (Und wenn China uns Gewehre gibt, Bürgerkrieg, Bürgerkrieg.) Die alten anarchistischen und sozialistischen Volkslieder wurden ausgegraben und die Handfeuerwaffen, die die Revolutionäre der vierziger Jahre gut geölt und verpackt im Garten vergraben hatten. Im Kino lief »Der 12. Oktober«, in dem Pino Masi sang: »La violenza, la rivolta«. Paolo Pietrangeli sang: »Mio caro padrone domani ti sparo.« (Mein lieber Unternehmer, morgen erschieße ich dich.)

Die Zeit schien reif für den Aufstand: »Mò, che il tempo s'avvicina«, hieß bezeichnenderweise eine neapolitanische Zeitschrift: »Jetzt, da die Zeit näherrückt«. Die Reife drückte sich weniger in realen gesellschaftlichen Prozessen oder revolutionären Strukturen aus. Die sahen wir, weil wir sie sehen wollten. Ausdruck der revolutionären Situation waren die Lieder und Druckschriften, das Vokabular und das historische Lebensgefühl. Jeder ein kleiner Lenin, Trotzki, Kropotkin, Guevara, zumindest im outfit. Die langen Mäntel kamen in Mode. Feltrinelli druckte eine Reihe revolutionärer Broschüren zum Revolutionspreis, und das Handbuch des Stadtguerilleros stammte aus Südamerika. Tupamaros und Weathermen, ETA und IRA, Rote Brigaden und Feda'iin: Der bewaffnete Kampf stand vor der Tür. Was mit Ernst Busch und seinen Liedern aus dem spanischen Bürgerkrieg zehn Jahre zuvor angefangen hatte, schien sich zur Bewegung entwickelt zu haben. Aus Nostalgie und Folklore sollte gesellschaftsumwerfende Realität werden. Wir hatten es satt, uns immer nur anzuhören, wie die Altvorderen gekämpft und verloren hatten. Kantorowicz hätte uns warnen können. Von ihm stammte der Ausspruch: Wir hatten die besseren Lieder. Sie die besseren Waffen.

Sie reisten angeblich legal, nannten sich aber Hans und Grete, hatten falsche Pässe und im Gepäck Lenins »Staat und Revolution«. Den üblichen Ausdruck »Anarchisten« lehnten sie ab. Wir sind Leninisten. Eine Zeit lang spielte auch ein geklauter Alfa Romeo eine Rolle, und einer, der noch dabei war, machte sich aus dem Staub und meinte: Die Sache wird mir zu heiß. Hans machte Pläne über meine Verwendung als Organisator des Hinterlandes, aber Grete, die Dank des Passes einen Doktortitel hatte, war dagegen, mich anzuwerben.

Ihr Inkognito taugte nicht viel, was auch an ihrem Auftreten lag. Niemand wollte Quartier geben, was aber auch Vorteile hatte, vor allem in der BRD. Man drückte ihnen etwas Geld in die Hand und schickte sie fort. Ich legte eine Liste ihrer Geldgeber an. Es waren illustre Namen des westdeutschen Kulturbetriebs dabei und durchaus akzeptable Beträge. Freilich gab es auch Geizhälse. Ein renommierter Komponist spendete abgelegte Kleidungsstücke – wenngleich erster Modehäuser –, sowie einen ungedeckten Scheck, und die geschiedene Gattin eines millionenschweren Verlegers meckerte, weil sie immer Filetsteaks aßen.

Nach einer Woche stand die römische Polizei vor der Tür, noch in Zivil, und erkundigte sich nach unserem Besuch. Ich bangte um die Shit-Bröckchen auf dem Wohnzimmertisch, aber sie ließen sich an der Wohnungstür abspeisen. Später kam aus Berlin ein Herr im schwarzen Anzug und schwarzer Hornbrille, sah aus wie ein Revisor von Tschechow, hatte eine Aktentasche dabei und berichtete mit Hinterzimmerstimme vom Stand der Vorbereitungen. Es war Februar 1970. Man hörte von einem illegalen Rundfunksender und einem Hubschrauber, aber ich verstand nur Bahnhof.

Hört auf damit, sagte ich. Ihr werdet nichts erreichen und den Rest eures Lebens im Gefängnis verbringen. Diesmal erzählte ich zur Abschreckung von den Carbonari, Verschwörern des italienischen Vormärz. Die letzten von ihnen verschimmelten, total vergessen, in kakanischen Festungen, als das Jahrhundert schon fast rum war.

Wir haben keine Angst vorm Knast, meinte Hans. Sein Plan war, die Knackis zu agitieren und Gefängnisaufstände anzuzetteln, falls es draußen schiefgehen sollte.

Was war man naiv: Ich hielt es für ausgeschlossen, daß sie einen Gutteil von ihnen gleich bei der Verhaftung umlegen würden. Er dachte nicht im Traum an die kommende Isolationshaft. Die Sache schien klar. Die neue, sich revolutionär gebende Linke in der BRD brauchte einen bewaffneten Arm. Noch 1972, schon nach den ersten Anschlägen auf US-Einrichtungen, fanden um die zwanzig Prozent der Bundesbürger Verständnis für die Methoden und Ziele der RAF.

Von seiner ersten Verhaftung im Frühjahr 1970 in Berlin unterrichteten mich meine Eltern aus Kassel. Die Polizei hatte bei ihnen Razzia gemacht und alles auf den Kopf gestellt.

Ich werde Ihren Sohn schon kriegen, versicherte der Kommissar meinem Vater.

Hans hatte sich bei einer Polizeikontrolle mit meinen Papieren ausgewiesen – Führerschein und Personalausweis – und wußte auf dem Polizeirevier nicht die Geburtsdaten meiner Frau und der Söhne.

Es war damals einfach, fremde Papiere zu kriegen. Richtig mitmachen wollte kaum einer, aber einen kleinen Beitrag leistete jeder.

Ich schätze, seine Gruppe war schon damals von der Polizei unterwandert. Bei seiner zweiten Verhaftung war sogar ein Spitzel dabei.

Es ist heutzutage schwierig, sich die Faszination vorzustellen, die Anfang der siebziger Jahre von der RAF ausging: Ihre ersten Texte, die weite Verbreitung fanden, sind kaum noch zugänglich, und das in Schweden erschienene Buch »Texte der RAF«, das kurz vor ihrem Tod im Sommer 1977 zusammengestellt wurde, ist heiße Ware. Der Hauptgrund ist: Das politische Bewußtsein hat sich geändert. Es gibt seit über zehn Jahren schon wieder eine innere Emigration oder Ersatzhandlungen, wie den derzeitigen Volkszählungsboykott. Ein Freund, der jubelte, als die Bombe am IG-Farben-Haus hochging, tippte sich dieser Tage an die Stirn, als ich ihn nach der RAF fragte und meinte: Es ist alles hier drin, ich lasse nichts raus.

Ich behaupte: Ein wenig von dem Respekt, den große Teile der Linken der ersten RAF schuldeten, und die Zustimmung, die die Geldbeschaffungsaktionen und Attentate der Jahre 1971/72 fanden, schwang noch mit in Bölls Forderung nach freiem Geleit für Ulrike Meinhof und der weitgefächerten und breiten Solidarität für den Kampf der Gefangenen zur Beendigung der Isolationsfolter, für bessere Haftbedingungen und für die Anerkennung ihrer politischen Motive und Ziele.

Es gab eine Zeit, in der große Teile der linken Öffentlichkeit bereit waren, den Mitgliedern der RAF und ihren legalen Unterstützern, wie ich einer war, zumindest den Rang zwar wahnwitziger, jedoch ehrenhafter Überzeugungstäter einzuräumen.

Die moralische Front bröckelte nach dem Anschlag auf Drenckmann im November 1974. Das wurde auf dem Frankfurter Schriftstellerkongreß deutlich, wo eine Resolution zur Verbesserung der Haftbedingungen vorlag, die den fast gleichzeitigen Tod von Meins in der Haft zum Anlaß hatte.

Die Front brach nach dem Anschlag auf Buback im Frühjahr 1977. Es gibt darüber eine, ebenfalls kaum zugängliche, Kontroverse in Briefform zwischen Ensslin und Gollwitzer. Danach waren die Gefangenen schutzlos, ihr Tod nur noch eine Frage von Zeit und Gelegenheit.

Es ist nicht undenkbar, daß die siebziger Jahre in einiger Zukunft als eine Art Nach-Metternich-Ära betrachtet werden. Was tatsächlich gelang, war die Entmündigung und Zerschlagung praktisch des gesamten linken Spektrums – von links-sozialdemokratisch (Jusos, Hansen, Coppik) über links-sektiererisch (K-Gruppen), links-autonomistisch, revisionistisch bis eben hin zur RAF –, für die es keine Worte gibt. Es war der Sieg der Obrigkeit und des Staatsapparates auf der ganzen Linie.

Es war, als hätte ein Regisseur einen Staatsstreich von oben inszeniert, der schließlich seinen sichtbarsten Ausdruck im großen Krisenstab der Bundesregierung während der Schleyerentführung fand. Der große Krisenstab: Das war große Koalition mit äußersten Machtbefugnissen im verfassungsrechtlichen Niemandsland; die Ernstfallprobe für den

Gudrun Ensslin und Andreas Baader

nächsten Super-Gau, den nächsten Chemieunfall, der 20 Millionen Menschen vom Trinkwasser abschneidet, oder sonstwie entstehende soziale Unruhen. Die RAF als Vorwand, das Land praktisch unter Besatzungs(un)recht zu stellen und wesentliche Grundrechtsgarantien außer Kraft zu setzen: Das war traditionsreiche Staatskunst. Uns das vorgeführt zu haben, dafür werden Willy und Schmidt wohl in die Geschichte eingehn müssen.

Die obrigkeitliche Reaktion auf die RAF sollte man sich Schritt für Schritt zu Gemüte führen – die Gesetzesverschärfungen, die polizeiliche Aufrüstung, die Erforschung der weißen Folter, die Wiedereinführung der präventiven Todesstrafe, die Erprobung der psychologischen Kriegsführung gegen das eigene Volk. Es gibt einige Dutzend Bücher und unzählige Artikel darüber. Kein Staatsstreich ist je so ausführlich kritisch dokumentiert worden wie dieser.

Daß der Arm des BKA bis Rom reichte, spürten wir noch vor der offiziellen Gründung der RAF durch die Bundesanwaltschaft im Frühjahr 1970: Der übliche anonyme Anrufer, der uns freundlich besorgt mitteilte, daß deutsche Behörden

der italienischen Polizei unsere Beziehungen zu Hänsel und Gretel signalisiert hätten. Die Mitteilung hatte den Sinn, den Staatsfeind noch einmal im Guten zu warnen.

Im Sommer 1973 kehrten wir in die BRD zurück, ließen uns auf einem hessischen Dorf nieder, und ich begann meine Besuche bei Hans; genau gesagt: nach dem ersten Versuch unbekannter Drahtzieher, ihn durch Wasserentzug zu ermorden. Die Fahrt zur JVA Schwalmstadt, wo er damals einsaß, glich einem kleinen Konvoi: Zivilstreife vorne und hinten. Fortan hatte ich öfter Begleitschutz, vor allem bei größeren Fahrten. Sobald ein Fremder einstieg, hielten sie uns unter irgendeinem Vorwand an und kontrollierten den Beifahrer. Ein paar Mal machte ich mir einen Jux daraus, sie abzuhängen. Um 1976/77 wurden die Einschüchterungsversuche stärker und bekamen die Funktion, uns im Dorf zu isolieren und auf diese Weise kleinzukriegen. Dorf und Haus wurden observiert, Dorfbewohner verfolgt und verhört, und Unbekannte versuchten mehrfach, ins Haus einzudringen oder schafften es vielleicht sogar. Im Winter 1977/78 war der Ort tagelang praktisch abgeriegelt.

Auch Anwaltsbesuche im Knast wurden von Mal zu Mal schärfer kontrolliert, bis hin zur Leibesvisitation. Jedes Piepsen des Metalldetektors wegen einer Heftklammer im Rockfutter scheuchte eine Horde bewaffneter Grüner hoch, was nicht ausschloß, noch immer ein Piece mit in den siebten Stock zu schmuggeln. Bei der Sorgfalt mit der die anwaltlichen Handakten geprüft wurden, ist mir allerdings unverständlich, wie auch Waffen hinaufgelangen konnten.

Zum Schluß herrschten Schikane und Panik, die einen wochenlang nicht schlafen ließen.

Eines Tages flog die Abteiltür des Zuges auf, in dem Renate fuhr, ein Mann in Uniform und schußsicherer Weste stürzte herein, warf sich auf Renate, schlug einen älteren Herrn zusammen, der eine unwillkürliche Bewegung zur Brieftasche machte, zerrte sie auf den Gang, wo weitere Bewaffnete standen, und dann auf den Bahnsteig. Jetzt erst erkannte sie, was das Gerumpel auf dem Dach und die aufgeregten Stimmen draußen bedeutet hatten. Auf dem Dach war ein leichtes MG in Stellung gebracht worden, und auf dem Bahnsteig stand ein Erschießungskommando.

Andere, ebenso Unschuldige, haben in den siebziger Jahren in ähnlicher Situation ihr Leben gelassen. Von den steckbrieflich Gesuchten, die umgebracht wurden, zu schweigen. Die Liste ist lang: von Rauch, Weisbecker, Schelm, Stoll, van Eyck etc.

Ich wüßte gerne, ob es zehn- oder hunderttausend waren, die nicht ohne Schatten über die Straße gehen konnten, und die meisten waren weit weniger verwickelt als Renate und ich oder gar nicht. Eine Bekannte bat ihren ständigen Bewacher eines Tages, ihr wenigstens die Einkaufstüten zu tragen. Im Sommer 1977 hatten sie die Leute so weit, daß niemand sich mehr traute, sich für das minimale Grundrecht jedes Gefangenen einzusetzen: das Recht auf körperliche Unversehrtheit und Leben. Im Herbst 1977 konnte man wieder ungestraft vorschlagen, alle Stunde einen inhaftierten Terroristen zu erschießen – solange, bis die entführten deutschen Urlauber in Mogadischu freigelassen würden.

Über die Prozesse gegen die RAF gibt es die ausgezeichnete Untersuchung von Pieter Bakker Schutt (»Stammheim – Der Prozeß gegen die Rote Armee Fraktion«), die – im Gegensatz zur Stammheim-Schmonzette von Aust – von den Medien bisher ignoriert wurde. Die Justiz erwies sich als das, was schon Montesqieu eine »quantité negligeable« genannt hatte: eine verzichtbare Größe. Wer geglaubt hatte, die Justiz habe sich seit Adolfs Zeiten in eine vor allem politisch unabhängige Kraft verwandelt, wurde auf den Boden der Tatsachen zurückgeholt. Zur Verhandlung stand, wie einst zu Zeiten des Absolutismus und Neo-Feudalismus, die justizförmliche Darstellung eines Falles, wie die politische Ebene ihn zu sehen wünschte und die Fassung eines von Staats wegen längst gefällten Urteils.

Meine eigene Anklageschrift las sich wie die Begründung einer juristischen Schuld für Taten, die ich nicht begangen hatte. Die totale Abhängigkeit der Justiz von der Politik konnte freilich auch ihr Gutes haben. Mein Verfahren wegen Verstoß gegen das Waffen- und Paßgesetz und Unterstützung einer terroristischen Vereinigung wurde, gegen Zahlung einer happigen Geldbuße, eingestellt aufgrund der Intervention eines Generalstaatsanwalts, die ihrerseits auf der Fürsprache einflußreicher Freunde beruhte. Der Telefonanruf kostete mich eine schlaflose Nacht: Wenn du nicht aufhörst, dich für diese Leute einzusetzen, können wir nichts für dich tun. Das soll ich dir auch von NN ausrichten.

Andreas Baader, Angeklagter in Stammheim, wird zur Verhandlung gebracht

Wenn Hans noch gelebt hätte, hätte ich den Vorschlag vielleicht abgelehnt. So akzeptierte ich den »Baum'schen Tunnel«, den es in allen Größen gab.

Der Tod von Stammheim ist ein Kapitel für sich, wie so viele andere Kapitel. Es gibt ein Kapitel der Psychologen, die die terrogene Familie entdeckten, die Familie, in der kleine Terroristen heranwachsen, und der Ärzte, die Ulrikes Kopf aufmachen wollten, um die Ursachen für ihren Kampf in einem Gehirntumor zu entdecken. Es gibt das Kapitel der Anwälte, die pro Tag 700 Mark an Gebühren plus Spesen kassierten und sich über die Prozesse profilierten, und es gibt das Kapitel der Staatsschutzautoren und Staatsschutzjournalisten, die regelmäßig mit Falschmeldungen gefüttert wurden, um uns damit zu füttern.

Auf dem unbedeutenden Feuerchen, das mein Freund Hans und ein paar seiner Freunde entfacht hatten, haben viele ihr Süppchen gekocht. Die Lieferanten von Polizeiausrüstungen und die Hersteller von Hard- und Software für Herolds Apparatur zur Herstellung des gläsernen Menschen haben ihre Geschäfte gemacht, und die Knastarchitekten hatten Saison. Das Nach-RAF-Gefängnis hat wenig Ähnlichkeit mit dem von 1970. An der Stelle verlotterter und fast nostalgischer Backsteinkasernen aus Opas Zeiten sind Betonfestungen entstanden, gespickt mit mittelalterlichen Wehrtürmen und vollgepackt mit Überwachungselektronik, was nicht verhinderte, daß ein gutes Dutzend »Terroristen« erst im Knast ums Leben kam.

Die Zielstrebigkeit der Ereignisse in der Festung Stammheim ab Frühjahr 1977 ist mir erst später zu Bewußtsein gelangt, als ich daran erinnert wurde, daß Hans mich – es muß im Winter 1976/77 gewesen sein – darum bat, in der DDR zu erkunden, ob man eventuell bereit sein werde, die Stammheimer Gefangenen wenigstens vorübergehend aufzunehmen. Stupide hatte ich gefragt: Was wollt ihr denn in der DDR?

Jetzt, im November 1977, als die BRD nur noch aus Polizeisperren zu bestehen schien und ich mich fragte, ob der Staatsschutz etwa damit rechnete, die Nacht von Stammheim könne draußen soziale Unruhen hervorrufen. fügte sich plötzlich alles in eine tödliche Dramaturgie:

Der Überfall auf die Gefangenen (weil Hans und Grete angeblich unter einer Bettdecke gelegen hatten), die radikale Verschärfung der Haftbedingungen, nachdem es gerade erst so ausgesehen hatte, als käme die Großgruppenisolation, das Attentat auf das Stuttgarter Verteidigerbüro, die Kontaktsperre, die Informationssperre der Bundesregierung, der Antrittsbesuch des späteren Generalbundesanwalts und die heimlichen Besuche von Abgesandten der Bundesregierung bei den Gefangenen auf dem Höhepunkt der Schleyerentführung.

Ich schätze, daß Staatsschutz und Politiker lange Zeit die Beteiligung der einsitzenden Gefangenen an den Aktionen der neuen RAF überschätzt haben. Vielleicht, weil sie daran glauben wollten; vielleicht war es ein publizistisches Manöver. Tatsache scheint aber zu sein, daß die Stammheimer Gefangenen seit langem nicht mehr wußten, was draußen vorging, und deshalb nicht einmal als Geiseln taugten. So reduzierte sich der Sinn ihres Todes darauf, nicht mehr als Handelsobjekte für zukünftige Entführungsfälle zu dienen.

Die publizistische Aufbereitung seines umständlichen Todes hatte sich Hans dann posthum noch einmal selbst zuzuschreiben. Er war bis zuletzt nicht von dem Irrtum zu heilen, daß er einen Verräter auf zehn Schritte Entfernung riechen könne und war fest davon überzeugt, auch einen Gefängnisaufseher »konditionieren« zu können, wie er es nannte. Er ahnte nicht, daß die Waffen, die er kommen ließ, ein Teil des Puzzles waren.

Es ist interessant, daß ein Faktum jenes Sommers 1977 fast nie eine Rolle gespielt hat: Das Urteil in erster Instanz, das wenige Wochen vor ihrem Tod erging und mit etlichen Lebenslänglich endete. Wer es liest, ohne die eigentliche Geschichte zu kennen, wird es nicht verstehen. Es beginnt praktisch mit dem Bekenntnis. daß den Angeklagten ihre Taten nicht nachgewiesen werden konnten, und handelt von Indizien, die zum großen Teil konstruiert waren und nicht mehr besagten, als daß die Angeklagten irgendwie mit der Sache zu tun hatten. Aber das spielte nun auch keine Rolle mehr: Ich glaube nicht, daß man leichterdings einen Prozeß dieser Dauer und Bedeutung finden wird, in dem sämtliche fünf Angeklagten vor Rechtskraft des Urteils im Gewahrsam der urteilenden Behörde ums Leben kamen.

Der Rest waren Bilder, die mich bis in den Schlaf verfolgten:

Die stundenlange Fahrt am Todestag durch eine emotional tief ergriffene Bundesrepublik. Das Haus in Oberbayern, gutbürgerlich, mit der steinalten, kaum noch wahrnehmungsfähigen Großmutter, dem Onkel und der Mutter.

Die Fahrt mit der Mutter nach Stuttgart, ihre Fragen: Warum mußte er sterben? Hatte es einen Sinn, was er getan hat? Warum haben sie ihn so gehaßt?

Die Nacht in Tübingen, die Schatten der Grenzschützer mit ihren Kampfanzügen und Maschinenpistolen auf dem Dach des gerichtsmedizinischen Instituts. Die nach der Obduktion schrecklich verstümmelten Leichen, und auch hier der Belagerungszustand als könnte jemand sie stehlen. Das Dröhnen der Polizeihubschrauber über dem Waldfriedhof während der Beerdigung, die drei primitiven Holzsärge in der Friedhofskapelle, die bewaffneten Einheiten überall, die ständigen Kontrollen, das Gefühl, sie nicht einmal beerdigen zu dürfen. Die anonymen Anrufe bei den Eltern und Geschwistern, die Hetze. Wir hielten es allen Ernstes für möglich, daß sie die Leichen nicht einmal zur Beerdigung herausgeben würden.

Später kamen noch ein paar hundert Akten. Als der Lastwagen auf den Hof fuhr, hielt dahinter auch schon der Polizeiwagen und notierte die Personalien der Fahrer. Noch später kam ein Tarnumschlag mit dem Buch, das wir zusammengestellt hatten, als es schon waghalsig war, die Manuskripte auch nur zu besitzen. Der Brief an mich, der neben Ensslins Bett lag, bevor sie starb, kam nicht, und zum Glück kamen auch keine Koffer. Irgendwann 1976 waren Koffer gekommen. Ein Zelleninhalt oder das, was sie davon freigegeben hatten: Keines der vielen Manuskripte, aber zahllose Heftklammern, Kulis, Zeitungsausschnitte, Arzneimittel, Anziehsachen, ein paar nutzlose Bücher, Socken und eine verschmutzte Unterhose.

In den ersten Jahren danach träumte ich manchmal, es sei die Hose gewesen, die sie trug, als man sie vom Fenstergitter schnitt, an dem sie sich unmöglich aufgehängt haben konnte. Das schlimmste an solchen Bildern war die amtliche Bestätigung: Der Staat und seine loyalen Bürger hatten gesiegt und gezeigt, was sie unter wehrhafter Demokratie verstehen. Sie hatten sich als das altbekannte, allgegenwärtige Mörderpack erwiesen.

Am 27. Oktober 1977 werden Gudrun Ensslin, Andreas Baader und Jan-Carl Raspe auf dem Waldfriedhof in Stuttgart beerdigt

Heinrich Böll (1972)

Will Ulrike Meinhof Gnade oder freies Geleit?

Wo die Polizeibehörden ermitteln, vermuten, kombinieren, ist *Bild* schon bedeutend weiter: *Bild* weiß. Dicke Überschrift auf der Titelseite der (Kölner) Ausgabe vom 23.12.71: »Baader-Meinhof-Gruppe mordet weiter«.

Im wesentlich kleiner gedruckten Bericht über den Kaiserslauterer Bankraub liest man dann von vier maskierten Gangstern, unter denen »vermutlich« eine Frau war; im Verdacht, so liest man weiter, stehe »unter anderem« die Gruppe um Ulrike Meinhof. Indizien: Informationen der Polizei über den Aufenthalt der Gruppe, ein roter Alfa Romeo, beim Überfall benutzt, Tage vorher in Stuttgart gestohlen, schon einmal bei einer Fahndung nach der Gruppe beobachtet; weitere Indizien: die »brutale Art« des Überfalls und die »generalstabsmäßige Planung«.

Nun sind Banküberfälle meistens brutal, auch wenn die Verdächtigten nicht der Gruppe um Ulrike Meinhof angehören. Und gerade durch generalstabsmäßige Planung eines Überfalls werden meistens Opfer vermieden.

Immerhin wird dann Herr Rauber, der Chef der Kaiserslauterer Kriminalpolizei, zitiert: »Wir haben zwar noch keine konkreten Anhaltspunkte, daß die Baader-Meinhof-Bande für den Überfall verantwortlich ist. Aber wir ermitteln selbstverständlich in dieser Richtung.« Das klingt schon anders; nüchtern, sachlich, angesichts der Indizien plausibel, legitim, wenn man es schon als legitim ansieht, daß Polizeibeamte für 1373 Mark monatlich ihr Leben riskieren, unter anderem um Banktresore zu schützen. Ein riskanter, schlechtbezahlter Beruf.

Im Manifest der Gruppe, nach dem Untertauchen erst hektographiert, inzwischen im Wagenbach Rotbuch 26 (Alex Schubert: Stadtguerillas) erschienen, ist über dieses Problem zu lesen: »Am 14. Mai (1970 bei der Befreiung Baaders in Berlin) ebenso wie in Frankfurt, wo zwei von uns abgehauen sind, weil wir uns nicht einfach verhaften lassen wollten – haben die Bullen zuerst geschossen. Die Bullen haben jedesmal gezielte Schüsse abgegeben. Wir haben z.T. überhaupt nicht geschossen, und wenn, dann nicht gezielt: in Berlin, in Nürnberg, in Frankfurt. Das ist nachweisbar, weil es wahr ist.«

»Wir machen nicht ›rücksichtslos von der Schußwaffe Gebrauch‹. Der Bulle, der sich in dem Widerspruch zwischen sich als ›kleinem Mann‹ und als Kapitalistenknecht, als kleinem Gehaltsempfänger und Vollzugsbeamten des Monopolkapitals befindet, befindet sich nicht im Befehlsnotstand. Wir schießen, wenn auf uns geschossen wird. Den Bullen, der uns laufen läßt, lassen wir auch laufen.«

Hebt man die Kränkung, die in der Bezeichnung »Bulle« liegt, gegen das Wort »Bande« auf, zieht man von den zahlreichen vermuteten die bisher nachgewiesenen Taten ab und vergleicht man diese Passage mit dem wilden Schluß des Manifests *Den bewaffneten Kampf unterstützen. Sieg im Volkskrieg*, so klingt das nicht ganz so wahnwitzig wild und schießlustig, wie die Gruppe bisher dargestellt worden ist. Ergänzt man die oben zitierte Passage durch eine andere, die sich mit der lebensgefährlichen Verletzung des Angestellten Georg Linke auseinandersetzt, so entsteht auch nicht gerade der Eindruck einer uneingeschränkten Ballerideologie: »Die Frage, ob die Gefangenenbefreiung auch dann gemacht worden wäre, wenn wir gewußt hätten, daß ein Linker dabei angeschossen wird – sie ist uns oft genug gestellt worden –, kann nur mit Nein beantwortet werden.«

Die Kriegserklärung, die im Manifest enthalten ist, richtet sich eindeutig gegen das System, nicht gegen seine ausführenden Organe. Es wäre gut, wenn Herr Kuhlmann, der Vorsitzende der Polizeigewerkschaft, dafür sorgte, daß seine Kollegen, die einen so gefährlichen und schlecht bezahlten

Beruf ausüben, dieses Manifest einmal lesen.

Es ist eine Kriegserklärung von verzweifelten Theoretikern, von inzwischen Verfolgten und Denunzierten, die sich in die Enge begeben haben, in die Enge getrieben worden sind und deren Theorien weitaus gewalttätiger klingen, als ihre Praxis ist. Gewiß war die Befreiung Baaders eben doch nicht der so ganz überzeugende (weder für Beobachter noch für Mitwirkende überzeugende) Sprung von der Theorie in die Aktion. Das Manifest enthält unter anderem auch fast so etwas wie ein Geständnis: »Weder das bißchen Geld, das wir geklaut haben sollen, noch die paar Auto- und Dokumentendiebstähle, derentwegen gegen uns ermittelt wird, auch nicht der Mordversuch, den man uns anzuhängen versucht, rechtfertigen für sich den Tanz.« Es kann kein Zweifel bestehen: Ulrike Meinhof hat dieser Gesellschaft den Krieg erklärt, sie weiß, was sie tut und getan hat, aber wer könnte ihr sagen, was sie jetzt tun sollte? Soll sie sich wirklich stellen, mit der Aussicht, als die klassische rote Hexe in den Siedetopf der Demagogie zu geraten?

Bild, ganz und gar vorweihnachtlich gestimmt, weiß ja schon: »Baader-Meinhof-Gruppe mordet weiter.« *Bild* opfert die Hälfte seiner kostbaren ersten und die Hälfte seiner ebenso kostbaren letzten Seite dem Kaiserslauterer Bankraub.

Auf der letzten Seite von *Bild* (23.12.71) findet man nur noch wenig von polizeilichen Ermittlungen. Statt dessen zwei Sonderspalten: »Die Opfer der Baader-Meinhof-Bande«, »Die Beute der Baader-Meinhof-Bande«. Unter die Opfer zählt *Bild* nicht nur das nachgewiesene (und zugegebene) Opfer Georg Linke, es zählt auch alle die hinzu, bei denen noch nicht ganz geklärt ist, wer auf sie geschossen hat: Helmut Ruf und Norbert Schmid, und da *Bild* schon einmal beim Opfern ist, wird auch der Polizeiobermeister Herbert Schoner aus Kaiserslautern der Einfachheit halber hinzugezählt.

Der Rentner Helmut Langenkämper aus Kiel wird immerhin nur als einer bezeichnet, der sich »Bankräubern in den Weg stellte«. Welchen Bankräubern? Schwamm drüber, das nehmen wir nicht so genau, die Vorweihnachtsopferlitanei darf nicht zu kurz ausfallen. Und wohl deshalb auch zählt *Bild* Petra Schelm und Georg von Rauch (der hier zum Hauch wird) dazu. Das soll sicher ein Witz sein.

Ich hoffe, daß Herrn Springer und seinen Helfershelfern dieser Witz im Hals steckenbleibt mit den Gräten ihres Weihnachtskarpfens. Man kann die Nase schon voll kriegen, und ich habe sie voll. Wahrscheinlich wird *Bild* bald so weit sein, einen so armen Teufel wie Hermann Göring, der sich leider selbst umbringen mußte, unter die Opfer des Faschismus zu zählen (...).

Ich kann nicht annehmen, daß Polizeibehörden und zuständige Minister über Helfershelfer wie *Bild* glücklich sein können – oder sollten sie's doch sein? Ich kann nicht begreifen, daß irgendein Politiker einem solchen Blatt noch ein Interview gibt. Das ist nicht mehr kryptofaschistisch, nicht mehr faschistoid, das ist nackter Faschismus. Verhetzung, Lüge, Dreck.

Diese Form der Demagogie wäre nicht einmal gerechtfertigt, wenn sich die Vermutungen der Kaiserslauterer Polizei als zutreffend herausstellen sollten. In jeder Erscheinungsform von Rechtsstaat hat jeder Verdächtigte ein Recht, daß, wenn man schon einen bloßen Verdacht publizieren darf, betont wird, daß er nur verdächtigt wird.

Die Überschrift »Baader-Meinhof-Gruppe mordet weiter« ist eine Aufforderung zur Lynchjustiz. Millionen, für die *Bild* die einzige Informationsquelle ist, werden auf diese Weise mit verfälschten Informationen versorgt. Man hat ja

wohl genug von den Verdächtigten oder nur verdächtig Aussehenden des Herrn XY Zimmermann gehört (...).

Die Bundesrepublik Deutschland hat 60 000 000 Einwohner. Die Gruppe um Meinhof mag zur Zeit ihrer größten Ausdehnung 30 Mitglieder gehabt haben. Das war ein Verhältnis von 1 : 2 000 000. Nimmt man an, daß die Gruppe inzwischen auf 6 Mitglieder geschrumpft ist, wird das Verhältnis noch gespenstischer 1 : 10 000 000.

Das ist tatsächlich eine äußerst bedrohliche Situation für die Bundesrepublik Deutschland. Es ist Zeit, den nationalen Notstand auszurufen. Den Notstand des öffentlichen Bewußtseins, der durch Publikationen wie *Bild* permanent gesteigert wird (...).

Für einen so abscheulichen Satrapen wie Baldur von Schirach, der einige Millionen junger Deutscher in die verschiedensten Todesarten trieb und zu den verschiedensten Mordarten ermutigte, sogar für ihn gab es Gnade. Ulrike Meinhof muß damit rechnen, sich einer totalen Gnadenlosigkeit ausgeliefert zu sehen. Baldur von Schirach hat nicht so lange gesessen, wie Ulrike Meinhof sitzen müßte. Haben die Polizeibeamten, Juristen, Publizisten je bedacht, daß alle Mitglieder der Gruppe um Ulrike Meinhof, alle, praktische Sozialarbeit getan haben und Einblick in die Verhältnisse genommen, die möglicherweise zu dieser Kriegserklärung geführt haben? Schließlich gibt es das Rotbuch 24 des Wagenbach Verlags, Titel: *Bambule*, Verfasserin: Ulrike Marie Meinhof. Lesenwert, aufschlußreich – als Film immer noch nicht gesendet.

Wieviel junge Polizeibeamte und Juristen wissen noch, welche Kriegsverbrecher, rechtmäßig verurteilt, auf Anraten Konrad Adenauers heimlich aus den Gefängnissen entlassen worden und nie wieder zurückbeordert worden sind? Auch das gehört zu unserer Rechtsgeschichte und läßt Ausdrücke wie Klassenjustiz so gerechtfertigt erscheinen wie eine Theorie des Strafvollzugs der politischen Opportunität.

Ulrike Meinhof und der Rest ihrer Gruppe haben keinerlei Chance, irgend jemand politisch opportun zu erscheinen. Äußerste Linke, äußerste Rechte, linke und rechte Mitte, Konservative und Progressive aller Schattierungen, sie alle kennen keine Parteien mehr, sie sind dann nur noch Deutsche und sich einig, einig, wenn sie endlich in ihre deutsche Schwatzgenüßlichkeit zurückfallen, sich ungestört ihrem Fraktionschinesisch ergeben können, wenn geschehen sollte, was nicht geschehen darf; wenn man eines Tages lesen würde, daß auch Ulrike Meinhof, später Grashof, dann Baader und Gudrun Ensslin als »erledigt« zu betrachten sind. Erledigt wie Petra Schelm, Georg von Rauch und der Polizeibeamte Norbert Schmid. Erledigt, vom Tisch, wie man so hübsch sagt, und aus dem deutschen Gemüt, mag's sich noch so links dünken.

Man wird das uralte Gesabbere hören. Es mußte ja so kommen. Schade, aber ich hab's ja immer gesagt. Diese ganze verfluchte nachträgliche Rechthaberei, wie sie Eltern mißratenen Kindern hinterherbeten. Und dann kann man weiter seine verschiedenen Gebetsmühlen drehen. Man hat ja recht gehabt, man hat's ja immer gewußt, und es mußte ja so kommen. Paulinchen war allein zu Haus.

Muß es so kommen? Will Ulrike Meinhof, daß es so kommt? Will sie Gnade oder wenigstens freies Geleit? Selbst wenn sie keines von beiden will, einer muß es ihr anbieten. Dieser Prozeß muß stattfinden, er muß der lebenden Ulrike Meinhof gemacht werden, in Gegenwart der Weltöffentlichkeit. Sonst ist nicht nur sie und der Rest ihrer Gruppe verloren, es wird auch weiter stinken in der deutschen Publizistik, es wird weiter stinken in der deutschen Rechtsgeschichte.

Haben alle, die einmal verfolgt waren, von denen einige im Parlament sitzen, der eine oder andere in der Regierung, haben sie alle vergessen, was es bedeutet, verfolgt und gehetzt zu sein? Wer von ihnen weiß schon, was es bedeutet, in einem Rechtsstaat gehetzt zu werden von *Bild*, das eine weitaus höhere Auflage hat, als der *Stürmer* sie gehabt hat (...)?

Ulrike Meinhof will möglicherweise keine Gnade, wahrscheinlich erwartet sie von dieser Gesellschaft kein Recht. Trotzdem sollte man ihr freies Geleit bieten, einen öffentlichen Prozeß, und man sollte auch Herrn Springer öffentlich den Prozeß machen, wegen Volksverhetzung.

Die inzwischen längst nicht mehr so jungen Herren Pragmatiker, die allerorts in wichtigen beratenden Funktionen sitzen, manche von ihnen mitten in der politischen Verantwortung; sie, die gelegentlich Plattheit und Pragmatismus auf gröblichste miteinander verwechseln; die so mühelos und schmerzlos vom Faschismus in die freiheitlich demokratische Grundordnung übergewechselt haben oder worden sind; sie waren bis 1945 zu gläubig oder zu dumm, um nachdenklich zu werden, im Jahre 1945 waren sie zu jung, um für schuldig gehalten zu werden. Sie waren »desillusioniert«, ein bißchen reumütig, sehr rasch bekehrt, und ihre Schmerzen waren nicht viel mehr als ein bißchen Hitlerjugendwehwehchen.

Diese gelegentlich etwas glattzüngigen Mechaniker, die alles so gut und das meiste besser wissen und nun, im Vollgefühl ihrer Etabliertheit hin und wieder mit gelinder Wehmut sich nach Ideologie sehnen (wie nach einem Parfüm, das ihnen fehlt in ihrer absoluten Geruchlosigkeit), ist es ihnen nicht ein bißchen zu leicht geworden und gemacht worden, haben sie nicht ein bißchen zu wenig Ideologie, Weltanschauung, Metaphysik in Erinnerung, als daß sie begreifen könnten, was sie nie erfahren haben: was es bedeutet: verfolgt und gehetzt zu sein, ständig auf der Flucht? Als Politischer, als Krimineller, und als »Krimineller«?

Wollen sie, daß ihre freiheitlich demokratische Grundordnung gnadenloser ist als irgendein historischer Feudalismus, in dem es wenigstens Freistätten gab, auch für Mörder, und erst recht für Räuber? Soll ihre freiheitlich demokratische Grundordnung sich als so unfehlbar darstellen, daß keiner sie in Frage stellen darf? Unfehlbarer, als alle Päpste zusammen je waren? Ich weiß, das sind viele Fragen, aber fragen dürfen wird man ja noch.

Die Bundesrepublik hat mehr als 60000000 Einwohner, die Gruppe um Ulrike Meinhof wahrscheinlich inzwischen sechs Mitglieder. Die Auflage von *Bild* liegt wohl um die 4000000, die Zahl der Leser wahrscheinlich um die 10000000. Die Weihnachtsbotschaft von Herrn Springer lautete: »Baader-Meinhof-Gruppe mordet weiter.« Mordet. Weiter. Fröhliche Weihnachten gehabt zu haben und ein glückseliges Neues Jahr. Harte Gräten, zähe Karpfen. So viel Liebe auf einmal, wie Herr Springer sie uns bietet, ist schwer zu ertragen, besonders in einem Rechtsstaat.

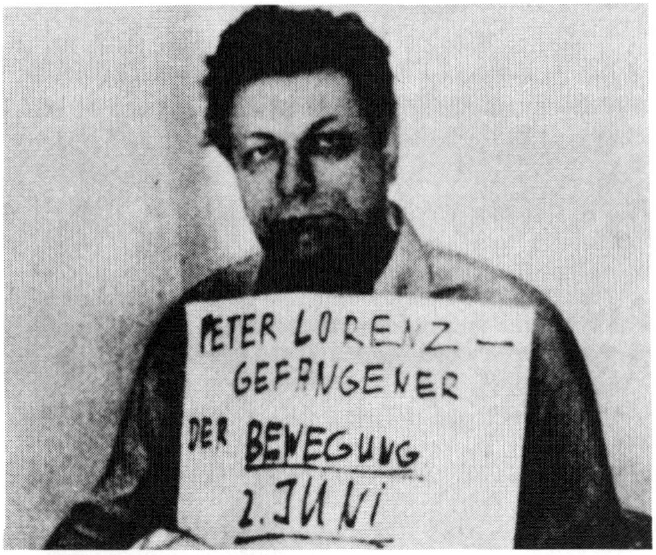

Chronik

14.05.1970	Andreas Baader, der seit 1968 wegen Kaufhausbrandstiftung in Berlin in Haft ist, wird befreit.
21.05.1971	Urteilsverkündung im Prozeß gegen die Baader-Befreier; Horst Mahler wird freigesprochen, Ingrid Schubert zu sechs Jahren, Irene Görgens zu vier Jahren Haft verurteilt.
15.07.1971	Petra Schelm wird in Hamburg von der Polizei erschossen.
04.12.1971	Georg von Rauch wird in Berlin von der Polizei erschossen.
02.03.1972	Thomas Weisbecker wird in Augsburg von der Polizei erschossen.
11.05.1972	Bombenanschlag auf das Hauptquartier des 5. US-Armeekorps in Frankfurt.
19.05.1972	Bombenanschläge auf das Springer-Haus in Hamburg.
24.05.1972	Anschlag auf das US-Hauptquartier in Heidelberg.
02.06.1972	Andreas Baader, Holger Meins und Jan-Carl Raspe werden in Frankfurt verhaftet.
07.06.1972	Gudrun Ensslin wird in Hamburg verhaftet.
15.06.1972	Ulrike Meinhof wird in Hannover verhaftet.
26.02.1973	Horst Mahler wird wegen Beteiligung an Raubüberfällen und Gründung einer kriminellen Vereinigung zu zwölf Jahren Haft verurteilt.
08.05. bis 29.06.1973	Hungerstreik der RAF-Häftlinge gegen die Haftbedingungen; Zwangsernährung.
10.09.1974	Der Prozeß gegen Horst Mahler und Ulrike Meinhof wegen der Baader-Befreiung beginnt; der Bundesgerichtshof hatte das Urteil vom 21.5.1971 gegen Mahler aufgehoben.
10.11.1974	Holger Meins stirbt in der Justizvollzugsanstalt Wittlich während eines Hungerstreiks, in den er gemeinsam mit anderen RAF-Häftlingen aus Protest gegen die Haftbedingungen (Isolationsfolter) getreten ist.
10.11.1974	Kammergerichtspräsident Günter von Drenckmann wird erschossen.
04.12.1974	Sartre besucht Baader in der Haftanstalt Stuttgart-Stammheim und bezeichnet die Haftbedingungen als Folter.
20.12.1974	Verabschiedung des Ergänzungsgesetzes zum 1.

Strafverfahrensreformgesetz, das der Justiz die Abwicklung der RAF-Prozesse erleichtern soll (z. B. Ausschluß der Wahlverteidiger, Verhandlung in Abwesenheit der Angeklagten, wenn sie ihre Verhandlungsunfähigkeit selbst verschulden).

02.02.1975 RAF-Häftlinge beenden Hungerstreik nach 140 Tagen.

27.02.1975 Der Berliner CDU-Vorsitzende Peter Lorenz wird von Mitgliedern der »Bewegung 2. Juni« entführt; sie fordern die Freilassung von Horst Mahler, Verena Becker, Gabriele Kröcher-Tiedemann, Ingrid Siepmann, Rolf Heissler und Ralf Pohle.

03.03.1975 Die Bedingungen der Entführer werden erfüllt: Die Häftlinge (außer Mahler, der nicht ausreisen will) fliegen in Begleitung des ehemaligen Regierenden Bürgermeisters von Berlin, Heinrich Albertz, in die VR Jemen.

05.03.1975 Peter Lorenz wird freigelassen.

24.04.1975 Die deutsche Botschaft in Stockholm wird von Mitgliedern des »Kommando Holger Meins« überfallen. Es werden Geiseln genommen und die Freilassung von 26 RAF-Häftlingen gefordert. Als die Bundesregierung nicht auf die Forderungen eingeht, werden zwei deutsche Attachés erschossen.

25.04.1975 Die Geiselnehmer werden überwältigt.

21.05.1975 Der Baader-Meinhof-Prozeß beginnt. In Stuttgart-Stammheim ist der umstrittene Hochsicherheitstrakt errichtet worden. Die Wahlverteidiger werden mit Hilfe des am 20.12.1974 verabschiedeten ErgG 1. StVRG ausgeschlossen. Die Häftlinge protestieren gegen die ihnen zugewiesenen Pflichtverteidiger.

21.12.1975 Überfall auf das Gebäude der OPEC in Wien mit Geiselnahme; beteiligt ist u. a. der Deutsche Günter Klein.

22.04.1976 Verabschiedung des 14. Strafrechtsänderungsgesetzes (§ 88 a StGB »verfassungsfeindliche Befürwortung von Straftaten«, § 130 a StGB »Anleitung zu Straftaten«).

09.05.1976 Ulrike Meinhofs Tod in Stammheim.

07.07.1976 Inge Viett, Günter Rollnik, Juliane Plambeck und Monika Berberich fliehen aus der UHA Berlin; Rücktritt von Justizsenator Oxford (F.D.P.).

22.07.1976 Ralf Pohle wird in Athen festgenommen.

18.08.1976 Verabschiedung des 1. Anti-Terror-Gesetzes, mit dem vor allem die Arbeit der Verteidiger erschwert werden soll (Vertretungsverbot, Überwachung des Postverkehrs, Trennscheibe etc.). Es wird nicht nur die »Bildung einer kriminellen Vereinigung« (§ 129 StGB) unter Strafe gestellt, sondern auch deren Unterstützung in Form von »Herstellung und Bevorratung von Propagandamaterial« (§ 129 a).

01.10.1976 Ralf Pohle wird nach anfänglicher Weigerung der griechischen Regierung ausgeliefert.

30.11.1976 Festnahme des untergetauchten Rechtsanwalts Siegfried Haag.

17.03.1977 Baden-Württembergs Innenminister Schieß und Justizminister Bender geben zu, daß 1975/76 in Stammheim Gespräche zwischen Anwälten und Häftlingen abgehört wurden.

07.04.1977 Generalbundesanwalt Buback wird in Karlsruhe von dem »Kommando Ulrike Meinhof – Rote Armee Fraktion« erschossen.

28.04.1977 Baader, Raspe und Ensslin werden zu lebenslanger Haft verurteilt.

04.05.1977 In der AStA-Zeitung der Universität Göttingen erscheint der sogenannte »Mescalero-Nachruf« auf Buback.

08.05.1977 OPEC-Attentäter Klein sagt sich in einem Spiegel-Interview vom Terrorismus los.

20.07.1977 OLG Düsseldorf verurteilt die vier Mitglieder des »Kommando Holger Meins«, die im April 1975 die deutsche Botschaft in Stockholm überfallen haben, zu lebenslanger Haft.

30.07.1977 Der Vorstandssprecher der Dresdner Bank, Jürgen Ponto, wird erschossen.

05.09.1977 Der Arbeitgeberpräsident Hanns Martin Schleyer wird in Köln entführt.

30.09.1977 Der untergetauchte frühere Baader-Meinhof-Anwalt Croissant wird in Frankreich festgenommen. Bundestag und Bundesrat verabschieden das sogenannte Kontaktsperregesetz (Gesetz zur Änderung des Einführungsgesetzes zum Gerichtsverfassungsgesetz), das den Kontakt von Gefangenen untereinander sowie zur Außenwelt verbietet.

13.10.1977 Auf dem Flug von Mallorca nach Frankfurt entführen zwei Männer und zwei Frauen eine Lufthansamaschine. Sie fordern die Freilassung von zwei türkischen und elf deutschen Gefangenen, darunter Baader, Ensslin und Raspe. Die Maschine landet schließlich in Modagischu (Somalia).

18.10.1977 Eine Spezialeinheit des Bundesgrenzschutzes, die GSG 9, befreit die Passagiere und tötet dabei drei der Entführer. Stunden später sterben Baader, Ensslin und Raspe in ihren Gefängniszellen. Irmgard Möller wird mit Stichverletzungen aufgefunden.

19.10.1977 Schleyer wird in Mühlhausen ermordet aufgefunden.

12.11.1977 Irmgard Schubert erhängt sich in der Haftanstalt Stadelheim.

16.11.1977 Croissant wird von Frankreich an die BRD ausgeliefert.

23.02.1978 Untersuchungsausschuß des baden-württembergischen Landtages bezeichnet den Tod von Baader, Raspe und Ensslin als Selbstmord.

08.08.1978 Christian Klar, Adelheid Schulz und Willy Peter Stoll, die wegen Beteiligung an den Morden an Buback, Schleyer und Ponto gesucht werden, können durch eine Fahndungspanne entkommen.

06.09.1978 Stoll wird in Düsseldorf von der Polizei erschossen.

17.11.1978 Die im Mai in Jugoslawien festgenommenen mutmaßlichen Terroristen Brigitte Mohnhaupt, Sieglinde Hoffmann, Rolf-Clemens Wagner und Peter Jürgen Boock sollen im Austausch mit acht Exil-Jugoslawen an die BRD ausgeliefert werden; die BRD lehnt ab, Jugoslawien läßt die vier frei.

16.02.1979 Croissant wird zu zweieinhalb Jahren Haft verurteilt und erhält Berufsverbot für vier Jahre.

09.06.1979 Rolf Heissler wird in Frankfurt festgenommen.

11.07.1979 Siegfried Haag wird zu vierzehn Jahren Haft verurteilt.

Januar 1978, Audimax der TU Berlin: Die Berliner Herausgeber der Dokumentation des Buback-Nachrufs verlesen auf einer TUNIX-Veranstaltung im Gregorianischen Sprechgesang die Unterwerfungserklärung, die der niedersächsische Kultusminister Pestel den niedersächsischen Herausgebern des Nachrufs abverlangt hat. Von links nach rechts: Prof. Dr. Bruno Schonig, RA Harald Remé, Prof. Dr. Ernst Randolf Lochmann, Prof. Ulf Werner Preuss-Lausitz, Prof. Dr. Christine Thürmer-Rohr, Prof. Dr. Reinhart Wolf, Prof. Werner Siebel, Prof. Dr. Hellmut Lessing, Prof. Hermann Pfütze, Prof. Dr. Klaus-Dieter Hoffmann.

Der »Buback-Nachruf« eines anonymen Göttinger »Mescalero«, der drei Wochen nach dem RAF-Anschlag auf den Generalbundesanwalt in den Göttinger AStA-Nachrichten erschien, sorgte 1977 für heute schwerlich nachvollziehbare Aufregung. Die vom Autor geäußerte »klammheimliche Freude« über das Attentat wurde als Sympathiebezeugung mit den Aktionen der RAF gewertet, wiewohl der Text eine gegenlaufende Intention hatte. Der RCDS stellte Strafantrag gegen den Göttinger AStA wegen »öffentlicher Billigung von Mord«, Bundesjustizminister Vogel Strafanträge gegen alle bekanntwerdenden Nachdrucke. Um die durch diese Maßnahmen gefährdete Öffentlichkeit herzustellen, entschlossen sich 47 Hochschullehrer und Rechtsanwälte aus Bremen, Berlin, Niedersachsen und Bielefeld, die Dokumentation »Buback – Ein Nachruf« heraus-

BUBACK - EIN NACHRUF

Dies soll nicht unbedingt eine Einschätzung sein oder ein kommentierender Verriss vom Schreibtisch aus, mit päpstlichen Gestus vorgetragen und als "solidarische Kritik" bezeichnet. Ausgewogenheit, stringente Argumentation, Dialektik und Widerspruch - das ist mir alles piep-egal. Mir ist bei dieser Buback-Geschichte einiges aufgestoßen, diese Rülpser sollen zu Papier gebracht werden, vielleicht tragen sie ein bißchen zu einer öffentlichen Kontroverse bei.

Meine unmittelbare Reaktion, meine "Betroffenheit" nach dem Abschuß von Buback ist schnell geschildert: ich konnte und wollte (und will) eine klammheimliche Freude nicht verhehlen. Ich habe diesen Typ oft hetzen hören, ich weiß, daß er bei der Verfolgung, Kriminalisierung, Folterung von Linken eine herausragende Rolle spielte. Wer sich in den letzten Tagen nur einmal genau sein Konterfei angesehen hat, der kann erkennen, welche Züge dieser Rechtsstaat trägt, den er in so hervorragender Weise verkörperte. Und der kennt dann auch schon ein paar Züge von Gesichtern jener aufrechten Demokraten, die jetzt wie ein Mann empört und betroffen aufschreien. Ehrlich, ich bedaure es ein wenig, daß wir dieses Gesicht nun nicht mehr in das kleine rot-schwarze Verbrecheralbum aufnehmen können, das wir nach der Revolution herausgeben werden, um der meistgesuchten und meistgehaßten Vertreter der alten Welt habhaft zu werden und sie zur öffentlichen Vernehmung vorzuführen. Ihn nun nicht mehr - enfant perdu.

Aber das ist ja nun nicht alles gewesen, was in meinem und im Kopf vieler anderer nach diesem Ding herumspukte. So eine richtige Freude, wie etwa bei der Himmelfahrt von Carrero Blanko konnte einfach nicht aufkommen, nicht, daß ich mich von der wirklich gut inszenierten "öffentlichen Empörung und Hysterie" kirre machen ließ; dieses Spektakel scheint ja wirklich von mal zu mal besser zu funktionieren und das irgendwo im Konzert dieser politischen Eunuchen, die von der Herstellung der "öffentlichen Meinung" leben (gut leben), sich eine einzige "kritische" Stimme erheben würde, daran glaubt von uns wohl keiner mehr.

Aber deswegen ist mir dieser hermetisch wirkende Block gleichgeschalteter Medien offizieller Verlautbarungen und Kommentare doch nicht so egal, daß ich mich bei irgendwelchen Aktionen überhaupt nicht mehr um ihn zu kümmern brauchte. Die Wanzenaffäre hat doch gezeigt, daß sich dieser Chor der aufrechten Leute in den Pelz gesetzt hat, die ihn kratzen, die sich nicht mit Meinungen und Kommentaren hinweg tuschieren lassen. Da haben sich immerhin Risse und Brüche in dieser scheinbar festgefügten Legitimationsfassade gezeigt, die wir ausnützen müssen und können, sogar in Bezug auf Stammheim. Da haben wir eine Gelegenheit versäumt, ein öffentliches Gemurmel, ein öffentliches Unbehagen der Nonchalance mit der die Bubacks, Maihofers, Schiess und Benda die dicksten Rechtsbrüche begehen, offensiv für uns und die Gefangenen zu nutzen. Diese Chance ist vorerst vorbei. Jetzt - nach dem Anschlag - ist nicht nur wieder jedes Mittel recht, um die "Terroristenbrut" zu zerschlagen, sondern die angewandten Mittel sind gar zu gering.

Das mag ein persönlicher Eindruck sein; ich hatte auch keine Ideen und keine Kraft, bei dieser Affäre einzugreifen. Aber deutlicher wird das, was ich damit kritisieren will, vielleicht am Beispiel des Roth/Otto Prozeßes in Köln. In diesem Prozeß war die Strategie der Bubacks, die, Linke, die nachweislich nicht geschossen haben, als Polizisten-Mörder zu verurteilen. Revolutionäre Linke sind Killer, ihre Gesinnung, ihre Praxis prädestiniert sie zu Killern, die vor keinem Mittel zurückschrecken - so die Gleichung der Ankläger und (offensichtlich) der Richter.

In mühevoller Kleinarbeit ist es den beteiligten Genossen und Genossinnen wenigstens ansatzweise gelungen, diese Strategie zu durchkreuzen und zwar so zu durchkreuzen, daß selbst die gleichgeschalteten Medien über die Sauereien, unmenschlichen Haftbedingungen, Verfahrensfehler etc. zu berichten gezwungen sind. Das kleine Stammheim in Köln hat so auch ein Schlaglicht auf das echte Stammheim werfen können. Am letzten Mittwoch haben die Anwälte von Roth und Otto Antrag auf Haftentlassung gestellt, weil einfach von der Beweislage her der Vorwurf des gemeinschaftlichen Mordes am Polizisten Pauli nicht mehr aufrecht zu erhalten war. Die Gleichung "Linke sind Killer" war durchkreuzt. Ich befürchte aber, daß mit dem Anschlag auf Buback den Genossen die guten Karten aus der Hand genommen worden sind, daß hierdurch eine unfreiwillige Amtshilfe für die Justiz geleistet wurde, die vielleicht sogar den Urteilsspruch negativ beeinflussen wird.

Der Blindheit jener, für die sich die politische Welt auf Stammheim reduziert und die völlig unabhängig von der jeweiligen "politischen Konjunktur" den Kampf führen und ihre Mittel wählen, könnte so andere Genossinnen und Genossen entwaffnen und wäre ein unfreiwilliger Beitrag dazu, sie fertig zu machen. "Counterinsurgency" andersherum...

Diese Überlegungen alleine haben ausgereicht, ein inneres Händereiben zu stoppen. Aber es kommt noch doller. Ich habe auch über eine Zeit hinweg (wie so viele von uns) die Aktionen der bewaffneten Kämpfer goutiert; ich, der ich als Zivilist noch nie eine Knarre in der Hand hatte, eine Bombe habe hochgehen lassen. Ich habe mich schon ein bißchen dran aufgegeilt wenn mal wieder was hochging und die ganze kapitalistische Schickeria samt ihren Schergen in Aufruhr versetzt war. Sachen, die ich im Tagtraum auch mal gern tun tät, aber wo ich mich nicht getraut habe sie zu tun.

Ich habe mir auch jetzt wieder vorgestellt, ich wäre bei den bewaffneten Kämpfern, werde gesucht, gejagt, lebe irgendwo in einem konspirativen Zusammenhang von einigen Leuten, muß aufpassen, daß meine alltäglichen Verrichtungen (einkaufen gehen, Papierkörbe leeren, einen Film ansehen) mir nicht schon den Garaus machen.

Ich frage mich, wie ich - abgeschnitten von alltäglichen persönlichen und politischen Zusammenhängen - mit meinen Leuten die Entscheidung über solch eine Aktion fällen könnte. Wie ich

zugeben. Die darauffolgende Kampagne gegen die Herausgeber gipfelt in der den niedersächsischen Mitherausgebern vom Landeswissenschaftsminister Pestel vorgelegten »Treueerklärung«, die elf der dreizehn Betroffenen angesichts des öffentlichen Druckes (»Sympathisantensumpf«) unterschrieben. Professor Peter Brückner von der TU Hannover weigert sich und wird daraufhin vom Dienst suspendiert und erhält zeitweiliges Hausverbot. In Berlin und Bremen finden halbdienstliche Anhörungen statt; die Berliner Staatsanwaltschaft stellt Anklage gegen die Berliner Herausgeber wegen »Volksverhetzung, Verunglimpfung des Staates und des Andenkens Verstorbener«. Alle Angeklagten werden im November 1977 freigesprochen.

mich monatelang darauf vorbereiten müßte, daß Buback weg muß, wie mein ganzes Denken von Logistik und Ballistik bestimmt wird. Wie ich mir sicher sein kann, daß dieser und kein anderer sterbe muß, wie ich in Kauf nehme, daß auch ein anderer dabei draufgeht, ein dritter vielleicht querschnittsgelähmt sein wird etc.

Ich müßte völlig umdenken: ich denke immer noch, daß die Entscheidung zu töten oder zu killen bei der herrschenden Macht liegt, bei Richtern, Bullen, Werkschützern, Militärs, AKW-Betreibern. Daß ich dafür extra ausgebildet sein müßte; kaltblütig wie Al Capone, schnell, brutal, berechnend.

Wie soll ich mich entscheiden, daß Buback wichtig ist, nicht für mich und meine Leute, sondern auch für die anderen Leute. Daß er wichtiger ist, als der Richter X am Gefängnis Y oder einer seine Wärter. Oder daß der Verkäufer in der Ecke, der dauernd "Kopf ab" brüllt eine geringere "Schuld" trägt als Buback. Nur, weil er weniger "Verantwortung" hat?

Warum diese Politik der Persönlichkeiten? Könnten wir nicht mal zusammen eine Köchin entführen und sehen, wie sie dann reagieren die aufrechten Demokraten?

Sollten wir uns nicht überhaupt mehr auf die Köchinnen konzentrieren?

Wenn in Argentinien oder gar in Spanien einer dieser staatlich legitimierten Killer umgelegt wird, habe ich diese Probleme nicht. Ich glaube zu spüren, daß der Haß des Volkes gegen diese Figuren wirklich ein Volkshaß ist. Aber wer und wieviele Leute haben Buback (tödlich) gehaßt. Woher könnte ich, gehörte ich den bewaffneten Kämpfern an, meine Kompetenz beziehen, über Leben und Tod zu entscheiden?

Wir alle müssen davon runterkommen, die Unterdrücker des Volkes stellvertretend für das Volk zu hassen, so wie wir allmählich schon davon runter sind, stellvertretend für andere zu handeln oder eine Partei aufzubauen. Wenn Buback kein Opfer des Volkszornes wird (oder wegen mir auch des Klassenhasses, damit kein falscher Verdacht aufkommt), dann geht die Gewalt, die so ausgeübt wird, ebensowenig vom Volk aus, wie Bubacks Gewalt vom Volke ausging.

Wir brauchen nur die Zeitungen aufzuschlagen und die Tagesmeldungen zu verfolgen: die Strategie der Liquidierung, das ist eine der Strategien der Herrschenden. Warum müssen wir sie kopieren? Die Leute (das Volk!) haben Angst davor, sie haben ihre Erfahrungen damit gemacht, genauso wie mit Einkerkerung und Arbeitslager. Was wir auch tun: es wirft immer ein Licht auf das, was wir anstreben. Wir werden unsere Feinde nicht liquidieren. Nicht in Gefängnisse und nicht in Arbeitslager sperren und deswegen gehen wir doch nicht sanft mit ihnen um.

Unser Zweck, eine Gesellschaft ohne Terror und Gewalt (wenn auch nicht ohne Aggression und Militanz), eine Gesellschaft ohne Zwangsarbeit (wenn auch nicht ohne Plackerei), eine Gesellschaft ohne Justiz, Knast und Anstalten (wenn auch nicht ohne Regeln und Vorschriften oder besser: Empfehlungen) dieser Zweck heiligt eben nicht jedes Mittel, sondern nur manches. Unser Weg zum Sozialismus (wegen mir: Anarchie) kann nicht mit Leichen gepflastert werden.

Warum liquidieren? Lächerlichkeit kann auch töten, zum Beispiel auf lange Sicht und Dauer. Unsere Waffen sind nicht lediglich Nachahmungen der militärischen, sondern solche, die sie uns nicht aus der Hand schießen können. Unsere Stärke braucht deswegen nicht in einer Phrase zu liegen (wie in der "Solidarität"). Unsere Gewalt endlich kann nicht die Al Capones sein, eine Kopie des offenen Straßenterrors und des täglichen Terrors; nicht autoritär, sondern antiautoritär und deswegen umso wirksamer. Um der Machtfrage willen (o Gott!), dürfen Linke keine Killer sein, keine Brutalos, keine Vergewaltiger, aber sicher auch keine Heiligen, keine Unschuldslämmer. Einen Begriff und eine Praxis zu entfalten von Gewalt/Militanz, die fröhlich sind und den Segen der beteiligten Massen haben, das ist (zum praktischen Ende gewendet) unsere Tagesaufgabe. Damit die Linken, die so handeln, nicht die gleichen Killervisagen wie die Bubacks kriegen.

Ein bißchen klobig, wie? Aber ehrlich gemeint ...

Ein Göttinger Mescalero

»So eine richtige Freude, wie etwa bei der Himmelfahrt Carrero Blancos, konnte einfach nicht aufkommen (...) Wenn in Argentinien oder gar in Spanien einer dieser staatlich legitimierten Killer umgelegt wird, habe ich diese Probleme nicht. Ich glaube zu spüren, daß der Haß des Volkes gegen diese Figuren wirklich ein Volkshaß ist«, heißt es im »Buback-Nachruf« des Mescaleros.

Tatsächlich war Carrero Blanco einer der hochkarätigsten Vertreter des Franco-Regimes, rechte Hand des Claudillo, von diesem erst im Sommer 1973 zum Ministerpräsidenten ernannt. Am 20. Dezember 1973, nach dem Verlassen einer Kirche in Madrid, wird ein Attentat auf seinen Dienstwagen verübt; Blanco, sein Chauffeur und ein Sicherheitsbeamter kommen ums Leben. Der mit äußerster Perfektion ausgeführte Bombenanschlag, zu dem sich die baskische Separatistenorganisation ETA bekennt, riß einen riesigen Krater in die Straße, die Explosion schleuderte Blancos Wagen vierzehn Meter hoch über ein mehrstöckiges Wohnhaus.

Gabriel García Márquez

Die Besetzung des Nationalpalastes in Managua am 22. August 1978

Gabriel García Márquez stützte den Befreiungskampf gegen Somoza in den entscheidenden Jahren dadurch, daß er ihn unermüdlich bekannt machte. Die spektakuläre und erfolgreiche Aktion der Gefangenenbefreiung, die er hier schildert, gab den entscheidenden Impuls für die – zwei Wochen nach dieser Aktion – einsetzende erste Serie von Volksaufständen in fünf größeren Städten. Diese Aufstände wurden von Somoza unter Einsatz von Bomben und Luftangriffen auf die Bevölkerung zwar noch einmal niedergeschlagen, leiten aber das endgültige Ende der Diktatur ein.

Der Plan schien in seiner außerordentlichen Einfachheit fast verrückt: Den Nationalpalast in Managua am hellichten Tag und mit 25 Mann einnehmen, die Abgeordneten des Parlaments gefangennehmen und zu ihrem Austausch die Freilassung aller politischen Häftlinge fordern.

Der Nationalpalast, ein zweistöckiges Gebäude am Platz der Republik, gibt sich mit seinem Säulengang an der Vorderfront das pompöse Gehabe eines Pantheons in einer Bananenrepublik. Außer dem Senat im ersten und der Abgeordnetenkammer im zweiten Stock sind hier das Finanzministerium, das Innenministerium und das Steueramt untergebracht. Es ist so von allen öffentlichen Gebäuden Managuas das meistbesuchte. Darum ist auch vor jeder Eingangstür ein schwerbewaffneter Polizist postiert, zwei weitere stehen an der Treppe, die zum zweiten Stock hinaufführt, und sind Geheimpolizisten überall zu sehen. Zu den Öffnungszeiten halten sich an die dreitausend Personen in den Gängen, Büro- und Sitzungsräumen auf. Das alles hinderte die Sandinistische Nationale Befreiungsfront (FSLN) nicht daran zu glauben, daß die Einnahme dieses Marktplatzes der Bürokratie nicht Wahnwitz, sondern ganz im Gegenteil ein Meisterstreich bedeutet.

Der Plan wurde bereits 1970 von einem langjährigen Kämpfer der FSLN, Edén Pastora, gefaßt. Doch wollte man mit seiner Ausführung so lange warten, bis unübersehbar wurde, daß die USA Somoza in seinem Vorhaben unterstützten, sich auf seinem blutigen Thron bis ins Jahr 1981 hinein zu halten. »Diejenigen, die mit meiner Gesundheit spekulieren, sollen sich keinen Illusionen hingeben«, hatte der Diktator zum Abschluß seines jüngsten Besuchs in Washington erklärt. Und mit der ihm eigenen Arroganz hinzugefügt: »Es gibt so manch anderen, dem es noch viel schlechter geht.«

Wenig später wurde bekannt, daß die USA Nicaragua drei neue Anleihen gewährten: zwei in einer Höhe von 40 Millionen Dollar, die andere belief sich auf 60 Millionen Dollar. Der Krug war zum Überlaufen voll, als Präsident Carter einen persönlichen Brief an Somoza richtete, in dem er ihn zu der angeblich spürbaren Verbesserung der Lage der Menschenrechte in Nicaragua beglückwünschte. Angesichts dieser Tatsachen und des stürmischen Anwachsens der Volksbewegung hielt das Oberkommando der FSLN die Zeit für reif, einen entscheidenden Gegenschlag zu führen, und traf alle Vorbereitungen, den seit so vielen Jahren auf Eis gelegten und immer wieder verschobenen Plan in die Tat umzusetzen. Da es darum ging, die Abgeordneten des Somoza-Regimes gefangenzunehmen, gab man der Aktion den Codenamen »Operation Schweinestall«.

Die Leitung der Operation übernahmen drei langerprobte Kämpfer. An erster Stelle der geistige Urheber des Plans, dessen Name nach dem Pseudonym eines Dichters aus der Heimat Ruben Daríos klingt: Edén Pastora. Er war 42 Jahre alt, zwanzig Jahre davon aktiv im bewaffneten Kampf, und hatte seine außerordentliche Fähigkeit zum Kommando schon oft unter Beweis gestellt, was jedoch seiner großen Freundlichkeit keinen Abbruch getan hat. Er stammt aus

In Erwartung eines Gegenangriffs der Nationalgarde

einem konservativen Elternhaus, machte sein Abitur bei den Jesuiten und studierte anschließend drei Jahre Medizin an der Universität Guadalajara in Mexiko. Genauer gesagt, drei Jahre im Laufe von fünf Jahren, denn er unterbrach des öfteren sein Studium, um sich der Guerrilla in seinem Land anzuschließen. Seine früheste Erinnerung reicht bis zum Tod seines Vaters zurück, der von der Guardia Nacional Anastasio Somoza Garcías ermordet wurde. Er war damals gerade sieben Jahre alt. Als Kommandant der Operation und einer Bestimmung der FSLN zufolge erhielt er die Codezahl »Null«.

Hugo Torres Jiménez wurde als zweiter benannt, mit seinen dreißig Jahren ein alter Fuchs der Guerrilla, der über eine ebenso gründliche ideologische wie militärische Ausbildung verfügte. Er hatte an der Operation von 1974 teilgenommen, in der die Gäste eines Diners zu Ehren eines Mitglieds des Somoza-Clans gefangengenommen wurden. Er wurde in Abwesenheit zu dreißig Jahren Gefängnis verurteilt und lebt seitdem in Managua im Untergrund. Wie in der obengenannten Operation trug er die Codezahl »Eins«.

Die »Zwei« war die einzige Frau des Kommandos, Dora María Téllez, ein hübsches Mädchen von 22 Jahren, schüchtern und besonnen, von einer Intelligenz und Sicherheit, die es ihr erlaubt hätte, eine gute Karriere zu machen. Sie hatte ebenfalls drei Jahre Medizin studiert, »doch ich war es leid und gab mein Studium auf«, erklärte sie, »denn es war zu traurig, nach all der Mühe, die man sich gegeben hat, unterernährte Kinder gesund zu pflegen, mitansehen zu müssen, wie sie drei Monate später in einem noch schlimmeren Zustand waren«. Sie kommt von der Nordfront der Guerrilla, der Front »Carlos Fonseca Amador«, und lebt seit Januar 1976 im Untergrund.

Dreiundzwanzig Guerrillakämpfer vervollständigten das Kommando. Die Leitung der FSLN hatte sie unter den kühnsten und bestausgebildeten Kämpfern aller regionalen Komitees des Landes ausgewählt. Was am meisten an ihnen überraschte, das war ihre Jugend: Edén Pastora ausgenommen, beträgt das Alter des Kommandos im Schnitt zwanzig Jahre, drei sind gerade achtzehn.

Die 25 Kommandomitglieder kamen zum erstenmal in einem Versteck in Managua zusammen, genau drei Tage vor dem vorgesehenen Tag der Operation. Ausgenommen die drei ersten »Zahlen« kannten sich die anderen nicht und hatten auch nicht die geringste Kenntnis von der Natur der Sache. Man hatte ihnen nur gesagt, daß es sich um ein besonders waghalsiges Unternehmen handelte, bei dem sie ihr Leben aufs Spiel setzten. Niemand war abgesprungen.

Nur Kommandant »Null« war ein paarmal im Nationalpalast gewesen, als er noch Kind war und seine Mutter begleitete, wenn sie dort ihre Steuern einzahlte. Dora María, die »Zwei« hatte eine gewisse Vorstellung vom blauen Salon, wo die Abgeordneten tagten, weil sie ihn einmal im Fernsehen gesehen hatte. Die übrigen kannten den Nationalpalast überhaupt nicht, ja viele von ihnen hatten noch nie ihren Fuß nach Managua gesetzt. Allerdings besaßen die drei Kommandochefs einen in allen Einzelheiten ausgearbeiteten Plan vom Nationalpalast, den ihnen der Arzt der FSLN mit fast wissenschaftlicher Akribie gezeichnet hatte. So hatten

Somozas Nationalgarde

die drei sich seit drei Wochen mit allen Ecken und Winkeln des Palastes vertraut gemacht und fühlten sich, als hätten sie die Hälfte ihres Lebens dort verbracht.

Die Aktion war auf Dienstag, den 22. August festgesetzt, weil an diesem Tag eine Debatte über den Haushaltsplan stattfinden sollte und folglich mit einer hohen Anwesenheitszahl zu rechnen war. Um 9 Uhr 30, als der Wachdienst meldete, daß die Sitzung ordnungsgemäß stattfinden wird, wurden die 23 Guerrilleros in alle Einzelheiten des Plans eingeweiht und bekam jeder seinen besonderen Auftrag mitgeteilt. Sie wurden in sechs Abteilungen von je vier Mann nach dem Prinzip aufgeteilt, daß jeder eine Nummer erhielt, also jeder genau wußte, zu welcher Abteilung er gehörte und welchen Posten er in ihr innehatte.

Der Kunstgriff der Aktion bestand darin, daß sie sich für eine Patrouille der Infanteriebasis der Nationalgarde ausgaben. Also zogen sie sich eine olivgrüne Uniform an, die ihnen Schneider aus dem Widerstand maßgerecht gefertigt hatten, und schlüpften in die Militärstiefel, die sie am Sonnabend zuvor in verschiedenen Geschäften erworben hatten. Jeder erhielt einen Beutel, der das rot-schwarze Tuch der FSLN enthielt, Verbandszeug, Gasmasken, Plastiktüten für Trinkwasser im Notfall, Bikarbonat zum Schutz gegen Tränengas. Die allgemeine Ausrüstung enthielt weiter zehn Nylonschnüre von anderthalb Meter Länge, um die Gefangenen zu fesseln, sowie drei Ketten mit Vorhängeschlössern, um die Türen des Nationalpalastes von innen zu verschließen. Sie nahmen keinen Verbandskasten mit, denn sie wußten, daß es im blauen Salon einen gab. Schließlich wurden die Waffen verteilt, die denen der Nationalgarde haargenau gleichen mußten, was nicht schwierig war, denn praktisch waren es alle Waffen, die sie im Kampf erobert hatten: zwei Maschinengewehre 421, ein G3, ein M3, ein M2, zwanzig Garand-Gewehre, eine Browning und fünfzig Granaten. Jeder Guerrillero verfügte über dreihundert Schuß Munition.

Nur mit einem wollten sie sich anfangs nicht einverstanden erklären, nämlich sich den Bart abzurasieren und sich die Haare schneiden zu lassen, die sie mit so viel Sorgfalt in den Bergen gepflegt hatten. Kein Nationalgardist darf lange Haare oder einen Bart tragen. Nur die Offiziere haben das Recht, einen Schnurrbart zu tragen. Darum blieb ihnen nichts weiter übrig, als sich in das Unvermeidliche zu schikken, und zwar ohne viel Federlesens zu machen. Die FSLN hatte im letzten Augenblick keinen vertrauenswürdigen Friseur gefunden, und so mußten sie sich gegenseitig den Bart abrasieren und die Haare schneiden. Auch Dora Marías lange Haarmähne wurde abgeschnitten, denn nichts durfte darauf hinweisen, daß sich unter dem Käppi ein Mädchen verbarg.

An diesem Morgen begann die Abgeordnetenkammer ihre Sitzung im blauen Salon um 11 Uhr 50, mit der üblichen Verspätung. Im Parlament von Nicaragua gibt es nur zwei Parteien, die liberale und die konservative. Die liberale ist die offizielle Partei Somozas, während die konservative die legale Opposition spielt. Von der Eingangstür her gesehen befinden sich die Sitzbänke der Liberalen rechts und die der Konservativen links. Ganz vorn, etwas erhöht auf einem Podest, steht der lange Präsidiumstisch. Hinter den Bänken der Parteien sind die Balkone für die Gefolgsleute und eine Tribüne für die Presse. Der für das konservative Publikum vorgesehene Balkon ist jedoch seit geraumer Zeit schon geschlossen, wohingegen der Balkon der Liberalen stets voll von bezahlten Parteigängern ist. An diesem Tag waren an die zwanzig Journalisten gekommen. Fast alle Abgeordneten waren anwesend, und zwei von ihnen waren für die FSLN nicht in Gold aufzuwiegen: Luis Pallais Debayle, der Cousin

Lee

Somoza

Augusto Cesar Sandino

Somozas, und José Somoza Abrego, der Sohn General José Somozas, eines Cousins des Diktators.

Um 12 Uhr 30, als die Debatte über den Staatshaushalt kaum begonnen hatte, stoppten zwei militärgrüne Jeeps vor den beiden Seitentüren des Nationalpalastes. Vor jeder Tür stand, wie vorauszusehen, ein Polizist, das Gewehr im Anschlag. Beide waren jedoch so in ihrer Routine befangen, daß sie nicht merkten, daß das Grün der Jeeps heller als gewöhnlich glänzte. Blitzschnell, und nach strengen militärischen Befehlen, stiegen aus den Wagen drei Abteilungen Soldaten.

Als erster stieg Kommandant »Null« aus, genau vor der Osttür. Ihm folgten die drei Abteilungen, deren letztere von »Zwei«, Dora María, befehligt wurde. »Null« war kaum zu Boden gesprungen, als er mit dröhnendem Befehlston rief: »Beiseite! Der Chef kommt!«

Der Polizist gab sofort die Tür frei, und »Null« bestimmte einen seiner Männer als Wachposten. Dann stieg er mit seinen Leuten die breite Treppe zum zweiten Stockwerk hinauf. Dabei wiederholte er mehrmals den Ruf, den die Nationalgarde auszustoßen pflegt, wenn Somoza im Anzuge ist. So gelangte er bis zu der Stelle, wo zwei weitere Polizisten die Türen bewachten, mit Pistole und Handgranaten bewaffnet. »Null« entwaffnete den ersten und »Zwei« den zweiten, immer unter dem gleichen lähmenden Befehl: »Der Chef kommt!« Ihre Posten wurden von zwei Guerrilleros eingenommen. Die Menge in den Gängen hatte allerdings die Rufe vernommen und versuchte beim Anblick der bewaffneten Männer das Weite zu suchen. In Managua ist es fast ein kollektiver Reflex: Wenn Somoza kommt, versucht jeder, sich so schnell wie möglich aus dem Staub zu machen.

Die Aufgabe von »Null« bestand darin, in den blauen Salon einzudringen und die Abgeordneten unter Kontrolle zu halten, wohl wissend, daß die Liberalen und auch viele Konservative bewaffnet waren. »Zwei« hingegen hatte die Aufgabe, »Null« Rückendeckung zu leisten, hinter der großen Glastür postiert, von der aus der Haupteingang zu überschauen war. Es war klar, daß zu beiden Seiten der Glastür mit Pistolen bewaffnete Wachtposten standen. Unten, am Haupteingang – einem schmiedeeisernen Tor – wachten zwei weitere Polizisten, mit Gewehren und einer Maschinenpistole bewaffnet. Einer der beiden war ein Hauptmann der Guardia Nacional.

»Null« und »Zwei« bahnten sich mit ihren Leuten einen Weg durch die aufgescheuchte Menge bis zur Tür zum blauen Salon, wo sie zu ihrer Überraschung auf einen Polizisten mit schußbereitem Gewehr stießen. »Der Chef kommt!« schrie »Null«, entriß ihm dabei das Gewehr und dem anderen Polizisten den Revolver. Die beiden Polizisten begriffen jedoch wohl als erste, daß irgend etwas nicht stimmte, und versuchten, die Treppe hinunterzulaufen. In diesem Augenblick eröffneten die zwei Posten der Eingangstür das Feuer auf die Leute von »Zwei«, und diese erwiderten das Feuer mit einer Gewehrsalve. Der Hauptmann der Guardia Nacional war auf der Stelle tot, die Wache verwundet. Der Haupteingang blieb für einen Augenblick unbewacht, und »Zwei« beauftragte ihre Leute mit der Bewachung.

Beim Knallen der ersten Schüsse entwaffneten die an den Seitentüren postierten Sandinisten die Polizei wie vorgesehen und schlugen sie in die Flucht. Sie verschlossen die Türen von innen mit Ketten und Schlössern und eilten dann ihren Gefährten zu Hilfe, sich einen Weg durch die Menge bahnend, die jetzt, von Panik ergriffen, ziellos hin und her lief.

»Zwei« war unterdessen am blauen Salon vorbei zum Ende des Korridors gelangt, wo die Bar der Abgeordneten liegt. Als sie die Tür mit ihrem Karabiner beiseite schob, sah sie überall verstreut Männer auf dem blauen Teppich liegen. Es waren die Abgeordneten, die sich beim Krachen der ersten Salven auf den Boden geworfen hatten. Ihre Leibwachen ergaben sich in der Annahme, daß es sich effektiv um die Guardia Nacional handelte, ohne den geringsten Widerstand zu leisten.

»Null« seinerseits stieß mit dem Kolben seines G3 die breite Tür zum blauen Salon auf und sah vor sich die wie versteinerte Abgeordnetenkammer: 49 Männer, die mit dem Ausdruck tiefsten Schreckens zur Tür blickten. »Null« feuerte

Arbeitersiedlung in Managua

aus Furcht, erkannt zu werden – einige Abgeordnete waren seine Schulgefährten bei den Jesuiten – eine Salve zur Decke und rief: »Die Guardia Nacional! Alles zu Boden!«

Die Abgeordneten warfen sich zu Boden, ausgenommen Pallais Debayle, der am Präsidiumstisch stehend telefonierte und, wie erstarrt, keine Bewegung machte. Später erklärten die Abgeordneten den Grund für ihren Schrecken: Sie nahmen an, daß die Guardia Nacional einen Staatsstreich gegen Somoza unternommen hatte und nun gekommen war, sie alle zu erschießen.

Im Ostflügel des Gebäudes hörte »Eins« die ersten Salven, als seine Leute bereits die beiden Polizisten des zweiten Stockwerks außer Gefecht gesetzt hatten. Er war bis zum Ende des Gangs vorgedrungen, wo sich das Innenministerium befindet. Im Unterschied zur Gruppe von »Null« kam die von »Eins« in strengster militärischer Ordnung in den Raum und postierte sich an den vorgesehenen Stellen. Die dritte Abteilung stieß die Tür des Innenministeriums genau in dem Augenblick auf, in dem die Salve von »Null« im ganzen Gebäude widerhallte.

Im Vorzimmer des Ministeriums stießen sie auf einen Leutnant und einen Hauptmann der Guardia Nacional, die beim Geräusch der Schüsse auf den Gang hinauseilen wollten. Die dritte Abteilung ließ ihnen nicht die Zeit zum Schießen. Dann gelangte sie durch die hintere Tür in ein elegant ausgestattetes und mit Klimaanlage versehenes Büro. Hinter dem Schreibtisch saß ein etwa fünfzigjähriger, hochgewachsener Mann, der totenbleich, die Hände hob, ohne daß ihm jemand den Befehl dazu gegeben hätte. Es war der Agronom José Antonio Mora, der Innenminister und auf Beschluß des Kongresses Stellvertreter Somozas. Er ergab sich, ohne überhaupt zu wissen wem, obwohl er eine Browning und vier volle Patronentaschen am Gürtel trug.

»Eins« hatte sich unterdessen einen Weg durch die am Boden liegenden Männer und Frauen bis zur hinteren Tür zum blauen Salon gebahnt. Er öffnete die Tür und sah zu seiner großen Überraschung, wie »Null« unter Drohungen und Verwünschungen zum Präsidiumstisch ging, obwohl sich doch offenbar niemand im Raum befand. Es überfiel ihn plötzlich der Gedanke, daß die Aktion gescheitert war. Das gleiche Gefühl hatte »Zwei«, als sie mit den Abgeordneten, die sie in der Bar gefunden hatte, durch die Glastür kam. Erst nach einigen Minuten bemerkten »Eins« und »Zwei«, daß der Raum leer schien, weil die Abgeordneten bäuchlings hinter den Bänken auf dem Boden lagen.

Im gleichen Moment war draußen eine Reihe von Schüssen zu hören. »Null« ging hinaus auf den Gang und sah eine Patrouille der Guardia Nacional unter Befehl eines Hauptmanns, die von der Haupteingangstür aus auf die Sandinisten schoß, die vor dem blauen Salon postiert waren. »Null« warf eine Handgranate gegen die Patrouille und beendete damit den Angriff. Von diesem Augenblick an herrschte tiefe Stille im ganzen Gebäude, dessen Türen mit schweren Eisenketten verschlossen waren und in dem sich nicht weniger als zweitausend Personen fragten, welches ihr Schicksal sein würde. Wie vorgesehen, dauerte die ganze Aktion genau drei Minuten.

Anastasio Somoza Debayle, vierter in der Familiendynastie, die Nicaragua seit über vierzig Jahren niederhält, erfuhr die Nachricht, als er sich gerade im kühlen Kellergeschoß seiner Privatfestung zu Tisch setzen wollte. Seine erste Reaktion war zu befehlen, daß sofort und ohne Vorbehalt das Feuer auf den Nationalpalast eröffnet werden sollte.

Der Befehl wurde an die Militärpatrouillen weitergegeben, doch sie kamen nicht an den Nationalpalast heran, weil die Sandinisten sie mit Feuersalven aus den Fenstern des Gebäudes heraus empfingen. Eine Viertelstunde lang kreiste ein Hubschrauber über dem Palast und belegte die Fenster mit Maschinengewehrsalven, wobei einer der Guerrilleros am Bein verletzt wurde.

Zwanzig Minuten nachdem Somoza den Schießbefehl erteilt hatte, erhielt er einen Telefonanruf direkt aus dem Innern des Palastes. Es war sein Cousin Pallais Debayle, der die erste Botschaft der FSLN übermittelte: Entweder hörte der Beschuß auf, oder die Sandinisten würden anfangen, die Gefangenen zu erschießen, einen alle zwei Stunden, bis sich Somoza entschließe, auf Verhandlungen einzugehen. Wenig später unterrichtete ein weiteres Telefongespräch Somoza, daß die FSLN drei nicaraguanische Bischöfe als Unterhändler vorschlug: den Erzbischof von Managua, Monsignore Miguel Obando y Bravo, der bereits bei dem Anschlag auf das Familienfest Somozas im Jahre 1974 als Unterhändler gedient hatte; den Bischof von León, Monsignore Manuel Salazar y Espinosa; den Bischof von Granada, Monsignore

Leovigildo López Fitoria. Somoza erklärte sich einverstanden.

Später kamen zu den Bischöfen auf Forderung der Sandinisten noch die Botschafter von Costa Rica und Panama hinzu. Die Sandinisten ihrerseits vertrauten die schwere Aufgabe der Verhandlungen der Beharrlichkeit und dem Urteilsvermögen von »Zwei«, Dora María, an. Ihre erste Mission, die um 14 Uhr 45 erfüllt war, bestand darin, den Bischöfen die Liste mit den Forderungen zu übermitteln. Darin waren die sofortige Freilassung aller politischen Gefangenen aufgeführt, die Veröffentlichung der Kriegskommuniqués und einer politischen Botschaft in allen Massenmedien, der Rückzug des Militärs auf einen Umkreis von dreihundert Metern Entfernung vom Nationalpalast, die Annahme aller Forderungen des streikenden Klinikpersonals, die Auszahlung von 10 Millionen Dollar und die Garantie für eine unbehelligte Ausreise des Kommandos und der befreiten politischen Gefangenen nach Panama.

Die Unterhandlungen begannen noch am Dienstag. Sie dauerten die ganze Nacht über und fanden ihren Abschluß am Mittwoch gegen achtzehn Uhr. Die Unterhändler kamen fünfmal im Nationalpalast zusammen – einmal am Mittwoch um drei Uhr morgens. In den ersten 24 Stunden schien sich keine Übereinkunft abzuzeichnen. Die Forderung, über alle Sender die Kriegskommuniqués und eine lange politische Botschaft der FSLN zu verlesen, erschien Somoza als unannehmbar. Weiter erschien ihm die Forderung nach Befreiung aller auf einer Liste angegebenen politischen Gefangenen unerfüllbar. Diese Liste enthielt bewußt zwanzig sandinistische Häftlinge, von denen man mit Sicherheit annehmen mußte, daß sie im Gefängnis umgekommen waren. Opfer der Folter oder summarischer Erschießungen, was Somoza jedoch nicht zugeben wollte.

Somoza schickte drei Botschaften in den Nationalpalast, auf einer elektrischen Schreibmaschine untadelig geschrieben, doch alle ohne Unterschrift und in einem Stil voll jesuitischer Mehrdeutigkeiten verfaßt. Er machte nie einen Gegenvorschlag, sondern versuchte nur, den Forderungen der Sandinisten auszuweichen. Die erste Botschaft zeigte klar, daß er Zeit gewinnen wollte, denn er kalkulierte, daß die 26 Guerrilleros nicht fähig sein würden, zweitausend von Furcht, Hunger und Schlaf befallene Personen für lange Zeit unter Kontrolle zu halten. Darum verlangte er in seiner ersten Antwort vom Dienstag 21 Uhr eine Bedenkzeit von 24 Stunden.

In seiner zweiten Botschaft, die am Mittwochmorgen um 8 Uhr 30 eintraf, hatte er den Ton der Arroganz durch die Drohung ersetzt, aber bereits auch einigen Bedingungen zugestimmt. Das war sicher darauf zurückzuführen, daß die Unterhändler um drei Uhr früh einen Rundgang durch den Nationalpalast unternommen und dabei festgestellt hatten, wie sehr Somoza sich in seinem Kalkül geirrt hatte. Die Sandinisten hatten auf eigene Initiative die wenigen schwangeren Frauen und die Kinder evakuiert, sie hatten dem Roten Kreuz die toten und verwundeten Militärs übergeben, und die Lage im Innern des Palastes war jetzt ruhig und gefaßt. In den Büros des ersten Stockwerks hatten sich die Angestellten zusammengefunden; viele schliefen in den Sesseln oder auf den Tischen, während andere sich irgendeinen Zeitvertreib erfunden hatten. Es gab nicht das geringste Anzeichen von Feindseligkeit gegen die jungen Uniformierten, die alle vier Stunden ihren Rundgang durch das Gebäude absolvierten. Im Gegenteil. In einigen Büros hatten die Angestellten Kaffee für sie gemacht, und viele hatten den Sandinisten schriftlich ihre Sympathie und Solidarität bekundet oder hatten sich sogar als freiwillige Geiseln angeboten.

Im blauen Salon, wo sich die »nicht mit Gold aufzuwiegenden« Gefangenen befanden, stellten die Unterhändler fest, daß die Stimmung nicht weniger gefaßt war als im ersten Stock. Keiner der Abgeordneten hatte Widerstand geleistet, und sie waren ohne jede Schwierigkeit entwaffnet worden. Mit dem Verstreichen der Stunden war allerdings bei ihnen ein wachsender Groll gegen Somoza und seine Hinhaltetaktik zu spüren. Die Sandinisten ihrerseits zeigten sich ihrer Sache sicher. Sie waren höflich und freundlich, aber auch zu allem entschlossen. Die Antwort auf das Zögern Somozas im zweiten Schreiben war deutlich: Wenn in vier Stunden nicht die endgültige Antwort eintreffe, dann würden sie mit den ersten Erschießungen beginnen.

Somoza begriff, wie sehr er sich in seinem Kalkül geirrt hatte. Dazu kam seine Befürchtung, daß ein Volksaufstand ausbrechen könnte. Anzeichen gab es dafür an verschiedenen Orten des Landes. So erklärt es sich, daß er am Mittwoch um 13 Uhr 30 in seinem dritten Schreiben auch die am bittersten zu schluckende Forderung annahm, die Verlesung der politischen Botschaft der FSLN über alle Radiostationen des Landes. Um 18 Uhr 30, nach zweieinhalb Stunden Lesung, war die Botschaft im ganzen Land bekannt.

Alles deutet darauf hin, daß Somoza Mittwoch mittag bereit war zu kapitulieren. Zu diesem Zeitpunkt erhielten die politischen Gefangenen von Managua den Befehl, ihr Bündel zu schnüren und sich zum Aufbruch bereitzuhalten. Die meisten hatten von der Aktion durch die Gefängniswärter selbst erfahren, von denen viele ihre geheime Sympathie zum Ausdruck brachten. Die politischen Häftlinge, die in anderen Gefängnissen einsaßen, waren auf dem Transport nach Managua, als sich noch gar keine Übereinkunft abzeichnete.

Zur gleichen Zeit informierte der panamenische Geheimdienst General Torrijos, daß ein nicaraguanischer Beamter mittleren Ranges anfragen ließ, ob der General gewillt sei, ein Flugzeug für die Sandinisten und die befreiten politischen Gefangenen zu schicken. Torrijos erklärte sich einverstanden. Wenig später erhielt er einen Telefonanruf vom Präsidenten von Venezuela, Carlos Andrés Pérez, der, über alle Einzelheiten der Verhandlungen bestens informiert, sich über das Schicksal der Sandinisten besorgt zeigte und die Transportfrage mit seinem panamenischen Kollegen koordinieren wollte.

Am Nachmittag machte die panamenische Regierung eine »Elektra« der zivilen Luftfahrtsgesellschaft COPA startklar, während Venezuela eine gewaltige »Herkules« schickte. Die beiden Maschinen hielten sich auf der Piste des Flughafens von Panama für den Moment startbereit, in dem die Unterhandlungen zu einem Ergebnis gekommen waren.

Die Sandinisten hatten als letzte Forderung gestellt, daß aller Verkehr in den Straßen von Managua untersagt wird und daß sich auf dem Weg zum Flughafen kein Militär zeige. Weder die eine noch die andere Forderung wurde erfüllt, vielmehr waren überall Soldaten der Guardia Nacional postiert, die Sympathiekundgebungen der Bevölkerung unterbinden sollten. Vergeblich. Ununterbrochene Hochrufe begleiteten den Bus, der sonst als Schulbus diente, die Leute strömten auf die Straße, um den Sieg zu feiern, und ein immer größer werdendes Ehrengefolge von Autos und Motorrädern begleitete sie bis zum Flughafen.

Der Abgeordnete Eduardo Chamorro zeigte Überraschung über diesen Freudenausbruch des Volkes. Kommandant »Eins«, der an seiner Seite saß, antwortete ihm in der Hochstimmung nach einem bestandenen Kampf: »Ja, das ist eben die einzige Sache, die man nicht mit Geld kaufen kann...«

Bahman Nirumand

Vom Schah zu Chomeini, von Exil zu Exil

Das Leben im Exil wurde immer unerträglicher. Nicht so sehr durch äußere Umstände, denn allmählich hatten wir uns wohl oder übel an das ewige trübe Wetter, an die Kälte und die alles erstickende Ordnung gewöhnt. Was uns quälte, war das Schwinden der Hoffnung auf Rückkehr.

Seine Majestät der Schah, König der Könige, Licht der Arier, saß fest im Sattel. Nichts rührte sich in seinem Reich, überall herrschte Friedhofsruhe. Eine Armee von 450000 Mann, ausgerüstet mit modernsten Waffen, hunderttausend Geheimdienstler, Polizei und Gendarmerie sorgten für das Wohl und die Sicherheit der oberen Zehntausend, die dank der hohen Einnahmen aus dem Ölexport im Reichtum schwelgten. Der persische Markt hatte sich zum Tummelplatz ausländischer Exporteure und Investoren entwickelt. Autobahnen, Häfen, Staudämme und riesige Plantagen waren gebaut worden. Montagefabriken bastelten importierte Einzelteile zusammen und produzierten zum Stolz der Nation Autos und Omnibusse, die persische Firmennamen trugen. Der ehrgeizige Kaiser hatte kein geringeres Ziel, als mit den Japanern und Schweden zu wetteifern und sie innerhalb weniger Jahre einzuholen. Doch seine »Weiße Revolution«, deren Kernpunkt die Bodenreform bildete, hatte zwar dem in- und ausländischen Kapital neue Investitionsmöglichkeiten verschafft, gleichzeitig aber hunderttausende von Bauernfamilien ruiniert und zur Flucht in die Städte gzwungen, wo sie in den Slums, am Rande des Existenzminimums, ihr Dasein fristen mußten. Weite Teile des Landes wie Sistan, Balutschestan und Kurdistan waren verelendet. Die Bewohner dieser Gebiete entbehrten nicht nur Strom, Wasser und eine menschenwürdige Behausung, sondern auch das tägliche Brot. Oft mußten sie sich mit Stroh und Dattelkernen als Nahrungsmittel begnügen. Über siebzig Prozent der Bevölkerung waren Analphabeten, die Kindersterblichkeit lag bei fünfzig Prozent.

Der Schah versprach dem Volk nicht nur wirtschaftlichen Wohlstand, sondern auch »die große Zivilisation«, die er durch eine massive Verwestlichung der Kultur und des Alltags zu erreichen gedachte. Alles Iranische galt in den Augen der Herrschenden als primitiv. Die Massenmedien produzierten täglich Vorbilder, die mit der Geschichte, Tradition, den Sitten und Gebräuchen des Landes nichts gemein hatten.

Innerhalb weniger Jahre war der Iran in den Weltmarkt integriert, er hatte sich zu einem der wichtigsten peripherkapitalistischen Länder entwickelt und als zuverlässiger Verbündeter des Westens auch außenpolitische Aufgaben zugeteilt bekommen. So gelang es der Armee des Schahs, die Doffar-Bewegung in Oman niederzuschlagen und gemeinsam mit Israel die Golfregion und den Nahen Osten unter Kontrolle zu halten. Der Schah war zum Lieblingskind des Westens geworden, auch im Osten wurde er als großer Staatsmann und Reformator gepriesen.

Hätte es die Opposition im Ausland nicht gegeben, die sich durch Botschaftsbesetzungen, Hungerstreiks und Demonstrationen bemerkbar machte, hätte wohl kaum jemand von den Nöten der Menschen im Iran, von den überfüllten Gefängnissen, den Folterungen und Erschießungen und dem unaufhörlichen Terror erfahren.

Aber selbst diese Aktivitäten im Ausland verloren mit der Zeit an Dynamik. Die ständige Wiederholung gleichlautender Klagen, die ohne spürbares Ergebnis blieb, zeigte Mitte der siebziger Jahre in der Opposition gewisse Ermüdungserscheinungen, was zu zahlreichen Spaltungen führte. Hinzu kam, daß das Interesse für die Belange der Dritten Welt und jene Solidarität, die uns insbesondere in der Bundesrepublik seitens der Linken und Demokraten zuteil wurde – die deut-

Gebet im Garten. Ayatollah Khomeini und seine Anhänger warten in Paris auf die Rückkehr aus dem Exil

US-Präsident Carter verspricht dem Schah bei seinem Besuch in Teheran 1977 Waffenhilfe

sche Studentenbewegung der sechziger Jahre hatte sogar das Problem Iran zum eigenen Anliegen erklärt – ebenfalls allmählich nachließ. Die Rückbesinnung auf eigene Probleme rückte die internationalen Aspekte aus dem Blickfeld.

Wie sollte es weitergehen, fragten sich viele von uns, die nun schon seit zehn Jahren oder länger im Exil lebten. Ein politischer Kampf ohne Aussicht auf Erfolg, ein Exilleben ohne Hoffnung auf Rückkehr, läuft Gefahr, in Sektierertum, Resignation und Selbstzerstörung zu münden. Wir hatten die blauen Bände mehr oder weniger gründlich studiert, uns die Erfahrungen anderer Revolutionen zu eigen gemacht und auf dieser Grundlage unsere Konzepte für die Zukunft entworfen. Das Tragische lag nur darin, daß die Wirklichkeit unseren Wünschen und Vorstellungen nicht entsprach. Im Iran selbst machten sich zwar hier und dort kleinere Organisationen durch Attentate und Anschläge aus dem Untergrund bemerkbar. Wir stellten diese Aktionen als sehr bedeutend dar, wußten aber, daß sie nur einem Tropfen auf einem heißen Stein gleichkamen. Bei den Massen, den Bauern und Arbeitern, herrschte aber Schweigen. Das iranische Proletariat schien von seiner historischen Mission, den Klassenkampf voranzutreiben, kaum Notiz zu nehmen.

Und gerade zu dieser Zeit, in der Zweifel an unserem Kampf überhand zu nehmen drohte, unser ausweglose Zustand uns immer bewußter wurde, entstand, wie aus heiterem Himmel und scheinbar ganz aus sich heraus, eine Bewegung, die sich innerhalb eines Jahres zu einem der größten Massenaufstände der Geschichte überhaupt entwickeln sollte.

Eingeleitet wurde sie am 13. Juli 1977 mit einem Schreiben des verbotenen iranischen Schriftstellerverbandes an den damaligen Ministerpräsidenten Howeida. In diesem von vierzig namhaften Schriftstellern unterzeichneten offenen Brief wurde in einem ungewöhnlich scharfen Ton die Kultur- und Pressepolitik angeprangert und die Aufhebung der Zensur, Freiheit des Wortes und der Schrift gefordert. Eine Woche später forderten ehemalige Führer der Nationalen Front, eine von Mossadegh Anfang der fünfziger Jahre gegründete Vereinheitlichung bürgerlich-demokratischer Strömungen, den Schah auf, die seit Jahren außer Kraft gesetzte Verfassung wieder zuzulassen und, entsprechend dieser Verfassung, sich

Der Basar in Teheran: Hochburg der Schah-Gegner

Warten auf Khomeini: Millionen marschieren durch die Straßen und lauschen den Tonbändern des fernen Ayatolla

auf seine repräsentativen Aufgaben zu beschränken. Kurz darauf verlangten 65 bekannte Rechtsanwälte, ebenfalls in einem offenen Brief, die Unabhängigkeit der Justiz. Offenbar ermutigt durch diese Initiativen meldeten sich auch andere Gruppen zu Wort, die neben der Mißachtung der Menschenrechte auch die Wirtschafts- und Sozialpolitik der Regierung einer scharfen Kritik unterzogen. Und schließlich hörte man am 6. August 1977 bei einer Demonstration der Basarhändler zum ersten Mal die Parole: »Nieder mit dem Schah.«

Diese unerwarteten Vorgänge überraschten und beglückten uns. Endlich war das Eis gebrochen, die Friedhofsruhe gestört worden. Dennoch standen viele von uns diesen »legalistischen« Kampfmethoden skeptisch gegenüber: Eine Diktatur könne man nicht um Mäßigung bitten, nur eine revolutionäre Gewalt sei imstande, sie zu beseitigen.

Wir waren verwundert, daß der Schah diese Proteste duldete. Manche führten diese Nachgiebigkeit auf die neue amerikanische Politik unter Präsident Carter zurück. Carter hatte schon bei seinen Wahlreden die Verteidigung der Menschenrechte zu den Hauptzielen seiner künftigen Regierung erklärt und dabei gerade auch auf die Verhältnisse im Iran hingewiesen.

Die Protestbewegung weitete sich rasch auf andere Berufsgruppen aus. Arbeiter der städtischen Müllabfuhr, staatliche Angestellte, Lehrer, Studenten, Schüler schlossen sich an, in vielen Fabriken streikten die Arbeiter. Überall wurden die Aufhebung der Willkürherrschaft, Freiheit und Unabhängigkeit gefordert.

Diese Forderungen, aber auch die aktive Teilnahme der Angehörigen der Mittelschicht an der Protestbewegung, deuteten darauf hin, daß der Aufstand im Iran nicht in erster Linie ökonomische, sondern politische und kulturelle Ziele hatte. Es besteht kein Zweifel, daß Elend und Armut Millionen zur Teilnahme an der Volkserhebung motiviert haben. Dennoch war die Revolution möglich, weil es der rasch stärker werdenden Mittelschicht ökonomisch besser ging. In weiten Teilen des Landes hatten sich kapitalistische Verkehrsformen durchgesetzt, die Basare, der Außenhandel, die Konsumindustrie, die Bauindustrie hatten eine gewisse Blüte erfahren, die politische Struktur aber hatte sich dieser Entwicklung nicht angepaßt. Gerade dieser Widerspruch lieferte den Zündstoff für die bevorstehende Explosion. Der Mittelstand verlangte politisches Mitspracherecht.

Der Sprung des Kaisers in die große Zivilsation, die rigorose Verwestlichung, hatte zu einer Kulturkrise geführt. Der dadurch entstandene Verlust der nationalen und kulturellen Identität bildete ebenfalls für viele den Anlaß zur Teilnahme an der Revolution. Gerade diese beiden Aspekte, die viele von uns damals übersahen, machten es Chomeini möglich, sich an die Spitze jener Bewegung zu stellen, die bereits ein Jahr zuvor begonnen hatte. Chomeinis Radikalität gegen die Willkürherrschaft, gegen Verwestlichung und kulturelle Entfremdung, konnte viele überzeugen. Während die Bewegung in ihren Anfängen Reformen und politische Rechte verlangte, forderte Chomeini die Abschaffung des Systems, den Sturz der Monarchie. Er sprach den Massen aus der Seele, sie entschieden sich für ihn. Er allein, so glaubten viele, werde ihnen die ersehnte Freiheit und Unabhängigkeit bringen und die verlorene Identität zurückgeben.

Hinzu kam, daß Chomeini und die Geistlichkeit, im Gegensatz zu anderen Gruppen, die über keine Organisation verfügten, ein enormes Kräftepotential vorzuweisen hatten. Durch hunderttausend Mullahs war die Geistlichkeit in jeder Stadt und in jedem Dorf vertreten. Diese genossen das Vertrauen der Massen, redeten ihre Sprache, teilten dieselben Vorstellungen. Innerhalb weniger Wochen, verwandelten sich die Mullahs in politische Agitatoren, die Moscheen wurden zu politischen Versammlungsorten umfunktioniert, die Gläubigen in die Rolle selbstloser Parteigänger gedrängt. Täglich trafen die neuesten Anweisungen Chomeinis auf Tonbändern ein und erreichten die entlegendsten Winkel des Landes. Hier ballte sich eine Kraft, getragen von Menschen, die mit nackter Brust vor die Panzer und Maschinengewehre traten, überzeugt, daß ihr Tod sie ins Paradies, in die ewige Glückseligkeit führen würde.

Daß Chomeinis Versprechungen, die er in Paris nach fünfzehnjährigem Exilleben im Irak abgab, nicht seinen eigenen Vorstellungen entsprachen, wußten nur wenige. Selbst die, die Kenntnis darüber hatten – auch mir waren Chomeinis Ansichten durchaus bekannt – meinten, ihn unterstützen zu müssen. Denn ohne ihn, die Mullahs und Massen von Gläubigen, wäre der Sturz des Schahs nicht möglich gewesen. Wir alle trösteten uns damit, daß die Mullahs niemals in der Lage sein würden, das Land zu regieren. So haben viele – auch die Linke, die sich im Verlauf der Revolution zu einer ernstzunehmenden Kraft entwickelt hatte – aus taktischen Gründen Chomeini unterstützt und weitgehend auf die Propagierung eigener Ziele verzichtet. Ein Fehler, der schon so oft verheerende Folgen hatte.

Trotz dieser günstigen Voraussetzungen konnte die Islamisierung der Bewegung fast zwei Jahre lang nicht durchgesetzt werden. Erst im November 1978, das heißt drei Monate vor dem Sieg der Revolution, gelang es den Mullahs, ihre Forderung nach der Gründung einer Islamischen Republik den beiden Losungen des Volksaufstandes nach Unabhängigkeit und Freiheit hinzuzufügen.

Als die Arbeiter der Ölindustrie schließlich den Ölhahn zudrehten, brach das Gebäude, das der Schah während seiner 25jährigen Diktatur errichtet hatte, wie ein Kartenhaus zusammen. Der Kaiser ergriff die Flucht, zunächst nach Ägypten, dann nach Marokko und schließlich in seine Wahlheimat USA. Aber auch dort wollte man den ungebetenen Gast nicht behalten. Höflichst wurde er nach Panama abgeschoben. Von hier aus flüchtete er wieder zu seinem Freund Sadat nach Ägypten, wo er im Juli 1980 starb. Wenige Tage nach der Flucht des Schahs kapitulierte die Armee, Aufständische eroberten fast ohne Blutvergießen Waffendepots, Militärstützpunkte, Polizeistationen. Die Gefängnistore wurden aufgebrochen und Gefangene, von denen manche seit Jahrzehnten eingekerkert waren, auf Schultern hinausgetragen. Der Pfauenthron war gestürzt, der heilige Stuhl noch nicht in Sicht. Ein wunderbares Glücksempfinden erfaßte das ganze Volk, der Frühling der Freiheit war angebrochen.

Auch wir Exilanten waren bereits wieder im Land und durften die letzten Tage der absoluten Monarchie und den glorreichen Sieg der Revolution miterleben, ein beglückendes, ermunterndes, Hoffnung gebendes Erlebnis. Überall nahm die Bevölkerung die Verwaltung selbst in die Hand. Arbeiter, Bauern, Angestellte, Schüler, Lehrer, Studenten bildeten Gewerkschaften, Räte, Eigeninitiativen. Presse und Verlage waren endlich frei, die seit Jahren verbotenen Bücher wurden aus den Verstecken herausgeholt und zum Verkauf angeboten. Eine neue Zeit war angebrochen. Selbst Skeptiker blickten zuversichtlich in die Zukunft.

Doch das Glück währte nicht lange. Chomeini beauftragte den gemäßigten bürgerlich-liberalen Politiker Bazargan mit der Regierungsbildung – ein kluger Schachzug, der zur Beruhigung des westlichen Auslands dienen sollte. Bazargan selbst, dessen Kabinett ausschließlich aus Vertretern der Mittelschicht bestand, gab zu, daß seine Regierung keineswegs

Die Rückkehr: Khomeinis erste Ansprache in Ghom am 1. März 1979

Demonstranten vor der besetzten Teheraner US-Botschaft

revolutionäre Maßnahmen einzuleiten gedachte. Wörtlich sagte er nach seiner Amtsübernahme: »Imam Chomeini ist wie ein Bulldozer, der alle Hindernisse mit großer Kraft aus dem Weg räumen kann. Ich hingegen bin es gewohnt, in einem bequemen Wagen auf geraden Straßen zu fahren. Meine Politik ist die der kleinen Schritte.« Selbstverständlich entsprach dies nicht der revolutionären Stimmung, die unter der Bevölkerung herrschte. Daher hielt man sich lieber an Chomeini und die Mullahs. Die aber begannen sogleich nach dem Sieg der Revolution dem Volk ihre reaktionären Vorstellungen aufzuzwingen. Sie konnten dieses Ziel bald erreichen, weil die bürgerlichen Liberalen mutlos und ängstlich vor ihnen kapitulierten, die Linke sich durch das radikale Gehabe Chomeinis täuschen und verführen ließ, und weil es den Fundamentalisten gelang, insbesondere die rückständigen Teile der Bevölkerung durch ideologische Vernebelung für ihre Ziele zu gewinnen.

Als im November 1980 die amerikanische Botschaft in Teheran besetzt wurde, sahen die meisten Linken darin eine Bestätigung für die Entschlossenheit der Mullahs, den Kampf gegen den Imperialismus konsequent voranzutreiben. In diesem Freudentaumel fragten sich nur wenige, wie es den reaktionären Mullahs, deren gesellschaftspolitische Vorstellungen nicht über den Rahmen einer Stammesgesellschaft hinausreichten, gelingen sollte, ein Land, das durch tausend Bande an den Weltmarkt gefesselt war, in die Unabhängigkeit zu führen. Und als die Einschränkung und Aufhebung demokratischer Rechte, die Angriffe gegen Frauen, gegen nationale und religiöse Minderheiten begannen, vermochte die Linke die Bedeutung und Gefahr dieser Maßnahmen nicht zu erkennen. All dies seien Nebenwidersprüche, der Kampf gelte jetzt dem Hauptwiderspruch, dem Imperialismus, entgegnete man Kritikern.

Die Mullahs verstanden es sehr gut, die politischen Strö-

mungen im Land gegeneinander auszuspielen und dabei ihre eigene Macht auszubauen. Innerhalb weniger Monate gelang es ihnen, einen gigantischen, äußerst aggressiven Machtapparat aufzubauen. Die Bestrebungen nationaler Minderheiten nach Autonomie wurden brutal niedergeschlagen, Nationale, Liberale, Sozialisten, Kommunisten als Heiden, Gotteslästerer, kleine und große Teufel verflucht und für vogelfrei erklärt. Presse, Rundfunk und Fernsehen wurden monopolisiert. Überall fanden Bücherverbrennungen statt. Verlage, Buchhandlungen, Druckereien wurden in Brand gesteckt und deren Besitzer verhaftet. Eine breitangelegte Kampagne gegen Frauen, Auspeitschungen, Steinigungen und Hinrichtungen auf öffentlichen Plätzen sollten der islamischen Moral zum Sieg verhelfen. Die Moral der Mullahs, ihre erbitterte Feindschaft gegen Lust, Liebe, Phantasie, führte zu einer barbarischen Unterdrückung der Frauen. Abertausende von Frauen wurden aus Ämtern, Fabriken und sonstigen öffentlichen Einrichtungen hinausgejagt. Eine große, landesweit organisierte Kampagne zwang die Frauen, sich fortan nicht mehr ohne Schleier oder zumindest Kopftuch, langes Kleid und undurchsichtige Strümpfe aus dem Haus zu wagen. Wenn Frauen sich auf den Straßen zeigten, sollten sie nicht nur Kopf, Haar, Hände und Beine, sondern möglichst auch das Gesicht verdecken. Am besten sollte man gar nichts von ihnen sehen, nicht einmal die Konturen ihres Körpers. Frauen, die sich dieser Moral nicht beugten, wurde Säure ins Gesicht gespritzt; sie wurden auf öffentlichen Plätzen ausgepeitscht oder bei schweren Vergehen wie Ehebruch gesteinigt. Parolen wie: »Schwester, dein Hedjab (islamische Kleidung) ist meine Ehre«; »Schwester, hilf mir, daß deine Hedjablosigkeit mich nicht zu Sünden verführt«; »Hedjablosigkeit ist Prostitution«; »Schwester, jedes Haar, das aus deinem Kopftuch herausschaut, bedeutet eine Gefahr für die islamische Republik«, standen an den Hauswänden geschrieben. Wenige Monate nach der Revolution waren die Gefängnisse wieder überfüllt. Gefangene wurden nach Gutdünken des geistlichen Richters gefoltert, ausgepeitscht, erschossen. Und als im September 1980 die irakische Armee einen Blitzangriff auf den Iran startete, war das Schicksal des Landes vollends besiegelt. Aus war der Traum von Freiheit und Unabhängigkeit. Chomeini nannte den Krieg ein Geschenk des Himmels. Seit seinem Beginn legitimiert dieser Krieg den Terror, die wirtschaftlichen Entbehrungen, den absoluten Gottesstaat.

Inzwischen ist das Land ruiniert. Zerbombte Städte und Dörfer, rationierte Lebensmittel und Konsumgüter sind die Bilanz der achtjährigen Herrschaft der Mullahs. Der Iran ist heute mehr denn je vom Ausland abhängig. Rund vierzig Staaten aus Ost und West beliefern Iran und Irak mit Waffen. Die iranischen Bürger müssen jeden Monat eine Milliarde Dollar auf den Tisch legen, damit ihr Land mit modernsten Waffen vernichtet wird. »Krieg, Krieg, bis zum Sieg«, ruft Chomeini seinen Jüngern zu und ist glücklich, seinen islamischen Staat auch in andere Länder exportieren zu können.

Wer sich dieser Ideologie und Moral widersetzt, läuft Gefahr, verhaftet, gefoltert, erschossen zu werden. Über zwei Millionen Menschen sind inzwischen ins Ausland geflüchtet. Abermals steht das iranische Volk vor einem Scherbenhaufen, beherrscht von einer weit brutaleren und reaktionäreren Diktatur als je zuvor. Die Opposition, die sich zum größten Teil im Ausland befindet, ist zersplittert. Wir brauchen viel Zeit, um die große Niederlage begreifen und verarbeiten zu können. Das zweite Exil ist noch unerträglicher als das erste. Wann wieder eine Rückkehr möglich sein wird, kann vermutlich niemand voraussagen.

Mein Bauch gehört mir

Die Neue Frauenbewegung und der § 218 – eine Dokumentation in Bruchstücken

A P P E L L

Jährlich treiben in der Bundesrepublik rund 1 Million Frauen ab. Hunderte sterben, zehntausende bleiben krank und steril, weil der Eingriff von Laien vorgenommen wird. Von Fachärzten gemacht, ist die Schwangerschaftsunterbrechung ein einfacher Eingriff.
Frauen mit Geld können gefahrlos im In- und Ausland abtreiben. Frauen ohne Geld zwingt der Paragraph 218 auf die Küchentische der Kurpfuscher. Er stempelt si~ zu Verbrecherinnen und droht ihnen mit Gefängnis bis zu 5 Jahren.
Trotzdem treiben Millionen Frauen ab – unter erniedrigenden und lebensgefährlichen Umständen.
Ich gehöre dazu. – Ich habe abgetrieben.
Ich bin gegen den Paragraphen 218 und für Wunschkinder.
Wir Frauen wollen keine Almosen vom Gesetzgeber und keine Reform auf Raten!
Wir fordern die ersatzlose Streichung des Paragraphen 218
Wir fordern umfassende sexuelle Aufklärung für alle und freien Zugang zu Verhütungsmitteln!
Wir fordern das Recht auf die von den Krankenkassen getragene Schwangerschaftsunterbrechung!

So fing es an

»Privilegierte haben in der Geschichte ihre Rechte noch nie freiwillig preisgegeben. Deshalb fordern wir: Frauen müssen ein Machtfaktor innerhalb der ausstehenden Auseinandersetzungen werden! Frauen müssen sich selbst organisieren, weil sie ihre ureigensten Probleme erkennen und lernen müssen, ihre Interessen zu vertreten.«

Beifall der Mehrheit. Buhrufe von einzelnen. Es war schon später Nachmittag, als diese inzwischen historischen Sätze durchs Mikrophon klangen. Sätze, mit denen – ein halbes Jahrhundert nach dem Tod der ersten deutschen Frauenbewegung – die zweite deutsche Frauenbewegung geboren wurde. Ort des Geschehens: die Frankfurter Jugendherberge am Ufer des Mains. Geburtshelferinnen: zirka 450 Frauen von 40 Gruppen aus der ganzen Bundesrepublik, hier versammelt zum ersten »Bundesfrauenkongreß«.

Hinter ihnen lagen stürmische Monate. Und hätte diesen 450 Frauen ein Jahr zuvor jemand prophezeit, sie würden an der Wiedergeburt des Feminismus beteiligt sein – die meisten unter ihnen hätten wohl ungläubig den Kopf geschüttelt. Denn damals galt der Begriff »Feminismus« noch als Schimpfwort – auch und gerade in den Reihen politisierter Frauen. Nach einer ersten Auflehnung im Zuge der 68er Protestbewegung schien Anfang der siebziger Jahre wieder Friedhofsruhe zu herrschen in Sachen Frauen.

Auf der Suche nach einer fotogenen Women's lib in eigenen Landen klagte selbst »Brigitte« noch im Frühling '71 kokettierend: »Deutsche Frauen verbrennen keine Büstenhalter und Brautkleider, stürmen keine Schönheitskonkurrenzen und emanzipationsfeindlichen Redaktionen, fordern nicht die Abschaffung der Ehe und verfassen keine Manifeste zur Vernichtung der Männer. Es gibt keine Hexen, keine Schwestern der Lilith, wie in Amerika, nicht einmal Dolle Minnas mit Witz wie in Holland, es gibt keine wütenden Pamphlete, keine kämpferische Zeitschrift. Es gibt keine Wut.«

Nun gab es sie, die Wut. Mehr, als »Brigitte« und Kompagnon recht sein konnte. Denn die Wut richtete sich sehr rasch nicht nur gegen den § 218, sondern gegen das ganze Weiblichkeitsdiktat. Auslöser war das Abteibungsverbot gewesen, Hintergrund aber war die zunehmende Infamie und Schizophrenie der neuen Frauenrolle. Denn es begann die hohe Zeit der propagierten Doppelbelastung: ein bißchen berufstätig, gleichzeitig perfekte Hausfrau, gute Mutter, flotte Geliebte – das war das neue Ideal, nach dem wir uns strecken durften.

An diesem Pulverfaß fehlte nur noch der Funke, doch wer sollte den zünden?...

Das waren genau die Monate, in denen in Amerika, Holland und Frankreich Frauen schon offen rebellierten. Im April 1971 erklärten 343 Französinnen öffentlich: »Wir haben abgetrieben, und wir fordern das Recht auf freie Abtreibung für jede Frau!« Initiiert worden war die Aktion von der Pariser Frauenbewegung, dem MLF. Veröffentlicht hatte den Appell die linksliberale Wochenzeitschrift »Le nouvel Observateur«. Der Zufall spielte eine Rolle dabei, daß die Aktion so rasch und so zündend in die benachbarte Bundesrepublik importiert wurde. Alice Schwarzer, damals Korrespondentin in Paris und selbst aktiv im MLF, transportierte die Idee zu den deutschen Schwestern. Bemüht, den feministischen Impetus der Aktion zu erhalten, suchte sie damals einerseits nach dem MLF vergleichbaren Frauengruppen und andererseits nach einer Möglichkeit zur Veröffentlichung.

Der »Stern«, der den spektakulären Aspekt der Aktion

rasch erkannte, willigte ein. So kam die heikle aber doch letztendlich geglückte kurze Mesalliance zwischen dem Hamburger Männerblatt und der Frauenaktion zustande: die Frauen hatten ihr Forum, und der »Stern« hatte seinen Skandal – hätte er damals allerdings auch nur geahnt, wozu er da Beihilfe leistete, hätte er es sicherlich lieber gelassen...

Nun galt es, die Frauen zu finden, die mitmachten. Da rasch klar war, daß es keine Frauengruppe gab, die wie die Pariserinnen die Aktion zentral hätte tragen können, klopfte Alice an viele Türen, auch an die von SPD-, DKP- und Gewerkschaftsfrauen – alle lehnten ab. Argumente: »Eine solche Aktion würde uns nur schaden, das wirkt unseriös« oder »Das würde die Basis schockieren«.

Jedoch von den vier noch existierenden Frauengruppen waren drei bereit, mitzumachen: in Frankfurt die »Frauenaktion 70« (die aus der »Humanistischen Union« entstanden war, sich aus vorwiegend bürgerlichen berufstätigen Frauen zusammensetzte und bereits mit dem Slogan »Mein Bauch gehört mir!« auf die Straße gegangen war); in Berlin die SEW-nahe Nachfolgeorganisation des einstigen Aktionsrates, der »Sozialistische Frauenbund Berlin«; und in München die besagten »Roten Frauen«. Der studentische Frankfurter »Weiberrat« wies die Aktion zunächst pikiert von sich, er fand sie »unpolitisch« und »reformistisch«. An dem Freitagabend im Mai, an dem Alice den »Roten Frauen« den Plan unterbreitete, spaltete sich spontan die Gruppe: Die einen hielten weiter fest an den Schulungen (»Alles andere wäre blanker Aktionismus«), die anderen griffen zu (Ute: »Wir waren hocherfreut, endlich mal handeln zu können.«).

Fieberhafte Aktivitäten begannen. Die drei Frauengruppen brachten innerhalb weniger Wochen etwa die Hälfte der 374 Unterschriften zusammen, der Rest kam durchs Schneeballsystem zustande: Eine Frau erzählte es der anderen, Freundinnen, Kolleginnen, Nachbarinnen überlegten gemeinsam. Der Mut dieser Frauen war ungeheuerlich.

Was das damals bedeutete, überhaupt eine Abtreibung zuzugeben – von einem öffentlichen Geständnis ganz zu schweigen! – kann sich heute kaum noch jemand vorstellen. Denn dank dieser Kampagne ist das Thema Abtreibung heute zwar immer noch nicht gelöst, aber doch weitgehend enttabuisiert. Damals aber war es einfach eine Ungeheuerlichkeit, die man selbst der besten Freundin nicht gestand.

Und nicht nur das. Alle Frauen hatten Angst. Angst vor juristischen Folgen (Werden sie uns ins Gefängnis stecken?); Angst vor sozialen Konsequenzen (Verliere ich meine Stelle?); Angst vor Psychodramen (Kriegt meine Mutter eine Herzattacke? Was sagt mein Freund/Mann dazu? Sprechen meine Nachbarn noch mit mir?). Entgegen der späteren Propaganda waren die meisten der 374 Frauen alles andere als privilegiert oder gar prominent. Unter den ersten 374 Frauen, die sich öffentlich selbst der Abtreibung bezichtigten und dieses Recht für alle Frauen forderten, waren ganze neun Schauspielerinnen. (Und auch sie riskierten ihre Kariere, ihren Ruf!) Die restlichen 365 waren Sekretärinnen, Hausfrauen (sehr viele Hausfrauen!), Studentinnen, Arbeiterinnen, Angestellte. Die Älteste unter ihnen 77 (die Hamburger Hausfrau Adele Heldmann), die Jüngste 21 (die Berliner Friseuse Marita Spittmann).

Gewagt war die Aktion auf allen Ebenen. Gewagt in der Zusammenarbeit mit dem »Stern«, gewagt auch in bezug auf das persönliche Risiko der Frauen.

Doch gerade dieses Risiko, die Entschlossenheit von Frauen, sich nicht mehr an Spielregeln zu halten, die nicht die ihren sind, und die Demonstration ihrer Solidarität machten die ungeheure Wirkung der Aktion aus.

(Alice Schwarzer, in: dies., So fing es an! Köln 1981)

12000 Katholiken warnten Justizminister Jahn

Solange dieser Paragraph besteht, ist er umstritten. Schon in den zwanziger Jahren gingen Arbeiterfrauen und ihre Männer gegen ihn auf die Straße. Doch der Paragraph, der selbst nach einer Vergewaltigung eine Schwangerschaftsunterbrechung verbietet, überdauerte die Weimarer Zeit, das NS-Reich, die CDU-Herrschaft in Westdeutschland.

Der Abtreibungsparagraph wird heute vor allem von der katholischen Kirche gestützt, die Schwangerschaftsunterbrechungen jahrhundertelang stillschweigend tolerierte. Nach mittelalterlichem Kirchenglauben bekam ein männlicher Fötus erst am 40. Tag nach der Zeugung eine Seele, der weibliche gar erst am 80. Tag. Erst seit 1869, als Papst Pius IX. Schwangerschaftsunterbrechungen verdammte, gilt für den Klerus wie in frühchristlicher Zeit Abtreibung vom ersten Tag der Schwangerschaft an als Mord.

Als sich im Herbst 1969 in Bonn die sozial-liberale Koalition etablierte, schien sich eine Liberalisierung des Abtreibungsgesetzes anzubahnen. Der Parlamentarisch-Politische Pressedienst der SPD deutete am 13. Juli 1970 an: »Möglicherweise wird man bis zum dritten Schwangerschaftsmonat die Abtreibung in Kliniken bei voller Kostenübernahme durch die Krankenkassen erlauben, vorausgesetzt, daß sie ärztlicherseits befürwortet wird.«

Prompt ereiferte sich das katholische »Passauer Bistumsblatt«: »Minister Jahn will Mord legalisieren.« Und auch von 12000 Lesern des katholischen Boulevardeblattes »neue bildpost« wurde der Minister auf vorgedruckten Coupons gemahnt, »weder jetzt noch später eine Lockerung des Paragraphen 218 anzustreben«.

Die Kampagne scheint in Bonn nicht ohne Wirkung geblieben zu sein. Jahns Ministerium läßt auf hektografierten Rundschreiben neuerdings erklären, es sei »keineswegs geplant, die Schwangerschaftsunterbrechung bis zum 3. Monat freizugeben«.

Dabei ist der umstrittene Paragraph selbst Juristen nicht mehr heilig. Der Juristinnen-Bund wies darauf hin, der Paragraph entspräche »nicht mehr dem Rechtsbewußtsein weiter Kreise der Bevölkerung«. Und obwohl Abtreibung von der Staatsanwaltschaft ohne besonderen Antrag zu verfolgen ist, verspüren die Justizbehörden nur wenig Lust, gegen abtreibende Frauen vorzugehen. Von einer Million Abtreibungen kamen 1969 nur 276 vor den Richter.

Das droht nun anders zu werden. Den Staatsanwaltschaften wird nichts anderes übrigbleiben, als gegen alle Frauen, die sich öffentlich der Abtreibung beschuldigen, zu ermitteln. 374 waren es bei Redaktionsschluß dieses Heftes. Es sieht so aus, als wären es bald Tausende.

Der Regierung in Bonn bliebe dann nur eines, um einen vorzeitigen Verschleiß deutscher Staatsanwälte zu verhindern: Streichung des Paragraphen 218.

(Alice Schwarzer in: Stern Nr. 24, 6. Juni 1971)

über die ~~heirat.~~ Ehe
was ist das?
wenn du noch nicht geheiratet hast, tu es schnellstens.
sei nicht so wählerisch, heirate den ersten besten. um
so eher kannst du dich befreien.

du wirst keinen besseren finden, als den ersten besten-

denn: hast du einen mann, von dem du viel hälst, dauert
es viel länger, bis du dir die frage stellst: wer bin ich?

wenn du verheiratet bist und deinen mann das erstemal nicht mehr
ausstehen kannst, müsstest du eigentlich schon gegangen sein.
jetzt dauert es aber noch 2 - 3 - viele jahre.
anscheinend kannst du es immer noch aushalten.
dann beklag dich nicht.
wenn du dich trotzdem beklagst, frage dich: was hindert
mich daran abzuhauen?
ist es die angst, dass du nicht weisst, wer du bist?
oder ist es die angst, dass du nicht weisst, wovon du frisst?
oder sind es die kinder?

vielleicht denkst du daran, dass ~~xxx~~ du das alleine nicht lösen
kannst. vielleicht denkst du daran, dich zu organisieren?

dann komm zu uns.
wenn du merkst, dass du mit deinen problemen allein nicht mehr
fertig wirst, denkst du vielleicht daran, dich zu organisieren.
wir haben damit angefangen.

aktionskommittee zur vorbereitung der befreiung der frauen.

Entwurf eines ersten Flugblattes des Berliner »Aktionsrates« von Helke Sander und Marianne Herzog von 1968, das jedoch nur in einer Auflage von rund 50 Stück verteilt wurde, weil es der Freund einer der beteiligten Frauen »unmöglich« fand...

Der Gesetzgebungsprozeß

Die Ende der 60er Jahre neu beginnende Diskussion um die Abtreibung war von den Nachklägen der APO begleitet. Aber nicht nur in Frauengruppen wurde diskutiert.

Von Rechtsprofessoren wurden Alternativentwürfe zur Strafrechtsreform veröffentlicht, die für Teilfreigabe oder weite Indikation plädierten. Die FDP hatte als erste der im Bundestag vertretenen Parteien die 3-Monatsfristenlösung auf ihre Fahnen geschrieben. Die Humanistische Union vertrat die Position ebenso wie Frauen in der SPD.

Die Position der in der »Aktion 218« zusammengeschlossenen Frauen war eindeutig: Ersatzlose Streichung des § 218. Da u. U. auftretende Straftaten schon durch bestehende Straftatbestände abgedeckt seien, wären Sonderparagraphen unnötig. Die Fristenlösung wurde als willkürlich angesehen, da auch ein Eingriff nach dem dritten Monat lediglich ein medizinisches Problem darstelle und kein juristisches. Dieser Auffassung wurde durch Massenaktionen Nachdruck verliehen.

Zu Beginn der sozialliberalen Koalition war im Zuge der überfälligen Strafrechtsänderung auch eine Änderung des § 218 herbeigeführt worden, die in etwa wieder die Situation von 1926/27 schuf. In der Diskussion um weitere Reformierung des Paragraphen gab es in der SPD allerdings ein Gerangel um Positionen, das man polemisch als »echt sozialdemokratisch« bezeichnen könnte. Obwohl die Arbeitsgemeinschaft sozialdemokratischer Frauen (AsF) und die Arbeitsgemeinschaft sozialdemokratischer Juristen (AsJ) wie auch breite Teile des DGB und der Gesamtbevölkerung zumindest für die Fristenlösung eintraten, versuchten sozialdemokratische Kabinettsmitglieder schon vor dem angesetzten Parteitag im Sinne eines Indikationsmodells Fakten zu schaffen. Justizminister Jahn sprach sich ausdrücklich gegen die Fristenlösung aus und legte entsprechende Entwürfe vor. Noch vor dem Parteitag legten Parteivorstand, Parteirat und Kontrollkommission eine »Jein-Erklärung« – gegen Streichung, Schutzpflicht gegenüber werdendem Leben, Notwendigkeit der Reform – vor. Der Bundesfrauenausschuß der SPD setzte dann aus Gründen der Durchsetzbarkeit auf die Fristenlösung, obwohl Teile von ihnen die ersatzlose Streichung befürwortet hatten.

Die SPD befand sich während der gesamten Diskussion in dem Dilemma, daß sie sich auf die Schutzpflicht des Staates gegenüber dem werdenden Leben hatte festlegen lassen und natürlich in der Folgezeit an diesem Postulat gemessen wurde. Als Problem sollte sich auch erweisen, daß Jahn die Fristenlösung als verfassungswidrig ansah.

Es ist der engagierten Arbeit der Reform-Befürworter inner- und außerhalb der Partei zuzuschreiben, wenn trotz dieser Widerstände ein Beschluß des Parteitages für eine Fristenlösung ohne Beratungszwang zustande kam. Brandt, der vorher Jahn ausdrücklich unterstützt hatte, enthielt sich der Stimme. Er bat schon im voraus um Verständnis, daß niemand zugemutet werden könne, ein Gesetz einzubringen, das man selber nicht tragen könne.

Der Parteitagsbeschluß war also schon Makulatur, bevor er überhaupt gedruckt war. Jahn legte trotz Parteivotum einen Indikationsentwurf vor, der neben einer weitgefaßten medizinischen auch die Notlagenindikation vorsah. Als Konsequenz der staatlichen Schutzpflicht war eine Beratung aufgenommen worden. Es blieb 51 Abgeordneten der Koalition überlassen, den Parteitagsbeschluß durch Vorlage eines Alternativentwurfs auszuführen. Die CDU/CSU wollte lediglich ein eingeengtes Indikationsmodell verabschiedet wissen. Das vorzeitige Ende der Legislaturperiode schloß dieses

Kapitel des Tauziehens ab und ermöglichte immerhin die Durchführung eines schon lang versprochenen Hearings.

Im Wahlprogramm rang sich die SPD dann doch zur Fristenlösung durch. In der Regierungserklärung verwies man die Gesetzgebungsinitiative an das Parlament, womit man sozialdemokratischen Kabinettsmitgliedern Peinlichkeiten ersparte, vor allem Jahn, der wieder Justizminister wurde. Die Koalitionsfraktionen brachten den bisherigen Minderheitsentwurf ein. Die alte Kabinettsvorlage wurde von einigen Vertretern der SPD-Fraktion ebenfalls neu eingebracht. Die CDU/CSU legte ihren alten Vorstellungen entsprechende Entwürfe vor. Selbst diese gingen Herrn Blüm, Heck und Jäger noch zu weit, die dann ihrerseits einen Minderheitsvorschlag – enge medizinische Indikation – einbrachten. Dieser entsprach ziemlich genau dem, was die katholische Kirche gerade noch bereit war zu akzeptieren.

Den jeweiligen Mehrheitsentwürfen waren Sozialkataloge angefügt. Der der damaligen Opposition ähnelte in einigen Punkten sehr den heutigen Vorschlägen der »Geißler-Kommission«.

Erstmals in der Geschichte der Bundesrepublik fand keiner der Entwürfe in der 3. Lesung die notwendige Mehrheit, so daß eine Stichwahl nötig war, in der die Fristenlösung mit 247 : 233 : 10 – zwei Ja-Stimmen kamen von der CDU – beschlossen wurde. Auch ein Bundesratseinspruch wurde abgelehnt. Drei Tage danach erhoben 193 CDU/CSU-Abgeordnete Einspruch beim Bundesverfassungsgericht.

Pünktlich zum Jahr der Frau 1975 befand das BVerfG mehrheitlich gegen die Fristenlösung. Es wendete Grundgesetzartikel auf das Embryo als selbständiges Rechtsgut an. Mit Recht wiesen die Richter Simon und Rupp-v. Brünneck darauf hin, daß über das »Wie« des Schutzes im Grundgesetz nichts ausgeführt sei. Doch auch für sie war es unumstritten, daß es sich um werdendes Leben mit Schutzanspruch handelt. Sie wenden sich aber auch gegen ein von der Mehrheit vorgebrachtes Argument zum »Muß« der Strafbarkeit. Dem Urteil wurde 1976 mit einer noch heute geltenden Neufassung des § 218 Rechnung getragen.

(Aus: Bettina Michalski, § 218 – Eine neu entfachte Diskussion, Berlin 1984)

Das Bundesverfassungsgericht beruft sich bei der Ablehnung der Fristenlösung auf den Artikel 1, Abs. 1 des Grundgesetzes:

Die Würde des Menschen ist unantastbar

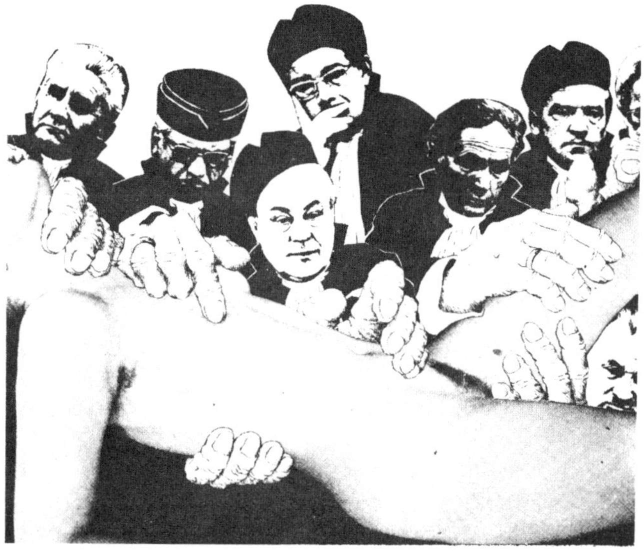

Plakat 1975

Gewalt gegen Frauen auch und vor allem in der Ehe war eins der Jahrhunderte lang verschwiegenen Themen, die durch die Neue Frauenbewegung öffentlich gemacht wurden. 1976 entstand in Berlin das erste autonome selbstverwaltete Frauenhaus. Allein im ersten Jahr suchten dort 615 mißhandelte Frauen aus allen Bevölkerungsschichten mit 730 Kindern Schutz und Rat. Das Vorbild machte auch in anderen Städten Schule – aber die mangelnde staatliche Unterstützung und die unzureichende Gesetzgebung sind bis heute geblieben.

Ingrid Strobl

Eine neue Frauenkulturbewegung

Bücher von Frauen für Frauen: Zwischen Kürbisbrüsten und Entmannung

»Der Mensch meines Lebens bin ich.«
Ein Satz, ein Startsignal. Fanal für zigtausende Frauen, die ihre Nächte nicht mehr mit dem Liebsten verbrachten, sondern mit einem Buch: Verena Stefans Roman »Häutungen«, dem ersten belletristischen Verkaufsschlager der neuen Frauenbewegung.

Das Buch erschien 1975, auf dem Höhepunkt des bundesdeutschen Feminismus, im (von der UNO ausgerufenen) »Jahr der Frau«. Der Verkaufserfolg des Buches (135000 Exemplare in einem Jahr) ermöglichte es dem kleinen Münchner Verlag »Frauenoffensive«, sich selbständig zu machen. Gegründet hatten die »Offensive« Frauen aus Münchner und Frankfurter Frauengruppen ursprünglich, 1974, als autonomes Projekt innerhalb des linken Münchner Trikont-Verlages, in dem auch einige der »Offensive«-Frauen arbeiteten. Die (laut »Spiegel«) 650000 Mark Umsatz im Jahr der »Häutungen« machten die »Offensive« unabhängig: Autorin Verena Stefan ließ einen Gutteil des Geldes im Projekt, der autonome Verlag »Frauenoffensive« verkündete stolz seine Gründung – und lud sofort zum »1. Treffen schreibender Frauen« am 8./9. Mai 1976 in der Isarmetropole, die längst, neben Westberlin und Frankfurt, zu einer Metropole des bundesdeutschen Feminismus geworden war. Mit den »schreibenden Frauen«, die sich zum Teil schon in eigenen Gruppen organisiert hatten, wollten die Verlegerinnen über Projekte, Auswahlkriterien und Lesebedürfnisse diskutieren. Mitgastgeberin des Treffens war »Lillemor's«, der erste Frauenbuchladen der Bundesrepublik gegründet von sechs Frauen in München, eröffnet im Dezember 1975.

Im selben Jahr war »Der kleine Unterschied und seine großen Folgen« erschienen. Alice Schwarzers Abrechnung mit der biologischen Festlegung der Frau, mit der Mär vom

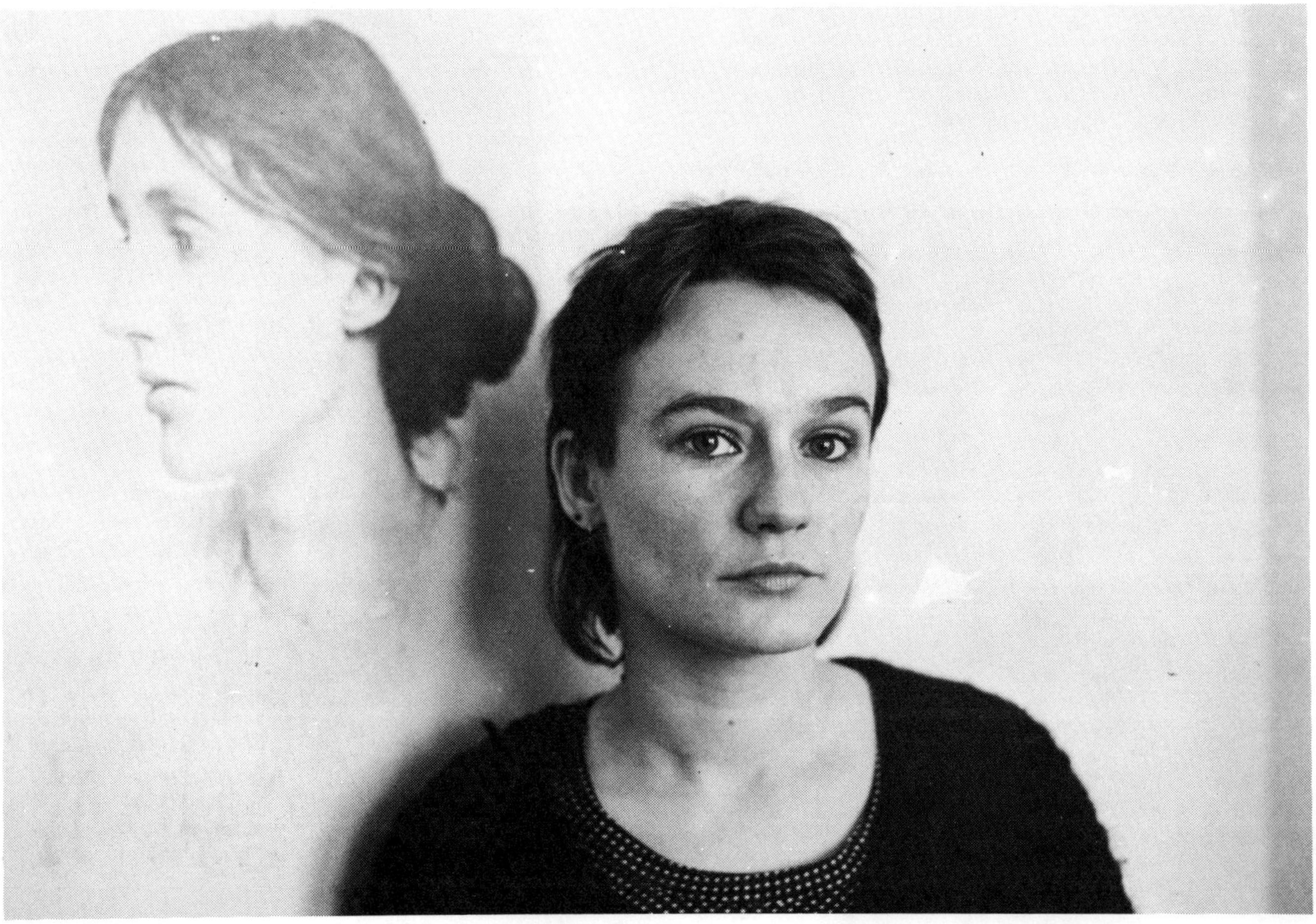

vaginalen Orgasmus und der Zwangsheterosexualität. Das Buch wurde sofort zum Bestseller und provozierte Ehekräche und die Gründung von Frauengruppen von Kiel bis Garmisch. Kurz vor dem »Kleinen Unterschied« kursierte bereits in »hartgesottenen« Feministinnenkreisen Anne Koedts Streitschrift »Der Mythos vom vaginalen Orgasmus«, herausgegeben vom »Frauenselbstverlag« Berlin. Koedt wie Schwarzer führten auch zu heftigen Reaktionen der Linken (Männern wie Frauen), die den Primat des Hauptwiderspruchs in Frage gestellt sahen und mit Schrecken eine Frauenlinie quer durch die Klassen witterten.

Mitte der siebziger Jahre wurde die Auseinandersetzung mit der Linken – die ja zum Teil aus ehemaligen eigenen Genossen bestand – von den Feministinnen durchaus noch geführt. Meist heftig und unversöhnlich: die Erinnerung an die eigene Untergebenen-Rolle im Kampf um die »Befreiung der Menschheit« und an die Herrschaftsverhältnisse auf der »sexfront«-Matraze war noch sehr lebendig. Die Sklavenhalter-Praxis der linken Männer ihren eigenen Frauen gegenüber war gerade erst entlarvt worden. So spielt denn auch in den drei meistgelesenen Identifikationsromanen für die neuen bewegten Frauen die Loslösung vom linken Mann (»Genossen auf der Straße, Faschisten im Bett« – so eine Parole der italienischen Feministinnen in den Siebzigern) eine große Rolle: in Verena Stefans »Häutungen« 1975, in Anja Meulenbelts »Die Scham ist vorbei« 1978 und schon in Karin Strucks »Klassenliebe« 1973.

Die Zeit war reif. »Als eine Frau lesen lernte, trat die Frauenfrage in die Welt«, konstatierte schon Marie von Ebner-Eschenbach, und in der Zwischenzeit hatten die Frauen nicht nur lesen gelernt, sondern auch schreiben. An dieser Fähigkeit des »Weibergeschlechts« wagte in den siebziger Jahren des 20. Jahrhunderts niemand mehr (offen) zu zweifeln. Von Jane Austen bis Virginia Woolf, von Else Lasker-Schüler bis Ingeborg Bachmann, von George Sand bis Marguerite Duras hatten bereits zu viele Autorinnen bewiesen, daß die Moderne ohne den Beitrag der Frauen nicht denkbar wäre.

Christa Wolf, Barbara Frischmuth, Friederike Mayröcker, Elfriede Jelinek, Christa Reinig, Gertrud Leutenegger, um nur einige und nur deutschsprachige Namen zu nennen, leisteten ihren Beitrag zur aktuellen Literatur. Es herrschte also nicht unbedingt Mangel an »einschlägigem« Lesestoff.

Und doch herrschte ein Mangel, ein ganz eklatanter sogar. Es fehlte eine direkte, »authentische« Identifikationsliteratur, in der sich die »neuen Frauen«, die nicht mehr in der Welt einer Emma Goldmann, Alexandra Kollontai oder Hedwig Dohm lebten, dachten, fühlten und kämpften, wiederfinden konnten. Es fehlte eine feministische Entsprechung zur männlichen Selbstdarstellungsliteratur á la Frischs »Montauk« und Handkes »Kurzer Brief zum langen Abschied«. Es fehlte eine Literatur, die die neuen Sehnsüchte befriedigte und die neuen Ängste benannte, in einer Sprache, die nicht den Leseaufwand und die Konzentration erforderte, die die »hohe« Literatur dem Leser/der Leserin abverlangt. Es fehlte: Trivialliteratur für Feministinnen.

Es genügte vielen Frauen nicht mehr, tagsüber auf die 218-Demo und abends ins Frauenzentrum zu gehen. Frau wollte sich und ihre Veränderungsprozesse auch in der Lektüre wiederfinden. Sie wollte Heldinnen, die dasselbe wie sie erlebten, Romane, in denen ausgesprochen wurde, was sie bewegte. »Das bin ja ich!«, »Genauso geht es mir!« war denn auch die einhellige und begeisterte Reaktion von hunderttausend Leserinnen der »Häutungen«.

Der Roman, den die Autorin selbst als »Autobiografische Aufzeichnungen, Gedichte, Träume, Analysen« definiert, handelt von einer Frau, die, in der Linken aktiv, mit ihrem Körper unzufrieden, sexuell unbefriedigt, Schritt für Schritt ihre umfassende Ausbeutung und Erniedrigung erkennt, sich der Frauenbewegung anschließt, ein neues Körperbewußtsein gewinnt, die Liebe zu Frauen entdeckt und »zu sich selbst« kommt. Eine geradezu paradigmatische Entwicklungsgeschichte – so erging es tatsächlich einer ganzen Menge Frauen. Kein Wunder, daß das Buch verschlungen wurde. Kein Wunder, daß kaum Kritik laut wurde. Die wenigen Frauen, die es wagten, dieses Kultbuch zu hinterfragen, wurden mit Schimpf und Schande übergossen, »männlichen« Verhaltens bezichtigt und verdächtigt, sie hätten wohl noch einiges verdrängt.

Angesichts der herrschenden Euphorie fiel die Kritik denn auch besonders harsch aus. Doch das lag nicht allein an dem momentanen Ereignis des Buches und seinen eklatanten Unzulänglichkeiten. Kritisiert wurde eine grundsätzliche Tendenz, die in »Häutungen« deutlich angelegt war und die sich bald als katastrophal für den bundesdeutschen Feminismus erweisen sollte: Matriarchatsideologie, Weiblichkeitsmythos und Naturglauben. Die wenigen Kritikerinnen erwiesen sich als Kassandras.

Ein Jahr nach Erscheinen der »Häutungen« meldeten sich (in der ersten Ausgabe der »Courage«) Brigitte Classen und Gabriele Goettle, die Herausgeberinnen der »Schwarzen Botin« zu Wort: »›Häutungen‹ weist den Frauen eine Zukunft, in der die Verwechslung von Worten und Begriffen als neue Erfahrung und neue (weibliche) Sprache verstanden sein will: Portio statt Ratio, Spekulum statt Brille, Romantik statt Revolution, Anemone statt Amazone.«

Die Mehrheit der Leserinnen ließ sich dadurch nicht beirren. Im Gegenteil. Nicht wenige Frauen beschränkten sich nicht mehr darauf nur zu lesen, sie begannen selbst zu schreiben, trafen sich in »Gruppen schreibender Frauen«, lasen sich ihre Texte gegenseitig auf regionalen oder bundesweiten Treffen vor und suchten nach Publikationsmöglichkeiten. Tagebücher wurden aus Schubladen gezogen, Lyrik en masse verfaßt. Lyrik lag nahe, denn das schien am Einfachsten, frei nach dem Stefan'schen Muster: Man nehme einen Bedeutungssatz, teile ihn in einzelne Kurzzeilen und reihe sie untereinander, sodaß das Ganze aussieht, als wäre es ein Vers. Nicht alles, was in diesen Schreib-Werkstätten produziert wurde, war schlecht. Vor allem da nicht, wo der Anspruch sich klar definiert auf Gebrauchs-Literatur richtete. Doch vieles erwies sich als ambitiöser Dilettantismus, der Mythos vom Schreiben als »Akt des Gebärens« wurde »geboren«. (Zitat einer Teilnehmerin des 1. Treffens schreibender Frauen: »Wenn ich ein Gedicht hingeschrieben habe, bleibt es so, ich ändere keinen Buchstaben mehr. Entweder es kommt, oder es kommt nicht.«)

Das Vokabular von Verena Stefans Protagonistin ist geprägt von den neuen Erkenntnissen, die sich Frauen in den Selbsterfahrungsgruppen aneigneten: Forschungsreisen in den eigenen, unbekannten Körper wurden unternommen, das »unsichtbare Geschlecht« via Spekulum betrachtet. Ein wichtiger Prozeß im Kampf um Autonomie, um Befreiung von männlicher Definition und Besitznahme des »Weiblichen«. Und da das Unsichtbare, das nun plötzlich sichtbar

gemacht werden konnte, bislang nur in Form von Beschimpfungen (Fotze, Loch, Röhre) oder medizinischen Fachausdrücken (Vagina, etc.) beschrieben war, lag es nahe, das Erblickte metaphorisch zu umschreiben, liebevoll zu besetzen und zu benennen. So wurde aus der Klitoris eine Perle, die Vagina erschien als Korallenriff, die Schamlippen verwandelten sich in Lippenblütler.

Doch dabei blieb es nicht. Verena Stefan und ihre Epigoninnen grasten ganze Gartenlandschaften, Höhlenformationen und Gemüsefelder nach Bildern für weibliche Körperteile ab, und die geernteten Metaphern wurden gar nicht als solche verstanden: Frau und Natur, Brust und Kürbis wurden

gleichgesetzt, das weibliche erschien als ein natürliches beziehungsweise naturnahes Wesen.

Die Gleichsetzung von Frau und Natur, die Erhöhung der weiblichen Biologie zu einem Wesensmerkmal war nichts Neues. Es war das alte Arsenal zur Unterdrückung der Frau, zu ihrer Anbindung in der privaten Häuslichkeit, ihrer Bestimmung zur Sklavin des Mannes.

Neu war nur, daß dieses angeblich natürliche »Andersein« der Frau nun von Feministinnen in verklärter, positiver Gestalt präsentiert und proklamiert wurde. Die »Neue Weiblichkeit«, der direkte Pfad zur »Neuen Mütterlichkeit« der achtziger Jahre, wurde in den Siebzigern angelegt.

In den Gedichten und Prosatexten der neuen Schreiberinnen wimmelte es von Göttinnen, Hexen, Natur, Kürbisbrüsten, nährenden Leibern und menstruellen Verzückungen und gleichzeitig von Tränen, Schmerzen, Verletzungen, Ängsten und Selbstmorden. Die weinerliche Identifikation mit den »Schicksalen« von Sylvia Plath und Virginia Woolf (die nun wirklich nichts dafür konnte) setzte ein.

Im Jahr der massierten Staatshatz gegen die Stadtguerilla, der »Selbstmorde« in Stammheim, der Sympathisant/inn/enjagd und des Kontaktsperregesetzes, im Jahr 1977, als der Staat endgültig mobil machte und ein nicht geringer Teil der Linken das Handtuch warf, titelte »Courage« mit dem Foto zweier Frauen, die auf dem Fahrrad ihr Kind stillen. Ein Teil der Frauenbewegung war an den matriarchalen Brunnen zurückgekehrt und summte Weisen von der großen Mutter und der weiblichen Friedfertigkeit.

Ein Teil. Andere sagten sich, nun erst recht. Und auch der Lesehunger der Frauen ließ sich nicht auf die neue Trivialliteratur beschränken. Auch nicht alle Verena-Stefan-Leserinnen schlugen den Weg in die »Neue Weiblichkeit« ein. Nach den Wrsten Seufzern der Identifikation kam Leben in die Sache. Projekte schossen aus dem Boden. In der Bundesrepublik entstand eine nie dagewesene »Frauen-Kultur«.

Nach der Initialzündung von »Lillemor's« in München und »Lilith« in Westberlin entstanden in fast allen größeren Städten der Bundesrepublik Frauenbuchläden. Im April 1976 stellte sich der »Amazonen«-Verlag vor, der den Mangel an Literatur von und für lesbische Frauen beseitigen wollte und als erste Veröffentlichung den verschollenen Band von Aimée Duc., »Sind es Frauen«, aus dem Jahr 1901 herausbrachte. Es folgten die provokanten und höchst politischen Titel »Lesbian Nation« von Jill Johnston und »C.L.I.T. Manifest«, eine Sammlung von Texten der New Yorker »Separatistinnen«.

In München gründete Antje Kunstmann 1976 den »Frauenbuchverlag«. In Münster meldete sich, gleichfalls 1976, der Verlag »Frauenpolitik« zu Wort, in Bremen ein Jahr später »Zeichen und Spuren«.

Vertrieben wurde ein Großteil dieser Bücher vom Westberliner »Frauenbuchvertrieb«, den vier Frauen aus der Lesbenbewegung 1976 gegründet hatten, zwei Jahre später nahm in Frankfurt der »Frauenliteraturvertrieb« die Arbeit auf.

Das alles stand noch im Zeichen eines radikalen, politischen Feminismus. Nicht ohne Bedauern registrierten die Verlags- und Buchladen-Frauen den Bedarf der Leserinnen an Belletristik und bemühten sich, Theorie-Bände und politische Sachbücher dagegenzusetzen. Das Bedürfnis nach Auseinandersetzung, nach Theorie- und Handlungskonzepten spiegelte sich in den diversen Protokollen der Verlags- und Vertriebs-Treffen und in den Selbstdarstellungen der Projekte. Pro und Contra Hausarbeitslohn, Separatismus, Organisierung und Aktionismus wurden debattiert, Streitfragen und Analysen zur Abtreibungspraxis, zur Sexualität, zur Gewalt gegen Frauen, zur Klassenlage des weiblichen Geschlechts wurden publiziert. Alle beteiligten Projekte (mit Ausnahme von Antje Kunstmann, die dem »Weismann-Verlag« angeschlossen war/ist) erklärten dezidiert, daß sie ausschließlich mit Frauen und für Frauen arbeiten wollten, im politischen wie organisatorischen Sinne autonom.

Bald erkannten die etablierten Verlage die Marktlücke Frauen und zogen nach. 1977 startete Rowohlt eine Serie mit dem Titel »neue frau«, die, entgegen den selbstdeklarierten hohen Ansprüchen schnell (beinahe) alles veröffentlichte, was aus weiblicher Feder stammte und dem Verlag von den ausländischen Vertragspartnern aufgedrängt wurde. Die Konkurrenz zwischen den »Großen« und den »Kleinen« wurde manchmal hart spürbar. Die Frauen vom »Amazonen«-Verlag hatten den witzigen und frechen amerikanischen Lesbenroman »Rubyfruit Jungle« von Rita Mae Brown entdeckt und wollten ihn auf Deutsch herausbringen. Doch die amerikanischen Schwestern, obwohl selbst ein alternativer Frauenverlag, gaben die Rechte lieber dem potenteren Rowohlt-Verlag.

Fischer profitierte vom neuerwachten Interesse an Virginia Woolf und legte »Orlando« 1977 neu auf. Doch den »Kleinen« gelang es immerhin, die beide wichtigsten theoretischen Arbeiten der Britin als deutsche Erstübersetzungen auf den Markt zu bringen: 1977 erschienen bei der »Frauenoffensive« »Ein Zimmer für sich allein« und im Renate-Gerhardt-Verlag (Westberlin) »Drei Guineen«.

Nach den ersten Vorläufern – Verena Stefans »Häutungen« (1975), Margot Schröders erfrischend selbstironischem, zugleich handfesten und differenzierten Roman »Ich stehe meine Frau« (1975), Jutta Heinrichs »Das Geschlecht der Gedanken« (1976) und den feministischen Romanen der beiden »großen« Literatinnen Christa Reinig (»Entmannung«, 1976) und Irmtraud Morgner (»Leben und Abenteuer der Trobadora Beatriz«, 1976) –, landete im Jahr 1978 ein ganzer Schwall feministischer bzw. frauenbewegter Bücher – vor allem aus dem Ausland – auf den Büchertischen. In einem einzigen Jahr erschienen: »Die Scham ist vorbei« von Anja Meulenbelt, »Aus deinen zehntausend Augen, Sappho« von Monique Wittig, »Rubinroter Dschungel« von Rita Mae Brown, »Sita« von Kate Millett, »Das goldene Notizbuch« von Doris Lessing und »Frauen« von Marilyn French. Arbeiten unterschiedlicher Qualität und Herkunft.

Anja Meulenbelts autobiografischer Roman (Ehe, Kind, Scheidung, Linke, Dolle Minas, lesbische Liebe) knüpfte an die Tradition der Selbsterfahrungsliteratur an und wurde prompt ein Bestseller in der Frauenbewegung. Doris Lessings Notizbuch, das um Jahre zu spät in der Bundesrepublik ankam, mutete beinahe altmodisch an, paßte jedoch in die noch nicht abgeschlossene Auseinandersetzung mit der (männlichen) Linken und in das neue Interesse am Wahnsinn (als »Frauenkrankheit«). Gleichfalls verspätet traf Marilyn Frenchs Kaleidoskop amerikanischen Vorstadt-Frauenlebens und der mühsamen Wege zum feministischen Bewußtsein ein, und traf sofort in die Herzen vieler »normaler« Frauen, die mit Mann und Kind selbst in der Vorstadt lebten aber mit der Frauenbewegung aus der Ferne sympathisierten.

Rita Mae Brown und Kate Millett kamen dem immer noch nicht ansatzweise befriedigten Bedürfnis nach Literatur für lesbische Frauen entgegen: Millett mit ihrer quälenden diffizilen Aufarbeitung einer gescheiterten Beziehung. Rita Mae Brown mit der Präsentation einer selbstbewußten, rotzfrechen, nicht unterzukriegenden lesbischen Heldin.

Im Gegensatz zu den Britinnen und Amerikanerinnen wurde die Französin Monique Wittig kaum rezipiert. Zumindest nicht von der breiten Masse der Leserinnen, die die Frauenbuchläden stürmten. Die Avantgardistin Wittig erlitt dasselbe Schicksal der »hohen« Literatur, mit dem auch Virginia Woolf, Djuna Barnes, zum Teil auch Christa Reinig und Elfriede Jelinek zu kämpfen hatten.

»Zu kompliziert«, »zu abgehoben«, gar »zu männlich« hieß es da schnell von Seiten der Stefan- und Meulenbelt-Fans. Zwar zierte das Poster der schwermütig blickenden Virginia Woolf fast jede Frauenwohngemeinschaft, zwar konnte jede den Satz vom »Zimmer für sich allein, etc,« (mehr oder weniger richtig) zitieren, doch *gelesen* hatte zum Beispiel »Die Wellen« nur eine Minderheit.

Aber auch diese Minderheit formierte sich in den siebziger Jahren. Die Produzentinnen selbst hatten sich 1976 auf dem ersten Schriftstellerinnen-Kongreß »Frauen in der Literatur« (auf dem 2. Berliner Autorentag) in Westberlin getroffen und ihre Situation diskutiert. Ein Teil der Frauenbewegung (vorerst nicht *nur* auf den Universitäten) entdeckte, las und diskutierte die Werke von Virginia Woolf, Djuna Barnes, Marieluise Fleißer, Ingeborg Bachmann, Christa Wolf, Irmtraud Morgner, Marquerite Duras und den Romantikerinnen. Und stürzte sich (zum Teil) auf die neuen Theoretikerinnen aus Frankreich: 1976 veröffentlichte die Zeitschrift »alternative« erste Texte von Luce Irigaray und Hélène Cixous, im selben Jahr erschien im Merve-Verlag »Waren,

»Emma«-Gründerin Alice Schwarzer

Körper, Sprache. Der Verrückte Diskurs der Frauen« von Irigaray, ein Jahr später Cixous' »Die unendliche Zirkulation des Begehrens«.

Eine Avantgarde von Kritikerinnen hatte schon 1976 die aufblühende »Neue Weiblichkeit« (und Weinerlichkeit) kritisiert und Texte zur Frage »Gibt es eine weibliche Ästhetik« vorgelegt. Silvia Bovenschen und Elisabeth Lenk eröffneten die Diskussion im »Frauen-Literatur«-Heft von »Ästhetik & Kommunikation« (1976), Marlis Gerhardt erweiterte den Diskurs durch ihren Aufsatz im Kursbuch 47 (1977), die »Schwarze Botin« gab der Auseinandersetzung – und vor allem den Französinnen – ein Forum. Gabriele Dietze faßte am Ende des Jahrzehnts, 1979, die wichtigsten Argumentationsgrundlagen in dem Sammelband »Die Überwindung der Sprachlosigkeit« (Luchterhand) zusammen.

Die »Männermedien« vom »Spiegel« bis zur »Zeit« kommentierten das neue Phänomen mal höhnisch mal wohlwollend (»Spiegel«-Titel 1976: »Frauen entdecken sich. Romane von Seele und Sex«) und kippten alles, was Frauen produzierten, in den Topf »Frauenliteratur«. Kritikerinnen und Schriftstellerinnen wehrten sich gegen die diffamierende und nivellierende Etikettierung. Eine Autorin, arumentierten sie, die das Schreiben ernst nimmt und an ihren Texten arbeitet, kann und will nicht gleichgesetzt werden mit einer Frau, die sich eben mal so ihren Frust oder auch ihre Euphorie von der Seele schreibt. Und dafür – im Aufwind des neuen Trends – plötzlich einen Verlag findet. Nichts gegen Gebrauchstexte, nichts gegen Schreiben als Therapie, wandten die »Profis« ein, aber man und auch frau möge bitte nicht so tun, als sei das alles schon Literatur. Lange vor der neuen »Betroffenheits«-Dichtung hatte Ingeborg Bachmann in den »Frankfurter Vorlesungen« klargestellt: »Nirgends schießt der Dilettantismus prächtiger ins Kraut als in der Lyrik« und präzisiert: »Wenn die Radikalität eines jeden Ästhetizismus uns eine Gewissheit hinterlassen hat, die verbindlich ist, dann die, daß man mit guter Gesinnung noch lange kein gutes Gedicht macht.«

Dieselben Feuilletons, die väterlich-wohlwollend die neuesten Ergüsse »weiblicher Authentizität« in die Bestsellerlisten hievten, reagierten auf die wirklich künstlerischen, innovativen und radikalen Arbeiten von Schriftstellerinnen höchst allergisch. Sie rufe auf zum Männermord, wurde Christa Reinig nach »Entmannung« vorgeworfen. Elfriede Jelinek wurde nach den »Liebhaberinnen« als böse, kalt und unmenschlich geächtet.

Doch auch ein Gutteil der Leserinnen reagiert nicht viel anders. »Die Liebhaberinnen« und »Häutungen« erschienen im selben Jahr – das eine wurde zum Tip für Insider/innen, das andere zum sensationellen Verkaufserfolg. An den Universitäten waren die Fleißer-, Bachmann-, Romantik-Seminare überlaufen. Doch in den Buchläden stapelte sich die Magie- und Still-Literatur. Die Bewegung spaltete sich immer deutlicher in eine Magie- und Mütterlichkeitsbewegung einerseits und die antibiologistischen Radikalfeministinnen andererseits. Die Vermittlung »großer«, anspruchsvoller Literatur an die Masse der »bewegten« Leserinnen war nur teilweise gelungen. In diese Situation platzte als »krönender« Abschluß 1980 der unsägliche »Tod des Märchenprinzen« von Svende Merian. Und konnte sowohl zum Bestseller, als auch als »feministisches« Buch mißverstanden werden.

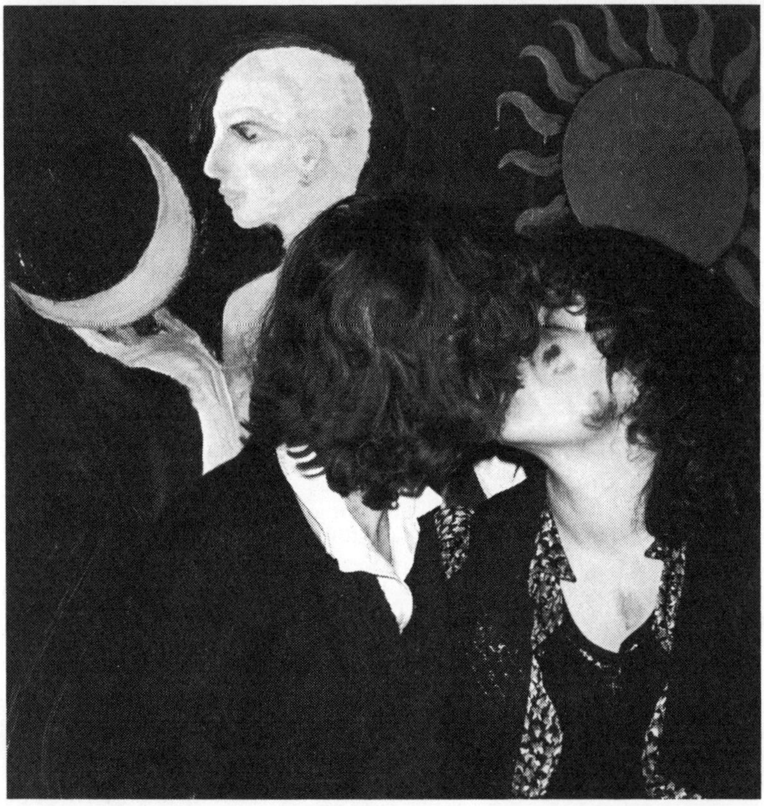

Der Prozeß gegen Judy Anderson und Marion Ihns wegen Anstiftung zum Mord an dem Ehemann der einen Anfang 1974 in Itzehoe, machte eine auch in der Neuen Frauenbewegung lange verdrängte Tatsache plötzlich zum öffentlichen Thema – die lesbische Liebe. Die männerbeherrschte Sensationspresse schäumte über. Aber die Rechnung ging nicht auf: Erreicht wurde nicht die Ächtung der Frauenliebe, sondern – neben einer Rüge des Deutschen Presserates – das massenhafte »Coming out« von Frauen, die zum großen Teil gar nicht gewußt hatten, daß sie Lesben oder bisexuell waren, so tief saßen auch bei ihnen Vorurteile und Verdrängungen. Fortan waren die Lesben über Jahre hinweg einer der unübersehbaren Motoren der Frauenbewegung und der neuen Frauenkultur. Es entstanden eigene Lesbengruppen, Lesbenzeitungen, Lesbenzentren und Lesbenferiencamps, Bücher, Bilder und Filme von Frauen schilderten offensiv die zärtlichen und sexuellen Beziehungen zwischen Frauen, die Vorkämpferinnen aus den zwanziger Jahren wurden wiederentdeckt, und um historisch gewesene oder vermutete Formen des Matriarchats wurde ein Kult errichtet, der in der Labrys – der Doppelaxt der Amazonen –, dem Symbol der Lesbenbewegung, seinen militanten Ausdruck fand.

Schwule in dem Rosa-von-Praunheim-Film »Nicht der Homosexuelle ist pervers, sondern die Situation, in der er lebt«

Als 1973 Rosa von Praunheims Film »Nicht der Homosexuelle ist pervers, sondern die Situation, in der er lebt« im Ersten Deutschen Fernsehen ausgestrahlt wurde, schaltete sich der Bayerische Rundfunk kurzerhand aus dem Programm. Von Praunheims Schilderung der entwürdigenden Bedingungen, unter denen Homosexuelle in der Bundesrepublik oft zu leben gezwungen sind, wurde von den bayerischen Programmachern offenbar als Zumutung für das »gesunde Volksempfinden« aufgefaßt.

Die in den Siebzigern überall in der Bundesrepublik entstehenden Schwulengruppen und -initiativen sorgten bald für eine Gewöhnung ans »öffentliche Ärgernis«. Unter dem Motto »Raus aus den Klappen, rein in die Straße« gingen die Schwulen nicht nur am Christopher Street Day auf die Straße.

Sie stritten für gesellschaftliche Anerkennung, die nachträgliche Entschädigung Homosexueller als Verfolgte des Naziregimes und für die Abschaffung des Paragraphen 175 des Strafgesetzbuches. Die sozialliberale Regierung entschied zwar 1973, den Paragraphen auf die Strafbarkeit homosexueller Handlungen mit Jugendlichen unter achtzehn Jahren zu reduzieren, aber eine völlige Streichung steht immer noch aus.

Jürgen Kasten

Einsame Jäger, heilige Nutten und reduzierte Persönlichkeiten

Vom jungen zum neuen deutschen Film

Rainer Werner Faßbinder (rechts) mit Ulli Lommel in seinem ersten Spielfilm »Liebe ist kälter als der Tod«, 1971

Film in Deutschland erlebte seine Blütezeiten stets nach tiefgreifenden politischen und gesellschaftlichen Erschütterungen. Ebenso wie nach der November-Revolution 1918 aufregende, filmästhetisch innovative Produktionen entstanden, folgte der Revolte von 1968 ein »junger deutscher Film«, der die Nachkriegsagonie bundesdeutscher Filmkultur beendete.

Wie 1918, als sogenannte »Aufklärungsfilme« die Aufmerksamkeit des Massenpublikums noch von Produktionen ablenkten, die heute als Filmklassiker gelten, so konkurrierte auch der junge deutsche Film zuerst gegen die Dutzendware von Sex-Filmen. Schulmädchen-, Hausfrauen- und Krankenschwester-Reports, Untersuchungen der Unterwelt von Lederhosen und Dirndln, Oswalt Kolle und van der Velde-Aufklärungsbemühungen machten bis zu 40% der Jahresproduktion aus, die 1971 noch 112 Filme betrug. Mit der 1974 endlich erschlaffenden Aufklärung durch Soft-Pornos reduzierte sich auch die Gesamtproduktion beträchtlich: sie halbierte sich in den folgenden Jahren und kreiste um sechzig Produktionen, was praktisch zum Zusammenbruch der spärlichen Reste bundesdeutscher Filmindustrie führte. Doch schon 1970, als sich der Mediengigant Bertelsmann aus der Constantin-Film, dem wichtigsten deutschen Produzenten und Verleiher zurückzog, und die Ufa-Produktion einging, hatte Volker Schlöndorff orakelt: »Jetzt ist die alte Filmindustrie in Deutschland restlos zusammengebrochen. Und das ist für uns alle sehr erfreulich, denn das schafft klare Zustände.«

Lebensfähig blieb die bundesdeutsche Filmindustrie fortan nur durch staatliche Förderungen nach dem Filmförderungsgesetz von 1967 (novelliert 1974 und 1979) und die 1970 begonnenen, 1974 in einem Abkommen ratifizierten Fernseh-Koproduktionen. In dieser Trümmerlandschaft bundesdeutscher Filmproduktion begannen 1971 dreizehn Filmemacher mit Aufforstungsversuchen und gründeten den Filmverlag der Autoren. Flankiert wurden sie dabei von weiteren Maßnahmen, eine neue Kinoinfrastruktur zu schaffen: 1971 entstand das erste Kommunale Kino (in Frankfurt) und 1972 gründete sich die AG Kino, ein Zusammenschluß von Programm-Kinos, die sich als propagandistische Spielstätten des jungen deutschen Films verstanden.

Das Aufbegehren der Jungfilmer gegen die »Altbranche« manifestiert sich vereinzelt in Provokationen wie Peter Zadeks anarchistischer Pennälergeschichte ICH BIN EIN ELEFANT, MADAME (1969) oder Michael Verhoevens Vietnam-Diskurs O.K., der, nach amerikanischen Protesten, zum Abbruch der Berliner Filmfestspiele 1970 führte. Zum Grundstock des jungen deutschen Films wurden vielmehr klassische Filmgenres, jetzt umgedeutet, mit harschen, manchmal noch unfertigen filmischen Mitteln neu erzählt und geprägt von bundesrepublikanischer Wirklichkeit. Am intensivsten hat sich Rainer Werner Fassbinder mit klassischen Genreformen auseinandergesetzt. Sein erster langer Spielfilm LIEBE IST KÄLTER ALS DER TOD (1969) verkehrt im Genre des Gangsterfilms ein romantisches Zitat aus Fritz Langs Stummfilm-Klassiker DER MÜDE TOD (1921), in dem es heißt: »Liebe ist stärker als der Tod«, in sein Gegenteil. Diese Umdeutung ist nicht nur dem anderen Genre verpflichtet, sondern figuriert bereits deutlich Fassbinders Thema: das Aufzeigen der Unmöglichkeit von Liebe unter den gegenwärtigen Lebens- und Gesellschaftsbedingungen. Genrespezifische Brutalität und Kriminalität, unvermittelt in das Münchener Alltagsbild gestellt, wird in Fassbinders Erstling zur Chiffre normaler Umgangsformen. Daß innerhalb solcher Beziehungsstrukturen Menschen, die Gefühle artikulieren, zum benutzbaren Objekt werden, führt Fassbinder radikal in den im gleichen Genre, ähnlichen Ensemble und Motiven realisierten Filmen GÖTTER DER

1974 drehte Faßbinder sein im Schwulen-Milieu angesiedeltes »Faustrecht der Freiheit«

PEST (1970) und DER AMERIKANISCHE SOLDAT (1970) vor.

Die Schönheit deutscher Landschaft und »normalen« Lebens war jahrzehntelang in einem der wenigen, spezifischen deutschen Filmgenres zu bewundern: dem Heimatfilm. Im jungen deutschen Film fand er eine radikale Umwertung. Bereits 1968 hatte Peter Fleischmann in JAGDSZENEN AUS NIEDERBAYERN Brutalität und faschistoide Tendenzen verlogener Dorfidylle beschrieben. 1971 erschienen gleich drei »linke Heimatfilme«, die Motive und Schauplätze dörflicher Landschaften durch die kritische Aufarbeitung eines historischen Stoffes in neue, gesellschaftlich relevante Zusammenhänge stellten. Volker Vogelers JAIDER, DER EINSAME JÄGER, in der Manier eines Italo-Western und Reinhard Hauffs filmische Moritat MATHIAS KNEISSL erzählen von anarchischen bayerischen Outlaws. Volker Schlöndorffs DER PLÖTZLICHE REICHTUM DER ARMEN LEUTE VON KORBACH kleidet die naiv-illusionären Glücksvorstellungen hessischer Kleinbauern, die sich der Ausbeutung widersetzen und einen Steuereintreiber überfallen, in derb-sinnliche Bilder und einen distanzierenden Kommentar. Der nüchterne Text des Gerichtsprotokolls verdeutlicht auf dem Hintergrund lyrisch-schwerer Bilder nicht nur die Unbedarftheit des Aufstands, sondern auch die Bedingungen dieser irrationalen Glücksvision in einem repressiven Unterdrückungssystem.

Rainer Werner Fassbinder, der Regisseur, dessen filmischer Kosmos fast ausschließlich in Räumen und Stadtlandschaften abgesteckt war, griff 1972 mit Franz Xaver Kroetz' Mundart-Drama WILDWECHSEL einen kritischen Heimatstoff auf. Fassbinder radikalisierte die Liebesgeschichte der 14jährigen Hanni und des 19jährigen Franz zu einer dumpfen Tragödie, an deren Ende die einstmals Liebenden nur noch resigniert feststellen: »Es war keine richtige Liebe, es war nur körperlich«. Mit den Filmen DER HÄNDLER DER VIER JAHRESZEITEN (1971), DIE BITTEREN TRÄNEN DER PETRA VON KANT (1972) und WILDWECHSEL fand Fassbinder zu seinem filmischen Genre: dem sozialen Melodram. Wesentlich geprägt von den Hollywood-Melodramen Douglas Sirks aus den 50er Jahren, artikulierte Fassbinder in zunehmender filmischer Kunstfertigkeit und Meisterschaft einfache Geschichten von Sehnsucht, vom verzweifeltem, häufig gewalttätigen Ringen um Liebe, vom Scheitern von Liebesbeziehungen und von Befangenheit in sozialer und gesellschaftlicher Realität. Seine häufig als pessimistisch oder obszön geschmähten Melodramen – etwa die Geschichte eines Gastarbeiters und einer alternden Putzfrau in ANGST ESSEN SEELE AUF (1973), die Fontane-Adaption EFFI BRIEST (1972/74) oder die brutale, im Homosexuellen-Milieu angesiedelte, einseitige Liebesbeziehung in FAUSTRECHT DER FREIHEIT (1974) – besitzen eine unverwechselbare subversive Kraft. In den obsessiven Gefühlswelten dieser Filme konnte der Zuschauer, durchaus wie im großen Hollywood-Kino, eigene Emotionen aktivieren, andererseits versuchte Fassbinder besonders in der Radikalität seiner Unhappy-Ends, Fragestellungen nach den Bedingungen der Unmöglichkeit von ihm vorgeführter Liebesbeziehungen zu provozieren. Chancenlosigkeit und Leid

Götz George in Theodor Kotullas Film über den KZ-Kommandanten Höss »Aus einem deutschen Leben«

seiner Figuren, die in den Filmen zur kalten, ohnmächtigen Wut gerannen, sollten in den Köpfen der Zuschauer Sehnsucht nach etwas anderem wecken: nach einer Utopie.

Fassbinders Produktivität war atemberaubend, zurecht nannte ein Kritiker den 1982 Verstorbenen im Nachruf den »Motor des deutschen Films«. Allein 1970 brachte er acht Filme heraus, bis 1975 hatte er, in nur sechs Jahren, 27 Filme realisiert. Filmen wurde für den manischen Arbeiter Fassbinder zum egozentrischen Selbsterkennungsversuch, zum sexuellen Vorgang, zur Erweiterung von Leben schlechthin, schließlich zur einzigen für ihn möglichen Existenzform. Trotz der exhibitionistisch anmutenden Privatheit einzelner Fassbinder-Filme – etwa WARNUNG VOR EINER HEILIGEN NUTTE (1970) über den Filmherstellungsprozeß, SATANSBRATEN (1975) als vergnüglich-sarkastische Reflexion über den Status des Künstlers oder IN EINEM JAHR MIT 13 MONDEN (1978), die selbstquälerische Verarbeitung des Selbstmords seines Freundes – gelingt es diesen persönlich geprägten Produktionen immer, eine spezifische Weltsicht zu formulieren, die den Zuschauer sowohl denken als auch fühlen läßt.

Brüchigkeit von Beziehungen und tastende Bemühungen um Freundschaft thematisiert Wim Wenders immer wieder in seinen Filmen. Anders als Fassbinder erzählt Wenders unpersönlicher, scheint in der Suggestivität der Bilder ebenso zu verschwimmen wie seine Protagonisten in ihrer Wirklichkeitswahrnehmung (etwa der Fußballer Josef Bloch in der Peter Handke-Verfilmung DIE ANGST DES TORMANNS BEIM ELFMETER, 1972). Der ebenfalls in Zusammenarbeit mit Handke entstandene Wenders-Film FALSCHE BEWEGUNG (1975) kreist um Selbsterforschungsversuche des Wilhelm Meister, ein Dichter in Deutschland zu werden. Die tastende Suche übersetzen Handke und Wenders in Bewegungen, sowohl von Objekten und Menschen, als auch in gleitende Fahrten der Kamera, die bei Wenders fortan zum ästhetischen Ritual werden.

Die Ausprägung einer eigenständigen filmischen Handschrift und spezifischer, persönlich geprägter Themenkomplexe, die etwa Filme von Fassbinder, Wenders, Alexander Kluge oder Niklaus Schilling unverwechselbar machen, ist auch bei Werner Herzog zu beobachten. Herzog artikulierte unerhörte Visionen, die Bedingungen und Formen bestehender Verhaltensformen radikal in Frage stellen. In AGUIRRE, DER ZORN GOTTES (1972) ist es die ebenso visionäre wie wahnsinnige Suche spanischer Conquistadores nach dem sagenhaften Eldorado. Die visuelle Intensität noch nie gesehener Bilder aus dem Amazonas-Dschungel spiegelt sich dabei in Klaus Kinskis irrlichternder Darstellung des Aguirre. In JEDER FÜR SICH UND GOTT GEGEN ALLE (1974) spielt der Berliner Hinterhofmusikant und Laiendarsteller Bruno S. den jahrelang von der Umwelt isolierten Findling Kaspar Hauser. Ebenso wie Herzog in weiten Einstellungen, aus Räumen heraus, irritierend schöne und fremde Bilder der fränkischen Landschaft findet, eignet sich Bruno S. als Kaspar diese Welt in erschütternder Infantilität und eindringlicher Menschlichkeit an.

Die Erfolge von ANGST ESSEN SEELE AUF und JEDER FÜR SICH UND GOTT GEGEN ALLE 1974 und

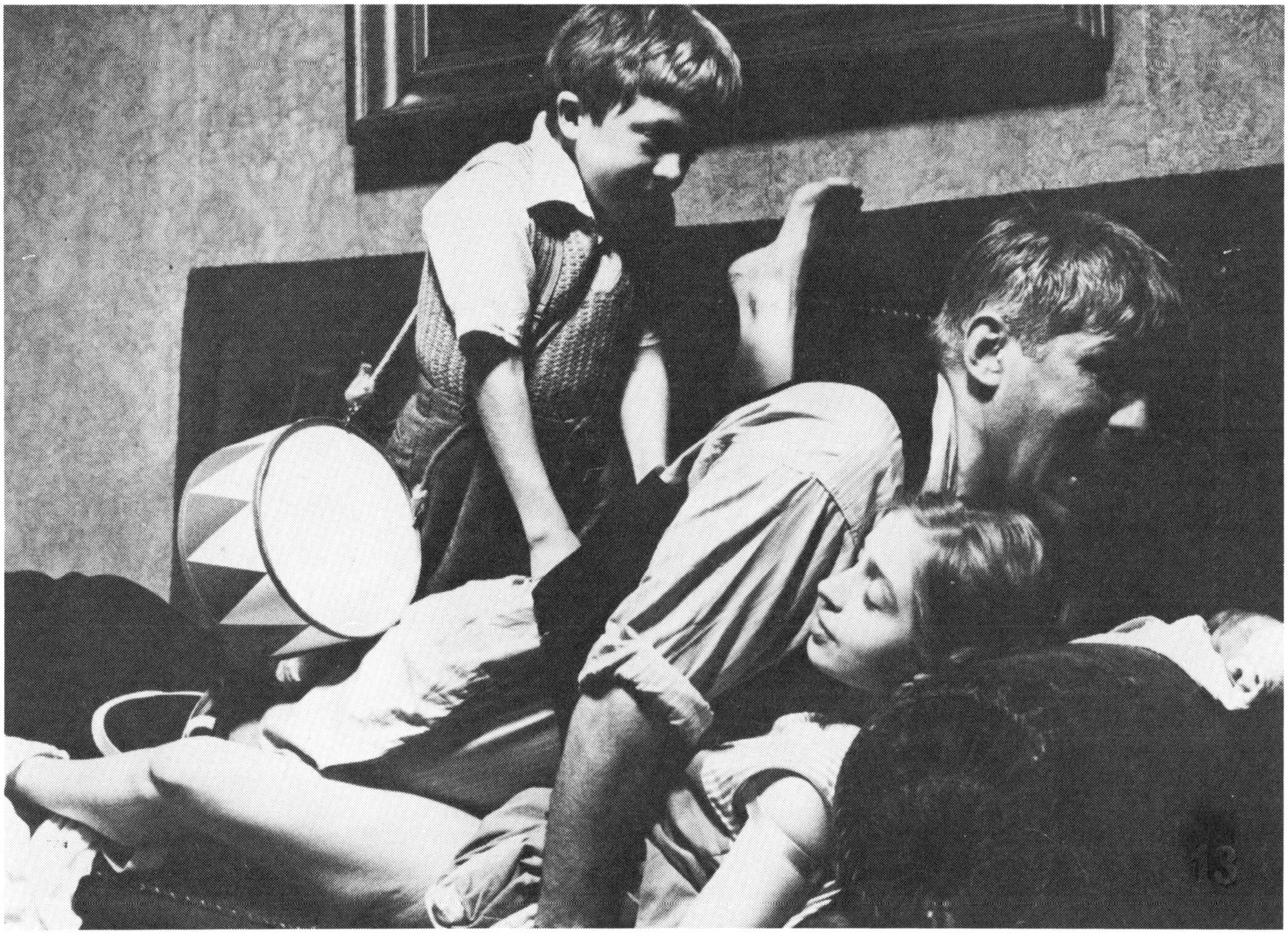

Volker Schlöndorf verfilmte Günter Grass' Roman »Die Blechtrommel«

1975 in Cannes machten den jungen deutschen Film international berühmt. Als sich in der Folge auch im eigenen Land mit diesen Filmen, mit EFFI BRIEST und Bernhard Sinkel / Alf Brustellins verschmitzter Altenheim-Komödie LINA BRAAKE (1975) größere Zuschauer- und damit Kassenerfolge erzielen ließen, streifte der junge deutsche Film sein Nachwuchsattribut ab. Das im Ausland zum Begriff gewordene »New German Cinema« wurde fortan zum Markenzeichen. Schlöndorffs Böll-Verfilmung DIE VERLORENE EHRE DER KATHARINA BLUM (1975), die Terroristenhatz und schamlose Verletzungen persönlicher Integrität durch Polizei und Massenmedien aufzeigt, machte darüber hinaus deutlich, daß jetzt auch mit brandaktuellen, politischen Themen ein Massenpublikum zu erreichen war.

Endlich wurde nun auch die schonungslose Aufarbeitung der lange verdrängten nationalsozialistischen Vergangenheit in Angriff genommen, etwa in Joachim Fests personell fixiertem Dokumentarfilm HITLER – EINE KARRIERE (1977) oder Hans Jürgen Syberbergs metaphernüberfrachtetem Bildessays HITLER, EIN FILM AUS DEUTSCHLAND (1977). Die wohl eindringlichste Analyse des NS-Systems gelang Theodor Kotulla in seinem größtenteils in Auschwitz gedrehten Film AUS EINEM DEUTSCHEN LEBEN (1977) über den Kommandanten des KZ Auschwitz-Birkenau, Rudolf Hoess. Kotulla zeigt Hoess nicht als Bestie, sondern als karrierebewußten Manager und treusorgenden Familienvater. Die schier unvorstellbare Mechanik millionenfachen Mordens wird erkennbar, wenn Hoess morgens am Schreibtisch die Meldungen der Gaskammern und Krematorien mit bürokratischer Gewissenhaftigkeit wie industrielle Produktionsziffern prüft.

In der Folge einiger Adaptionen zeitgenössischer Literatur, etwa den Romanen Heinrich Bölls, erhofften sich deutsche Filmemacher immer häufiger finanziellen Erfolg und künstlerische Reputation durch Verfilmung von klassischen Romanen und Novellen der deutschen Literaturgeschichte. Zudem erschien es einfacher, in den Filmförderungsgremien und Fernsehanstalten, die fast alle wichtigen neuen deutschen Filme finanziell ermöglichten, Projekte durchzusetzen, die auf abgesicherten Stoffen basierten. Diese gegen Ende der siebziger Jahre immer wieder kritisierte Anbiederung an staatliche Filmförderungs-Institutionen – für die der abschätzige Begriff »Gremienkino« geprägt wurde – führte zu einer Reihe handwerklich solider, der bundesdeutschen Realität aber merkwürdig enthobener Literatur-Adaptionen (etwa Fontanes GRETE MINDE, 1976, von Heide Genée oder Eichendorffs TAUGENICHTS, 1977, von Bernhard Sinkel).

Nicht in breiter Phalanx, aber wenn, dann pointiert und engagiert, reagierten bundesdeutsche Filmemacher auf die sich verschärfende innenpolitische Situation nach der Schleyer-Entführung. Die Gemeinschaftsproduktion von Kluge, Fassbinder, Schlöndorff, Reitz, Sinkel u.a., DEUTSCHLAND IM HERBST (1978), spiegelte sowohl die gesellschaftliche Situation als auch die verunsicherten, zu unterschiedlichen Verarbeitungsformen greifenden Reaktionen bundesdeutscher Regisseure und Autoren. Wie sehr die Reaktion des Staates auf die RAF den einzelnen Bürger bedro-

Tabea Blumenschein in Ulrike Ottingers »Bildnis einer Trinkerin«, 1979

hen konnte, offenbarte sich in Reinhard Hauffs Verfilmung von Peter Schneiders subtiler Studie MESSER IM KOPF (1978) und in Margarethe von Trottas Erstling DAS ZWEITE ERWACHEN DER CHRISTA KLAGES (1978). Als »Gesellschaftsspiel voll Spannung, Erregung und Logik, Grausamkeit und Wahnsinn, ähnlich den Märchen, die man Kindern erzählt, ihr Leben ertragen zu helfen«, so beschrieb Fassbinder den für ihn filmisch noch möglichen Umgang mit dem Thema »Terrorismus«. DIE DRITTE GENERATION inszenierte er folgerichtig als grotesk übersteigerte, bittersüße Komödie.

Fassbinder hatte mit DESPAIR – EINE REISE INS LICHT (1977) und DIE EHE DER MARIA BRAUN (1978) internationale Großproduktionen realisiert. Ebenso wie er erfüllten sich die renommierten Regisseure des neuen deutschen Films ihre Träume vom »großen Kino« fortan in millionenschweren Projekten. Werner Herzogs aufwendiges Remake (1978) von Murnaus NOSFERATU (1921) blieb hinter der Poesie seines stummen Vorläufers zurück. Volker Schlöndorffs Grass-Verfilmung DIE BLECHTROMMEL (1979) war dagegen sowohl in der Bändigung des vielfach verschachtelten Romans, als auch in der Publikumsaufnahme erfolgreich und erhielt einen Oscar. Wim Wenders siedelte nach Hollywood über und arbeitete in einem völlig anderen Produktionssystem verzweifelt an der Verwirklichung seines Großprojektes HAMMETT. Fortan verwalteten diese Regisseure Produktionsetats von zehn Millionen DM und bedienten – ebenso professionell wie ästhetisch kompromißbereiter – das große Publikum.

Mit kleinen Budgets, aber neuen Themen und ästhetischen Konzeptionen drängte abermals eine junge Generation in die deutsche Filmlandschaft der späten siebziger Jahre. Die kleinen politischen Themen, aufgespürt im Privaten und in der Nachbarschaft, geprägt auch von einem Rückzug ins Innerliche, spiegelten die neue gesellschaftliche Orientierung des Überlebens und Zurechtfindens in der zunehmend betonierten und verkrusteten politischen Realität. Persönliche Freiräume artikulierten Randgruppen und Außenseiter, etwa im vitalen Ausflippen von Jugendlichen und Aussteigern, so Adolf Winkelmanns DIE ABFAHRER (1978) oder Rüdiger Nüchterns SCHLUCHTENFLITZER (1979). Wie eng aber bereits die gesellschaftlichen Grenzen gesteckt sind, machen Uwe Frießners DAS ENDE DES REGENBOGENS (1979) und Norbert Kückelmanns DIE LETZTEN JAHRE DER KINDHEIT (1979) deutlich: für jugendliche Außenseiter, die sich restriktiven Normen nicht unterwerfen wollten, blieb in ihrer Ausweglosigkeit nur der Freitod.

Neben anderen Außenseitergruppen, wie Homosexuellen in Wolfang Petersens DIE KONSEQUENZ (1978) oder Alkoholikern in Ulrike Ottingers wunderbar bizarrem Bildrausch BILDNIS EINER TRINKERIN (1979), artikulierte sich immer eindringlicher die wohl bedeutendste »Randgruppe«: die Frauen. Den Ausbruch von LENA RAIS (1979) aus ihrer kleinbürgerlichen Ehe schilderte noch ein Mann (Christian Rischert). Doch schon 1978 hatte Helke Sander mit REDUPERS – DIE ALLSEITIG REDUZIERTE PERSÖNLICHKEIT den Blickwinkel auf eine alleinerziehende Frau und ihr Leben in der zersplitterten Stadt Westberlin zentriert. Lange Kamerafahrten begleiten die Heldin auf ihren Wegen durch die allseitig reduzierte Teilstadt. Die Bilder zeichnen nicht nur ein sehr persönliches Berlin-Portrait, sondern ergänzen, verschlüsseln oder interpretieren eine geteilte Frauenpersönlichkeit zwischen Arbeit und Kind, Frauengruppe und Identitätssuche. Margarethe von Trotta verfolgte in SCHWESTERN ODER DIE BALANCE DES GLÜCKS (1979) ihr thematisches Interesse an Beschreibungen zwischenfraulicher Beziehungen und Kommunikationsformen weiter und zeichnete eine schwerblütige, an Ingmar Bergmans psychologischen Reflexionsmustern geschulte Geschwisterstudie. Mit ungewöhnlich leichter Hand inszenierte dagegen Heidi Genée 1 + 1 = 3 (1979), eine Komödie, in der eine schwangere Frau beschließt, ihr Kind ohne ihre beiden Freunde zu bekommen. Auch die filmische Realisation ihrer Themen nahmen Frauen fortan zunehmend in die eigenen Hände.

In Werner Herzogs Film »Jeder für sich und Gott gegen alle« spielt Bruno S. den Findling Kaspar Hauser

Manfred Kriener

Lieber heute aktiv, als morgen radioaktiv

Die Ökologiebewegung verändert die Bundesrepublik

»War das dringlichste Problem der Studenten in den sechziger Jahren Vietnam, so wird es in den siebziger Jahren die Ökologie sein«. Die New York Times sollte mit ihrer Einschätzung aus dem Jahr 1969 recht behalten, auch wenn dieser Trend damals kaum erkennbar und der Begriff »Ökologie« noch eine fremde Vokabel war.

Eine historische Zäsur durch die unübersehbar gewordenen »Grenzen des Wachstums« drückten der ersten Hälfte der siebziger Jahre ihren Stempel auf. Das Kalkül des Immer-Mehr, Immer-Größer, Immer-Schneller, die Utopie des allmächtigen technischen Apparates als guter Freund und Diener des Menschen, Garant für Fortschritt und Wohlstand, ging nicht mehr auf. Energiekrise, Rohstoffkrise, Ernährungskrise, Katastrophenfurcht und düstere Zukunftsmodelle kennzeichneten die politische Debatte. Symbole, die gestern noch positiv besetzt waren, wie Schornsteine, Autos, Computer, Raketen, Automaten und Atomkräftwerke weckten, wie der Zukunftsforscher Robert Jungk[1] erkannte, plötzlich negative Reaktionen.

Die fünfziger und sechziger Jahre hatten vor allem in der Bundesrepublik ein ungebremstes Wirtschaftswachstum geprägt. Die von Mitscherlich kritisierte manische Abwehr und Verdrängung des nationalsozialistischen Terrors durch »Ungeschehenmachen im Wirtschaftswunder« fand ihren Ausdruck in ungestümer Arbeitswut und einer explosiven Entwicklung der Industrie. Dieser Wirtschaftsaufschwung vollzog sich bei völliger Bewußtlosigkeit für seine Auswirkungen auf die menschlichen Lebensgrundlagen. Naturzerstörung und Resourcenverschwendung blieben weithin unsichtbares Tribut des unbekümmert leichtfüßigen, fast natur-gesetzlichen materiellen Wachstums, und wurden auch vom linken und kritischen Spektrum ignoriert.

1973. Protestfahrt der Bürger von Whyl gegen den geplanten Bau eines AKW am Oberrhein.

Erst die direkte Beeinträchtigung des eigenen Lebensraums durch die moderne Industriegesellschaft, gepaart mit dem Schock der Ölkrise und den täglichen Hiobsbotschaften über Umweltzerstörungen, auf wissenschaftliche Beine gestellt von den ersten wissenschaftlichen Globaleinschätzungen mit alarmierenden Perspektiven, veränderte Anfang der siebziger Jahre die Bewußtseinslage der Nation. Vor allem die Berichte des »Club of Rome« zur Lage der Menschheit lösten eine neue Nachdenklichkeit aus, die auch weite Teile des konservativen Lagers erfaßte. Der dramatisch beschriebene »absehbare Zusammenbruch des Mensch-Umwelt-Systems«,[2] die Warnung vor einem ungebremsten Produktionswachstum als ein »Wachstum zum Tode« brach in die heile Welt der Technik- und Industrieanbetung ein und erschütterte sie nachhaltig.

Wissenschaftler und Autoren wie der unermüdliche Mahner Robert Jungk, wie Carl Amery, E.F. Schumacher (»Small is beautiful«) und Herbert Gruhl bekräftigten die Warnung vor dem drohenden Selbstmord des Menschen, der seine Luft, seinen Boden und sein Wasser vergiftet, seine Ressourcen ausplündert, sich in schwindelerregendem Tempo vemehrt, sich mit Atomwaffen bedroht, der im Verkehr erstickt und mit krimineller Atomspaltung seinen energetischen Heißhunger stillt.

Am radikalsten stieß Ivan Illich den Größenwahn von Industrie und Technokraten auf seine Grenzen, wobei Illich den Ökologie-Begriff erweiterte und neben die ökologische die soziale Katastrophe stellte. Illich sah nicht nur Grenzen des Energieverbrauchs und der Ressourcen, sondern auch Grenzen der Geschwindigkeit, der medizinischen Technik und der Organisation von Bildung.

Eine Zuspitzung und zugleich eine neue Qualität fand die ökologische Diskussion in der Kritik der Atomenergie. Stellvertretend für die Ablehnung von unmenschlicher Großtechnologie, blinder Wachstumsideologie und berauschtem Machbarkeitswahn formierte sich der Widerstand gegen die Atomkraftwerke. Innerhalb weniger Jahre entwickelte sich die Anti-AKW-Bewegung zur relevantesten Protestbewegung in der Geschichte der Bundesrepublik. Sie verschaffte sich bis in die Machteliten hinein Gehör und gab der Ökologiebewegung den entscheidenden Auftrieb. Sie brachte das Energieprogramm der Bundesregierung ins Wanken und korrigierte die Atom-Euphorie nachhaltig. Sie bescherte der Bundesrepublik neue demokratische Formen des Bürgerprotests, sie verwandelte treue Untertanen in mistgabelschwingende Platzbesetzer, sie wurde zur »Landplage« (FAZ), zur »vierten Gewalt im Staate« (Spiegel), sie löste den erbittertsten innenpolitischen Streit der Republik aus, sie wurde zum Hoffnungsträger der Linken und zum Ausdruck einer neuen politischen Kultur.

Gegenüber den Gefahren der Atomkraftwerke verblaßten die übrigen Bedrohungen menschlicher Existenz. Die Aussicht, daß bei einem einzigen Unfall Millionen von Menschen sterben könnten, die Ansammlung eines Zerstörungspotentials von 5000 Hiroshima-Bomben auf dem Raum eines halben Fußballfeldes, die Dimension eines Teelöffels

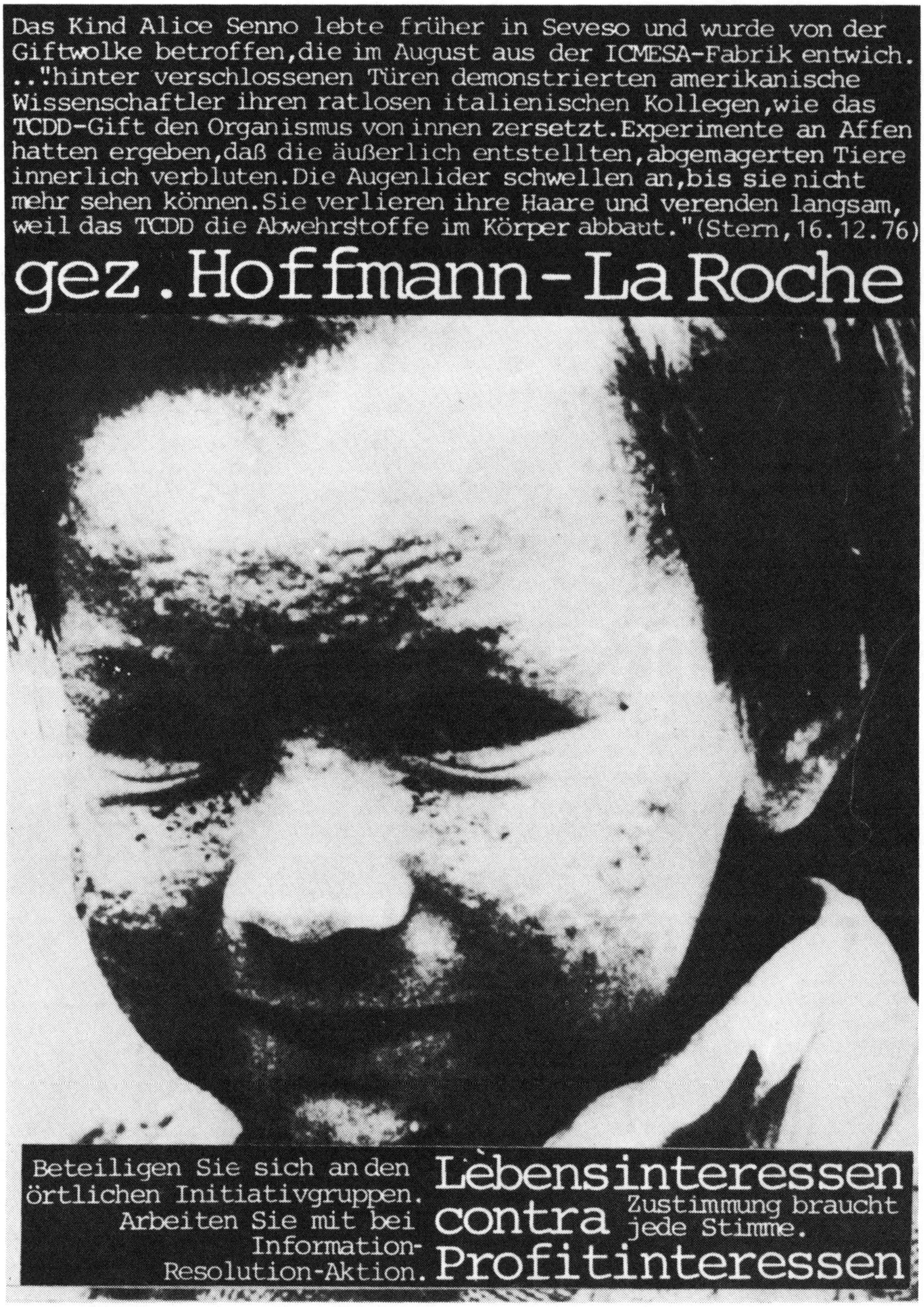

Der Schock von Seveso 1976

Plutonium, der ganz Europa vergiften könnte, erschreckte und mobilisierte die Bürger. Aufklärer wie der Hamburger AKW-Kritiker Holger Strohm zogen über die Lande und beschworen vor einem immer größer werdenden Publikum die Gefahren der Atomenergie. Erste geheime Katastrophenpläne und Unfallszenarien machten die Runde. Der Super-Gau, der erst ein Jahrzehnt später in Tschernobyl für den schwersten Unfall des Industriezeitalters sorgen sollte, wurde durchgespielt: Weite Teile Europas würden unbewohnbar werden.

Die tiefsitzende Angst vor dem ungeheuren Zerstörungspotential der Atomenergie wurde zum Hauptmotiv ihrer Bekämpfung. Aber die Bürger sahen auch ihre »Heimat« bedroht, sie befürchteten wirtschaftliche Nachteile für die Erzeugnisse ihrer Region, sie mißtrauten einer unbekannten, hochkomplizierten Technologie, die radioaktive Strahlen produziert, die man weder hören, riechen, sehen oder schmecken kann. Die betroffenen Bauern, Winzer und oft auch die Bürgermeister und kommunalen Honoratioren in den kleinen Dörfern, die plötzlich als Standorte für Atomkraftwerke im ganzen Land bekannt wurden, fühlten sich übergangen. Sie sahen sich als Opfer planerischer Willkür und standen unfaßbar vor einem Energieprogramm, das gerade ihrem Nest einen atomaren Koloß zugedachte, der ihren Fluß anheizen, ihr Mikroklima verändern und ihre Landschaft verschandeln würde.

Energiekonzerne und Atomlobbyisten kümmerten sich zunächst wenig um die Bürgerproteste. Sie hatten die atomare Bonner Allparteien-Koalition im Rücken und blickten fasziniert auf ihre eigene Utopie, in der die Atomkraft als Heilbringer nicht nur die *Energie*-Probleme der Menschheit lösen sollte. Sie sollte auch einen neuen Aufschwung für die Industrie einleiten, Arbeitsplätze, Fortschritt und Wachstum garantieren, bis zur Beseitigung von Hungersnöten und sozialem Elend. Die Ölkrise und die Angst der Bürger vor der Abhängigkeit von launischen Ölscheichs verstärkte die Argumente der Befürworter. Der Energieverbrauch für die nächsten Jahre und Jahrzehnte wurde in steilen Kurven mit gigantischen Fehlprognosen hochgerechnet und ein Energiebedarf extrapoliert, der nur noch mit Atomkraft zu decken sei. Andernfalls, so der baden-württembergische Marinerichter und Ministerpräsident Hans Filbinger kurz und bündig »werden die Lichter ausgehen«. Der Oberguru der deutschen Atomgemeinde, Wolf Häfele, Vater des Schnellen Brüters und missionarischer Verkünder der Reaktor-Theologie, stellte mit einem Aufwand von 20 Millionen Mark ein Szenario vor, in dem er weltweit für das Jahr 2030 die Zahl von 6222 verfügbaren Atomkraftwerken, 305 Wiederaufarbeitungsanlagen, 520 Zwischenlager und 40 Endlager voraussah. Kostenpunkt für Häfeles Atompark: Vierzigtausend Milliarden Mark!

Die Gefahren der Atomtechnologie wurden heruntergespielt, die Ängste der Bürger mißachtet. »Kernkraftwerke sind umweltfreundlich. Sie sind sicher gebaut und unschädlich. Die zusätzliche Strahlendosis beträgt im Jahr weniger als ein Millirem. Das schadet uns nicht. Allein durch die Sonne erhalten wir bis zu 70 Millirem pro Jahr. Und die Explosionsgefahr ist ausgeschlossen.« Mit diesen Beruhigungspillen in großformatigen Anzeigen versuchten das Badenwerk und die baden-württembergische Landesregierung die Bevölkerung um das 2700 Einwohner-Dorf Wyhl am Oberrhein für den Bau eines Atomkraftwerkes zu ködern. Vergeblich. Wyhl wurde zur »Wiege« der Anti-AKW-Bewegung der Bundesrepublik. Der faszinierende und bis heute erfolgreiche Kampf einer ganzen Region gegen Atomindustrie und Landesregierung, der Aufstand der Bauern und Winzer, die entschlossene Gegenwehr bis zum offenen Gesetzesbruch steckte an. Wyhl machte Schule. Es wurde zum schillernden Symbol einer neuen selbstbewußten Bewegung. Hier formierte sich ein Widerstand, der auf die ganze Republik ausstrahlte.

Zum Zeitpunkt der ersten Bürgerproteste gegen Atomkraftwerke war die Organisationsform der Bürgerinitiativen schon etabliert. Gegen Straßenbau-Orgien und rüde Abhol-

Marianne Fritzen, Vorsitzende der Bürgerinitiative Lüchow-Dannenberg, 1977

zungen, gegen den Müll im Wald und den Streß in der Schule, gegen die Sünden von Stadtsanierung und Verwaltungsreformen, gegen die ganze Betonwut der Moderne hatten sich die Betroffenen in Selbsthilfe zusammengeschlossen. Sie trafen sich in verrauchten Hinterzimmern, sammelten Unterschriften und schrieben Leserbriefe, backten Kuchen und ließen Luftballons steigen, sie luden Stadträte und den Herrn Pfarrer ein. Bienenfleißig und bis in die Haarspitzen motiviert, stritten sie für ihre Rechte.

Auch die Bürger, Winzer und Bauern am Kaiserstuhl organisierten sich in Bürgerinitiativen, zumal sie von Parteien, Gewerkschaften und Verbände keine Unterstützung zu erwarten hatten. Wyhl wurde auch zum Modellfall der Bürgerinitiative. Aber was sind das eigentlich für Bürgerinitiativen? Walter Mossmann, Anti-AKW-Barde der Region, sieht »wohlhabende Winzer, Lehrer, Apotheker, Gastwirte, Müller, Ärzte, dorfstämmige Studenten, die Orts-Elite«[3] in ihren Reihen. »Einige Pfarrer spielen zeitweilig eine wichtige Rolle. Hinter der Führungsgruppe steht in manchen Zeiten fast die ganze Region. Denn gegen Atomindustrie und Regierung kam an vielen Orten eine Art Einheitsfront zustande wie gegen ausländische Eroberer. Die Kommunikation in den Dörfern ist direkt, persönlich. In heißen Phasen des Kampfes läuft die Mobilisierung mündlich: auf der Straße, im Gasthaus, auf dem Feld, im Laden, am Telefon.«

Fast schon Legende ist die Schulung und Agitation der Kaiserstühler Bürgerinitiativen, die ihre eigene Aufklärung selbst organisierten. Wichtige Bücher und Informationen wurden von Hand zu Hand durch die Dörfer gereicht, Hausfrauen, Bauern und Winzer, die jahrelang kein Buch gelesen hatten, bildeten sich zu Energie-Experten aus. Allabendlich wurden Vortragsveranstaltungen besucht. Die einheimische Bevölkerung war bald besser informiert als ihre zugereisten Sympathisanten aus der Stadt. Und die kamen in Scharen. Für die Konkursmasse der Studentenbewegung, die verhinderten Revolutionäre in den ML-Gruppen, für die neuen Spontis und alten Kämpfer, für die gesamte großstädtische Linke wurde die Anti-AKW- und Ökologiebewegung zu einem magnetischen Anziehungspunkt. Die große Sehnsucht nach dem rebellischen Untertan, der gegen den Staat und seine Organe aufbegehrt, wurde auch auf den oberrheinischen Protest projiziert, wenn Hausfrauen aus dem Weinort Kiechlingsbergen die CDU-Fraktion mit Teppichklopfern empfingen, wenn ein Imker die beschlipsten Atomlobbyisten zum Erörterungstermin mit einem Wespennest begrüßte, und ein Bauer als Antwort auf die Wasserwerfer der Polizei seine Jauchespritze in Stellung brachte. Die Augen der Metropolen-Menschen leuchteten, wenn eine Armada von Traktoren mit »richtigen« Bauern gegen den Atomstaat rollte und das militante Landvolk eine junge Sau auf den Namen des Wirtschaftsministers taufte und sie johlend und kreischend über den besetzten Bauplatz trieb.

Die Besetzung des Wyhler AKW-Bauplatzes im Februar 1975 machte den kleinen Ort am Kaiserstuhl endgültig bundesweit bekannt. Die Platzbesetzung wurde zugleich zu einer neuen kraftvollen befreienden Aktionsform der Bürgerinitiativen, die damit das Gefühl der Ohnmacht verloren gegenüber der bald als »Atommafia« apostrophierten Koalition aus Regierenden und Atomindustrie samt ihrem polizeilichen Vollstreckungsapparat. Zugleich drückte die Platzbesetzung eine Radikalität aus, die über kleinere Regelverletzungen hinaus den offenen Gesetzesbruch in Kauf nahm. Der symbolische Widerstand wurde zum handfesten. Absperrungen, Nato-Draht und Schutzzäune wurden aus dem Weg geräumt, der Bürger schritt zur Gegenwehr und direkten Verteidigung seines bedrohten Lebensraumes. Er verließ den Platz als moralischer Sieger, auch und gerade wenn ihn die Polizei-Hundertschaften mit Tränengas und Knüppelschlägen wieder herunterprügelten, -zogen und -traten.

Gorleben 1979

Inzwischen hatte das Atomprogramm der Bundesregierung auch etliche andere Dörfer zu Standorten für bedrohliche Atomprojekte gemacht und sie damit aus ihrem Dornröschenschlaf gerissen. Grohnde, Brokdorf, Kalkar und später Gorleben wurden nach Wyhl zu den Kristallisationspunkten der Anti-AKW-Bewegung. In den Jahren 1975 bis 1977 verbreiterte sich der Widerstand gegen Atomanlagen – und er eskalierte.

Die Platzbesetzung von Wyhl hatte Signalwirkung. Schon im Dezember 1975 kündigte die Bürgerinitiative Umweltschutz Unterelbe eine Platzbesetzung in Brokdorf an, falls mit den Bauarbeiten für das dort geplante AKW begonnen werde. Doch zunächst griff die Staatsmacht zu: Am 26. Oktober 1976 besetzten bei Nacht und Nebel 180 Polizisten und 200 Baufahrzeuge den Bauplatz. Dies war der Auftakt für einen jahrelangen Kampf am Baugelände, der zu einer wachsenden militanten Konfrontation zwischen AKW-Gegnern und Polizei führte, die mehrfach bürgerkriegsähnliche Ausmaße annahm. Am 13. November 1976 kam es bei dem Versuch einer Platzbesetzung zur »Schlacht von Brokdorf«, bei der allein 700 Demonstranten verletzt wurden. »Höhe-

punkt des Gefechts war ein Lufteinsatz von tieffliegenden Hubschraubern, die Gasgranaten gezielt in die Menge und sogar noch auf abziehende Gruppen warfen.«[4]

Das darauffolgende Jahr führte endgültig zur Eskalation des Widerstandes mit blutigen Gefechten in Brokdorf und Grohnde und einem toten Demonstranten im französischen Malville. Längst hatte sich auch in anderen europäischen Ländern eine breite Bewegung gegen die Atomenergie formiert. Im Zuge einer Vernetzung und Internationalisierung des Widerstandes demonstrierten am 28. Juli 1977 auch deutsche Atomgegner am Standort des geplanten französischen Schnellen Brüters »Superphénix« in Malville. Der Hamburger Fotograf und Augenzeuge Günter Zint schreibt über die versuchte Platzbesetzung: »Im Vergleich zu Malville war Brokdorf ein Spaziergang. Mit Nebel-, Gas- und Offensivgranaten schoß die Polizei wie im Krieg. Einem deutschen Demonstranten wird ein Fuß von einer Granate abgerissen. Ein junger Lehrer stirbt, als unmittelbar vor ihm eine Granate explodiert.«[5]

Die Sackgasse der militärischen Auseinandersetzung mit der Polizei war nach diesen Ereignissen offenkundig. Zugleich wuchsen Spaltungstendenzen zwischen einem friedlichen bürgerlichen Protest, der unter dem Druck der veröffentlichten Meinung zunehmend auf gewaltfreie und legale Aktionsformen festgelegt wurde und einem städtisch-politisierten, militant-radikalen Teil der Bewegung, der am Bauzaun auch gegen Berufsverbote und Repression, gegen Stammheim und Verfassungsschutz, gegen die verlogene Sozialdemokratie und den Staat kämpfte. Die offene Spaltung wurde verhindert, aber der Konflikt blieb. Die Gewaltfrage wurde zunehmend zum lähmenden Hemmschuh der Bewegung, die noch Anfang 1977 wachsenden Einfluß verzeichnet hatte. Die Gegner der Atomenergie, in der ersten Hälfte der siebziger Jahre nur 15 % der Gesamtbevölkerung, erzielten in den Meinungsumfragen erstmals Mehrheiten, zugleich vermehrten sich die Bürgerinitiativen 1976 und 1977 in phantastischem Tempo.

Bundesweit waren sie im Bundesverband Bürgerinitia-

Republik Freies Wendland 1977

Gründungsparteitag der Grünen

tiven Umweltschutz organisiert, der bis zu 500000 Einzelmitglieder zählte. Die Atomanlagen blieben dabei zwar der wichtigste Impuls des Protests, aber auch gegen Verkehrsprojekte, vor allem gegen die Flughafen-Ausbauten in Frankfurt und München, gegen Industrieansiedlungen, Giftmülldeponien, Teststrecken und Kohlekraftwerke richtete sich wachsender Protest: *»Schon jetzt haben Bürgerinitiativen das Bild der westdeutschen Industriegesellschaft gewandelt, gerät das komplizierte Getriebe von Wirtschaft und Verwaltung ins Stocken. Die Energiepolitik der drittgrößten Industrienation des Westens ist nahezu blockiert«*,[6] jammerte ein großes Hamburger Nachrichtenmagazin.

Das bleierne Klima des deutschen Herbstes führte zu einer wachsenden Kriminalisierung des Bürgerprotestes. Besonders krass erlebten dies die Teilnehmer der großen Kalkar-Demonstration am 24. September 1977. Dieser Tag geriet zu einer bundesweiten Notstandsübung der Sicherheitsorgane. Innerhalb von zwölf Stunden »überprüfte« die Polizei 125000 Personen. Schon an den Abfahrtsorten wurden die Demonstranten stundenlang aufgehalten, von Polizisten mit Maschinenpistolen im Anschlag gestellt, Autos und Busse durchsucht, Halstücher und Transparente beschlagnahmt. Zehntausende konnten Kalkar nie erreichen. Einzelne Personen wurden auf ihrer Fahrstrecke bis zu zwölfmal angehalten und durchsucht.

Mit zunehmendem Kriminalisierungsdruck, Spaltungstendenzen und sich verstärkt formierenden Gegenkräften in Industrie, Politik und Medien, die eine beängstigend wachsende Arbeitslosenzahl argumentativ geschickt ausnutzten, verloren die Bürgerinitiativen Ende des Jahrzehntes an öffentlichem Ansehen, an Zulauf und Einfluß. Doch ihre Erfolge waren unübersehbar. Sie hatten das große Gefährdungspotential der Atomenergie in den Köpfen der Bevölkerung bekannt gemacht und das atomare Ausbauprogramm in der Folge erheblich reduziert. Zahlreiche Atomprojekte waren auf gerichtlichem Weg gestoppt, die Sicherheitsvorschriften erheblich verschärft worden. Die Bürgerinitiativen hatten alternative Energieträger, rationelle Energieverwendung und Energiesparen zum Thema gemacht. Sie hatten aber auch ein eigenes wissenschaftliches Umfeld von unabhängigen, kritischen, ökologisch orientierten Instituten etabliert, und sie hatten eine neue grüne Partei in die Startlöcher geschoben.

Anmerkungen

1 Lutz Mez, Der Atomkonflikt, Verlag Olle und Wolter, Westberlin 1979
2 Meadows u.a., Die Grenzen des Wachstums, Bericht des Club of Rome zur Lage der Menschheit, Deutsche Verlagsanstalt, Stuttgart 1972
3 Walter Mossmann, Flugblatt-Lieder und Streitschriften, Rotbuch Verlag, Westberlin 1980
4 Spiegel, Rundumschlag mit der chemischen Keule, Heft 48/1976
5 Günter Zint, Gegen den Atomstaat, Verlag Zweitausendeins, Frankfurt 1979
6 Spiegel, »Schwarz oder rot, wir schlagen euch tot«, Heft 13/1977

Michael Sontheimer

Allein machen sie dich ein

»Nein, sowas führen wir leider nicht«, bedauert Herr Wenzel vom Berliner Statistischen Landesamt. »Das ist ja auch ein definitorisches Problem«, gibt der Experte für Bevölkerungsstatistik zu bedenken. »Was ist eine Wohngemeinschaft?« Es dauert eine Weile bis Herr Wenzel einen Terminus gefunden hat, der sich in seinen Rastern verwenden läßt. »Gruppen nichtverwandter Personen mit mindestens drei Mitgliedern, die gemeinsam in einer Wohnung einen Haushalt betreiben«, schlägt er vor. Bei knapp 50000 Westberliner Haushalten könnte es sich schließlich laut Mikrozensus um jene Gebilde handeln, die im Scene-Slang und den Kleinanzeigenspalten der Stadtzeitungen gnadenlos als »WG« abgekürzt werden. 1966 hatte es mit der Kommune I angefangen, in den siebziger Jahren wurde die anspruchslosere Version als Wohngemeinschaft zum Massenphänomen einer Minderheit; in den achtziger Jahren ist aus der zukunftsweisenden Alternative zur Kleinfamilie zumindest ein dauerhaftes soziales Relikt geworden.

»Wie halten Sie das nur aus«, fragen mich gelegentlich die Kolleginnen oder Kollegen einer seriösen Hamburger Wochenzeitung mit einem neugierigen Schauern. »Wer kocht denn bei Ihnen?« wollen vor allem Frauen gerne wissen und quittieren die Antwort »Alle« mit einem ungläubig anerkennenden Blick. Da diese Damen und Herren mittleren und fortgeschrittenen Alters zumeist in Scheidungsruinen in den Suburbs oder mit Antiquitäten überladenen Altbauwohnungen residieren, ist die wirkungsvollste Antwort die Gegenfrage: »Und wie halten Sie das aus?« Für sie ist die Vorstellung, in einer WG leben zu müssen, ebenso exotisch wie für mich die Vorstellung, anders zu leben als in einer Wohngemeinschaft. Ich bin wohngemeinschaftsabhängig, ein WG-Junkie, dem traute Zweisamkeit ebenso ein Schrecken ist wie heroisches Single-Dasein.

Kurz zur Pathologie: Im Sommer 1969 bereiteten wir als »Ad hoc Gruppe« an einem Berliner Gymnasium einen Schulstreik vor und brauchten ein Megaphon, um unsere Mitschüler zum Aufruhr zu agitieren. Also marschierten wir los in irgendeine Seitenstraße des Ku-Damms, wo die Kommune 2 residieren sollte. Dort übergab uns ein freundlicher Herr das Megaphon, und zu unserer Verblüffung entsprach er keineswegs dem bürgerschreckenden Schauerbild eines Kommunarden. Er hatte keine besonders langen Haare und nicht einmal einen Bart. Ich war gerade vierzehn geworden, und es war die erste Begegnung mit einem Pionier des kollektiven Lebens – von dem wir alle träumten.

Damals existierte bei mir und meinen Freundinnen und Freunden nicht der geringste Zweifel daran, daß wir, sobald wir von Zuhause loskämen, so etwas auch gründen wollten. Das »Elend der bürgerlichen Kleinfamilie« – so wie sich da unsere Erzeuger in den eigenen vier Wänden isoliert mehr schlecht als rechten liebten – hatten wir Tag für Tag vor Augen. Diese Ödnis wollten wir uns bitteschön ersparen. Der Anspruch der K2 von der »Revolutionierung des bürgerlichen Individuums« klang uns zu sehr nach Arbeit, die Happenings der chaotischen K1 gefielen uns schon besser. Wir wollten unseren Spaß haben.

Einige Jahre später hatte ich glücklich mit einem Freund eine Zwei-Zimmer-Wohnung ergattert, Hinterhof Parterre. Wir hatten kaum die Blümchentapeten unserer jugoslawischen Vormieter überstrichen, da tauchte ein Schulfreund von mir auf. Lediglich mit einem Pappkoffer in der Hand war er vor dem Einberufungsbefehl zur Bundeswehr nach Berlin geflüchtet, und als er am Abend erklärte, er wolle in der Jugendherberge übernachten, sagten wir: »Quatsch, du kannst doch erstmal hier bleiben.«

Aus dem »erstmal« wurde mehr als ein halbes Jahr, dann

sind wir den Guten wieder losgeworden. Zuvor hatte er noch seine Freundin angeschleppt und inzwischen war außer ihm auch noch ein Freund eingezogen, dem das Landkommunarden-Dasein im Bayerischen Wald auf's Gemüt geschlagen hatte. Ohne daß wir es geplant hatten, tobte eine vierköpfige Wohngeneinschaft in zwei kleinen Zimmern. Es war keine schlechte Zeit, aus unseren Stereoanlagen dröhnte regelmäßig eine LP der Ton, Steine, Scherben: »Allein machen sie dich ein«, das war in etwa unser Motto. Dreizehn Jahre ist es her, und seitdem habe ich in vier Wohnungen gemeinschaftet.

Es hat sich einiges verändert in diesen dreizehn Jahren, zum Glück. Ein Frühstück wie das am 1. Mai 1975 kann ich mir heute kaum mehr vorstellen. Da machte uns unser Maoistenpärchen eine regelrechte Szene, weil wir vier Spontis zu »diesem Festtag der Arbeiterklasse« in den üblichen zerrissenen Jeans und abgewetzten scharzen Lederjacken auf die Demo gehen wollten und nicht wie sie in Anzug und weißer Bluse. Wohngemeinschaft war ein politisches Projekt, jeder Linksradikale ebenso wie jede Feministin, die etwas auf sich hielten, hatten ihre WG, nicht zuletzt als Statussymbol. Die Adressen der Wohngemeinschaften ersetzten sogar den Nachnamen, wenn Karl vom Kaiserdamm seine Freundin Inge aus der Kurfüstenstraße mit Karin aus der Potse betrogen hatte, dann bebte es im sozialen Mikrokosmos.

Die großen Tische in der Küche oder dem Berliner Zimmer waren (und sind) entscheidende Möbel. Sie waren nicht nur Schauplatz üppiger Gelage, sondern auch politische Zentralen und Wirkungsstätten zahlreicher Amateurpsychologen. Und die mit aller Leidenschaft ausgetragenen politischen Debatten hatten es in sich. Unsere beiden Trotzkisten

AUFRUF ZUR REISE NACH TUNIX

Komm mit, sprach der Hahn, etwas besseres als den Tod werden wir überall finden

Wir, die wir schon eine Weile auf unseren gepackten Koffern sitzen, schlagen vor, daß alle sich bis zum 30. März 1978 aus diesem Deutschland verpfeifen. Wir flaggen unsere Traumschiffe mit den buntesten Fahnen und segeln in den Süden davon – zum Strand von Tunix. [...]

Wir segeln alle ab!

zum Strand von Tunix. Da bauen wir unsere eigenen Hütten, wir schnitzen uns Gewehre und Sandalen. Und die kämpferische Genossin von der BI baut Sonnenkollektoren für die Kinder, damit sie in die Glotze schauen können, wo der Maulwurf Mikesch den Frühschoppen moderiert. Unseren Geigen, Gitarren und Celli ziehen wir andere Saiten auf und spielen „Kein schöner Land als diesen Strand" mit Tommy und den Stones. Wer nicht singen kann, sucht Pilze. Der angestrengte Typ vom Anwaltskollektiv rauchert über'm Feuer seiner alten Juraschinken die viel saftigeren der Schweine von gestern. Stets ein Gewinn wird jeder Einsatz der Genossen Kommunisten in der Arbeiter Klassenlotterie. An schwülen Nachmittagen sitzen schwitzend schwatzende Schwule in kuhlen Schaukelstuhlen. Gemusesuppe kocht eine ehemalige Männergruppe, die Basisgruppen graben – nach der Basis – den Garten um. Zum Mittagessen jagen einige Genossen Professoren kapitale Hirsche, und Heinrich Böll kocht Tee und diskutiert mit Wallraff uber die neue Sinnlichkeit. Sein Eurolied singt Onkel Biermann zum Schlafengehen den Kindern vor.

zum Beispiel, die, als die Spontifraktion enthusiastisch das »Info-Bug« für den Tunix-Kongreß produzierte, unentwegt »dieses anarchistische Abenteuertum« geißelten. Wir beschimpften sie wiederum, daß sie entgegen jeglichem ökologischen Verantwortungsgefühl unseren Eispalast mit elektrischen Radiatoren heizten. Einen der Trotzkisten habe ich unlängst wieder getroffen, er ist mittlerweile Versicherungsagent.

Der letzte bedeutsame ideologische Streit entzündete sich an einer Geschirrspülmaschine, die einer von uns geschenkt bekam. Zwei Insassen – ein Aktivist des Gorleben-Freundeskreises und eine Ökologie-Redakteurin der taz – wehrten sich mit Händen und Füßen dagegen, daß dieses energie- und wasserverschwendende Teufelswerkzeug in unsere Küche käme. Als wir von der Technologiefraktion erklärten, daß wir die Kiste einfach aufstellen würden, verkündeten sie verbittert, daß sie auch künftig die stinkenden Geschirrberge manuell bearbeiten würden – sie haben es kein einziges Mal getan. Wieder einmal hatte jener Pragmatismus gesiegt, ohne den Leben in einer Wohngemeinschaft auf Dauer unerträglich geworden wäre. Unser Haufen hatte nie recht daran geglaubt, daß sich aus dem Kollektiv prometheusgleich der neue Mensch erheben würde, doch solange wir als Studenten uns dem Luxus hingeben konnten, nächtelang zu politisieren und unsere Beziehungen zu analysieren, hatten wir auch eine Art freiwilligen Kommunikationszwang produziert. Spätestens nachdem wir alle regelmäßig und viel arbeiteten, setzten sich die Realos und Individualisten durch. Dem alten Kommuneideal seit den Zeiten der Wanderkommune von Jesus, der Abschaffung des Privateigentums, hatten wir uns ohnehin nie verschrieben, ebenso haben wir uns immer Privaträume gegönnt und konnten so Kollektivtraumata vermeiden.

Wir praktizierten allerdings, was die Kosten für den Lebensunterhalt anging, ein Modell, das wir spöttisch »sozialdemokratisch« nannten. Jeder mußte den gleichen Prozentanteil seines Einkommens für Miete, Strom, Gas, Lebensmittel, Zeitungen etc. einzahlen: Wer mehr verdiente, bezahlte mehr, wer gerade kein Einkommen hatte, lebte gratis. Wir kannten uns lange und gut, das Betriebsklima war »rau aber herzlich«, doch besonders aufregend war es nach ein paar Jahren auch nicht mehr. Als 1981 in Berlin das »Hausbesetzungsfieber« grassierte, entflohen deshalb zwei der familiären Routine und alternativen Stabilität. Sie schlossen sich einem Haufen von rund dreißig Leuten an. Ihr besetztes Haus wurde legalisiert und wunderschön renoviert, mittlerweile hat sich die Hausgemeinschaft wieder in sechs Wohngemeinschaften aufgelöst.

Christine hatte es mit 25 zu vier Eigentumswohnungen gebracht, da kam sie auf die Idee, in einer Wohngemeinschaft leben zu wollen. Sie fand Peter und mich nett, doch uns beide hätte es schon mißtrauisch machen sollen, daß ihr Kosmetiklager das halbe Badezimmer einnahm und spielend dafür ausgereicht hätte, das Grundwasser des ganzen Viertels zu verseuchen. Christine war von Beruf Fotomodell, und kaum hatten wir uns daran gewöhnt, daß sie uns gelegentlich vom Spiegel-Titel oder von Plakatwänden entgegenschaute, ließ sie sich ein Sicherheitsschloß in die Tür des Raumes installieren, in dem mehrere hundert teure Kleider und Schuhe gelagert waren. Sie traute den Punks nicht über den

95°
60°
30°
Wolle

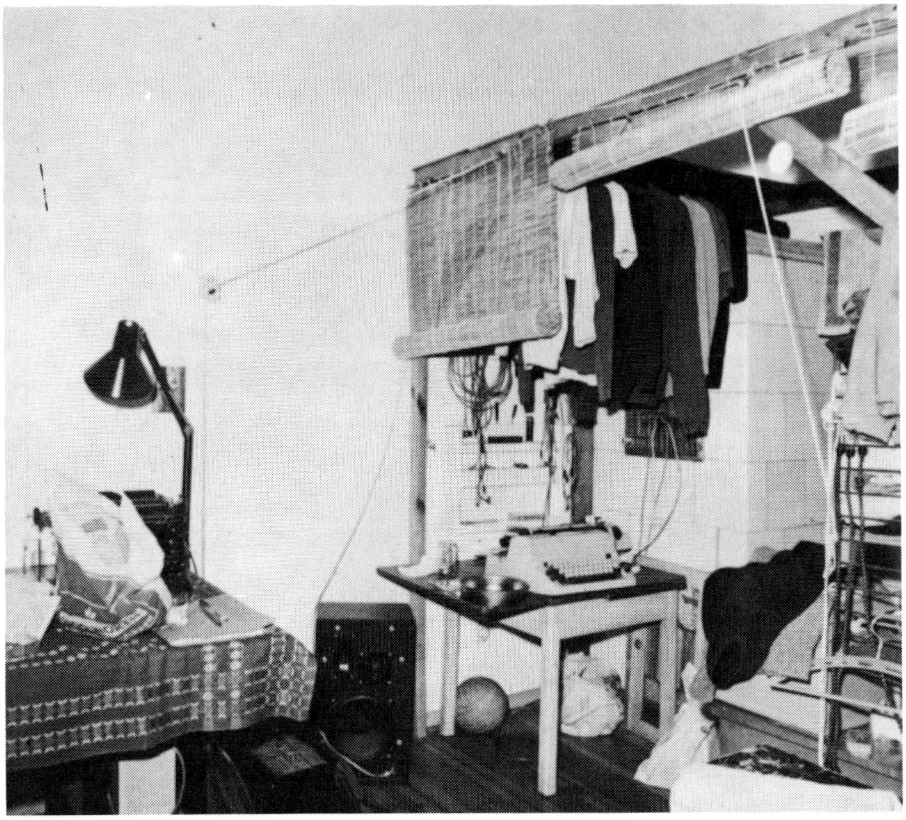

Weg, die, wenn sie Peter und mich besuchten, freudig eine Syph-Spur hinter sich herzogen. Als sie dann in die Karibik abreiste, um einen ungarischen Adligen zu heiraten (der sich später als elender Hochstapler entpuppte), baute sie auch vor ihr Zimmer ein Sicherheitsschloß und nahm beide Schlüssel mit. Zwei Wochen später bin ich ausgezogen.

Christine hatte ein zu inniges Gefühl zu ihrem Eigentum, um wohngemeinschaftsfähig zu werden. Sie gab es auch nach dieser schrecklichen Erfahrung auf und erkannte, daß sie besser alleine in der 5-Zimmerwohnung mit zwei Balkonen wohnen sollte. Eines der wenigen ehernen Prinzipien der Wohngemeinschaft heißt teilen – die Dinge und die pure Wohnung, weil man ja auch Gefühle und Gedanken teilen will: »Kann ich mal deinen Walkman haben?«

»Wer hat meine blaue Jeans?« Niemand, sie ist inzwischen schwarz, weil Ute sie mit ihrem neuen schwarzen Sweat-Shirt aus Versehen als Kochwäsche traktiert hat. Such is life, aber wer wird auch so pingelig sein. Die Idee der Wohngemeinschaft erfordert Großzügigkeit und verwirklicht sich aufs angenehmste in der Gastfreundschaft. Solange noch eine Matratze da ist, kein Problem, schließlich ist die Fremde die Freundin der Freundin, bei der man gerade neulich in München übernachtet hat.

Die Gäste sind wirklich das Salz in der Suppe, sei es ein Indonesier, der sich zum Frühstück seinen Reis kocht oder ein Freund aus Oakland, der die neuesten Geschichten aus Californien erzählt, Unsere Wohnung fungierte einmal als Auffanglager für eine Combo, die mit der Transsibirischen Eisenbahn aus Peking angelandet war. Zwei Schwarze aus der Karibik waren dabei, ein paar Europäer und schließlich ein Chinese, der sich kaum in das Badezimmer traute, weil man es nicht abschließen konnte und der unentwegt rätselte, wer denn jetzt der ältere Bruder und wer die Nebenfrau von wem sein könnte. Nach drei Tagen stellte sich heraus, daß es sich bei dem verschüchterten Chinamann um einen Polizisten der Anti-Korruptionsbrigade aus Hong Kong handelte. Es gefiel ihm gut bei uns, und er fuhr deshalb nicht mehr nach Paris, nur klagte er oft darüber, daß seine Kamera nicht funktionierte. »Nobody at home will believe me what I saw here.«

»Für zwei Pfennig Ordnung ersetzt zwanzig Revolutionäre, Mao Tse Tung.« Ich glaube nicht, daß das Zitat wirklich vom Großen Vorsitzenden war – es zierte jedenfalls jahrelang das Haushaltsbuch, in dem wir unsere Aufwendungen für die Gemeinschaft notierten, und war ein Reflex auf die Erkenntnis, daß es speckig werden kann, wenn die Frau nicht unbezahlt oder die Putzfrau gegen Lohn die Hausarbeit leistet.

Das Problem der öffentlichen Ordnung in Wohngemeinschaften, die chronisch mangelhafte Ordnung in den öffentlichen Räumen, Küche, Bade- oder Wohnzimmer, ist bekannt, ebenso die Versuche, sie durch differenzierte Planungssysteme zu lösen, vom wöchentlichen Putzplan mit oder ohne Rotation bis zum laisses faire mit oder ohne Progromen gegen faule Existenzen. Die banale Erfahrung ist die: In einer Wohnung, in der sich die Leute etwas zu sagen haben, sich mögen und gerne zusammenwohnen, ist der dreckige Abwasch noch nie zum unentschärfbaren Sprengsatz geworden.

Es geht um die Verbindungen, die die Wohngenossinnen und -genossen miteinander herstellen können, und da gibt es seit jeher zwei Ansätze: den der Monokultur nach dem Motto »gleich und gleich gesellt sich gern«. Dann sitzen sechs Ärzte zusammen und erzählen beim Abendessen fröhliche Schwänke über Kollegen, die nur besoffen so richtig gut operieren können; die andere Variante ist Herausforderung durch Heterogenität: eine Tischlerin, ein Musiker, ein Journalist und eine Schauspielerin hausen zusammen und suchen die Anregung, den Kontrast.

So oder so, eines haben die beiden Modelle gemeinsam:

Sie sind nach wie vor die Alternative zur staatlich sanktionierten Kleinfamilie, sie müssen nicht nur die Wünsche nach Chaos, Abenteuer und Unterhaltung erfüllen, sondern auch die nach Vertrauen, Sicherheit und Geborgenheit – mit einem entscheidenden Unterschied zur normalen Familie. Es gilt das Prinzip: gleiches Recht für alle. Die Wohngemeinschaft ist die demokratische Familie – wenngleich sie als pure Ansammlung von Individuen nicht funktioniert, sondern immer Integrationsfiguren, oder »Betriebsnudeln«, wie wir es oft genannt haben, braucht.

»Was, du lebst noch immer in einer Wohngemeinschaft«, fragen mich gelegentlich Bekannte, die ich lange nicht mehr getroffen habe – so als ob es selbstverständlich wäre, daß man diese juvenile Attitüde langsam überwunden haben müßte. »Wohngemeinschaften sind in erster Linie Durchlauferhitzer«, schreibt Matthias Horx in seinem Buch »Das Ende der Alternativen«. »Sie ermöglichen eine Phase intensiver Gruppendynamik und Selbsterfahrung, die man mal gemacht haben muß, die aber kaum zur Konsolidierung, zu einem stabilen Lebensmodell führt.« Horx, der sein persönliches WG-Trauma und seinen eigenen Aufstieg in den neuen Mittelstand hemmungslos zum Trend verallgemeinert: »Die meisten beginnen irgendwann die Wohngemeinschaft zu zweit, mit oder ohne Trauschein.«

Ich habe diese Behauptung an der Geschichte unserer Berliner Wohngemeinschaft überprüft. Von vierzehn, die dort im Laufe der letzten zehn Jahre ausgezogen sind, leben lediglich vier in Zweisamkeit. »Ich kann mir gut vorstellen, daß wir als Rentner irgendwo zusammen auf der Terrasse sitzen und einen Joint rauchen«, pflegte eine von uns gelegentlich zu prophezeien.

Still crazy after all these years? Na hoffentlich.

Was drin ist und *was fehlt*

1970

10. 4. *Paul McCartney gibt seine endgültige Trennung von den Beatles bekannt, die damit als Gruppe nicht mehr existieren.*

30. 4. USA geben Einmarsch von Truppeneinheiten in Kambodscha bekannt.

21. 5. DDR-Ministerpräsident Willi Stoph erwidert den Erfurter Brandt-Besuch und trifft mit dem Bundeskanzler in Kassel zusammen.

12. 8. Unterzeichnung des deutsch-sowjetischen Gewaltverzichtsvertrages in Moskau.

18. 9. *Jimi Hendrix stirbt auf mysteriöse Weise; die These von einer Überdosis Rauschgift kann nicht bestätigt werden.*

24.10. Salvador Allende vom chilenischen Kongreß zum neuen Staatspräsidenten gewählt.

26.10. *Muhammed Ali feiert sein Comeback durch einen K.O.-Sieg gegen Jerry Quarry (USA) in Atlanta, nachdem Georgia-Gouverneur Lester Maddox die Kampfgenehmigung erteilt hatte.*

1971

7. 2. *Einführung des Frauenstimmrechts in der Schweiz durch Volksabstimmung mit Zweidrittelmehrheit.*

28. 2. *Einführung des Frauenwahlrechts in Liechtenstein abgelehnt.*

Rekruten mit Haarnetz

10. 9. Bundesregierung beschließt Verkürzung des Grundwehrdienstes für Wehrpflichtige von 18 auf 15 Monate.

10.12. *Verleihung des Friedensnobelpreises an Willy Brandt.*

1972

30. 1. *»Bloody Sunday« in Londonderry/Irland: 13 Tote, nachdem britische Soldaten auf Bürgerrechtsdemonstranten feuern.*

27. 4. Mißtrauensvotum gegen Willy Brandt im Bundestag abgewiesen.

26. 8. Eröffnung der XX. Olympischen Sommerspiele in München.

5. 9. Überfall auf das Quartier der israelischen Olympiamannschaft durch die Gruppe »Schwarzer September«.

10.12. *Nobelpreis für Literatur an Heinrich Böll.*

14.12. Wiederwahl Willy Brandts zum Bundeskanzler.

1973

7. 6. Liberalisierung des Sexualstrafrechts in der BRD. Homosexualität und Kuppelei sind nur noch in bestimmten Fällen strafbar, schärfere Bestrafung von sexuellem Mißbrauch Abhängiger.

2. 7. *DFB-Bundestag beschließt Einführung der 2. Fußball-Bundesliga ab Saison 1974/75.*

15. 8. Mit Bombenstopp in Kambodscha geht der militärische Einsatz der USA in Indochina nach 12 Jahren zu Ende.

11. 9. Militärputsch in Chile. Ermordung Salvador Allendes.

6.10. *Beginn des Yom-Kippur-Krieges mit einem Überraschungsangriff Ägyptens und Syriens auf Israel.*

25.11. Erster von drei autofreien Sonntagen in der BRD als Maßnahme während der »Ölkrise«.

10.12. *Friedensnobelpreis für Henry Kissinger und Le Duc Tho für ihre Ergebnisse bei den Vietnam-Friedensverhandlungen. Le Duc Tho lehnt den Preis ab.*

1974

22. 3. *Der Bundestag setzt die Altersgrenze zur Erreichung der Volljährigkeit auf 18 Jahre herab.*

25. 4. Unblutiger Militärputsch in Portugal löst das Regime Caetano ab.

26. 4. Die Abstimmung über die Neuregelung des § 218 im Bundestag ergibt eine Mehrheit für die Fristenregelung (Abtreibung in den ersten drei Monaten straffrei).

6. 5. Rücktritt von Willy Brandt, am 16. Mai Wahl Helmut Schmidts zum neuen Bundeskanzler.

10. 5. Bundesrat lehnt Fristenregelung des § 218 ab.

7. 7. *BRD Fußballweltmeister nach 2:1-Sieg gegen die Niederlande.*

30. 8. *Franz Beckenbauer wird zum drittenmal Deutschlands Fußballer des Jahres.*

8. 9. US-Präsident Ford begnadigt Nixon für alle Vergehen, die er während seiner Amtszeit begangen haben könnte.

9.10. *Rassenunruhen in Boston wegen des*

Transports schwarzer Kinder in »weiße« Schulen.

1975

1. 2. *Bundestag beschließt neues Namensrecht. Ehepaare können wahlweise Namen des Mannes oder der Frau annehmen.*

14. 4. Rote Khmer erobern Kambodschas Hauptstadt Pnom Penh.

21. 5. Prozeß gegen Baader-Meinhof-Gruppe beginnt in Stammheim.

6. 6. *Kultusminister warnen vor dem Lehramtsstudium: Ab 1976 wird nicht mehr jeder Bewerber eingestellt werden.*

24. 8. Athener Gericht verhängt Todesurteile gegen die Putschisten von 1967: Papadopoulos, Pattakos, Makaresos. Die Strafen werden später in Lebenslang umgewandelt.

24. 9. Premiere von Volker Schlöndorffs und Margarethe von Trottas Böll-Verfilmung: »Die verlorene Ehre der Katharina Blum«.

1.10. *Muhammed Ali verteidigt zum 13. Mal erfolgreich den Titel des Boxweltmeisters aller Klassen im Kampf gegen Joe Frazier in Manila.*

14.10. Der Württembergische Verwaltungsgerichtshof hebt den Baustopp für Kernkraftwerk Wyhl auf.

1.11. *Pier Paolo Pasolini, italienischer Filmregisseur, wird in Ostia ermordet aufgefunden. Ein 17jähriger Jugendlicher gesteht die Tat.*

General Franco, Okt. 1975

20.11. Francos Tod. König Juan Carlos wird Staatsoberhaupt.

1976

12. 2. Der Bundestag verabschiedet die erweiterte Indikationsregelung als neue Reform des § 218.

19. 3. *Die britische Prinzessin Margaret und Lord Snowdon trennen sich.*

24. 3. *Militärjunta stürzt Isabel Perón und übernimmt die Macht in Argentinien.*

3. 5. *Jürgen Bartsch, wegen vierfachen Kindermordes verurteilt, stirbt nach Kastration.*

9. 5. Ulrike Meinhof wird erhängt in ihrer Zelle aufgefunden.

16. 6. *In Soweto (Südafrika) beginnen blutige Unruhen zwischen Schwarzen und der Polizei.*

19. 6. *Schwedens König Karl Gustav XVI. heiratet Silvia Sommerlath.*

10. 7. Aus einer Chemiefabrik bei Seveso (Italien) entweicht eine Giftgaswolke.

14. 8. *10000 Frauen beider Konfessionen demonstrieren in Irland für den Frieden.*

9. 9. In Peking stirbt Mao Tse-Tung.

2.11. Jimmy Carter wird zum Präsidenten der USA gewählt.

14.11. 30000 Menschen demonstrieren gegen Kernkraftwerksbau in Brokdorf.

16.11. Ausbürgerung Wolf Biermanns aus der DDR nach einem Auftritt in Köln.

1977

26. 2. *Der Abhörfall Traube wird durch eine Veröffentlichung des Spiegel bekannt.*

19. 3. Schwere Auseinandersetzungen bei Demonstration gegen das Atomkraftwerk Grohnde; 300 Verletzte.

7. 4. Generalbundesanwalt Siegfried Buback wird ermordet. Zu der Tat bekennt sich ein »Kommando Ulrike Meinhof – Rote Armee Fraktion«.

19. 4. *Franz Beckenbauer wechselt für 1,75 Millionen DM von Bayern München zu Cosmos New York.*

28. 4. Andreas Baader, Gudrun Ensslin und Jan-Carl Raspe werden nach zweijähriger Verhandlung zu lebenslanger Haft verurteilt.

27. 5. *Der Bundestag beschließt, die Gewissensprüfung für Wehrdienstverweigerer abzuschaffen.*

14, 7. *Stromausfall in New York, es kommt zu schweren Plünderungen.*

16. 8. *Nach einer Herzattacke stirbt Elvis Presley im Alter von 42 Jahren.*

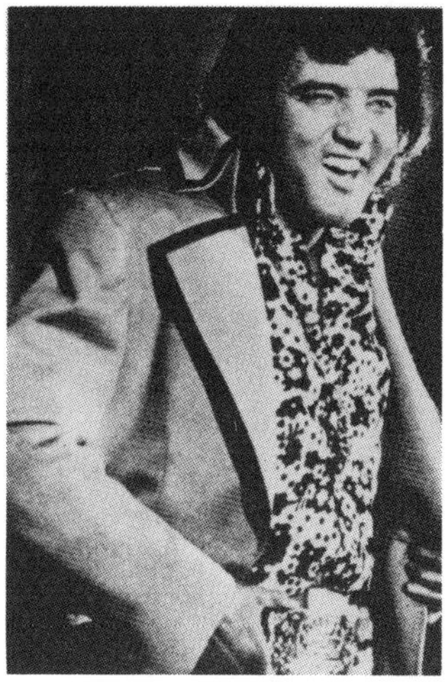

5. 9. Arbeitgeberpräsident Hanns-Martin Schleyer wird in Köln von der RAF entführt.

24. 9. 35000 Menschen demonstrieren in Kalkar friedlich gegen das Kernkraftwerksprojekt »Schneller Brüter«.

9.10. *Der Journalist Günther Wallraff enthüllt Arbeitspraktiken der BILD-Zeitung, bei der er monatelang unerkannt gearbeitet hat.*

Soweto

Der Mann, der bei BILD Hans Esser war

13.10. Lufthansa-Maschine wird auf dem Flug Mallorca – Frankfurt entführt. Am 18.10. stürmt die Einheit GSG 9 das Flugzeug in Mogadischu.

19.10. In Stuttgart sterben Andreas Baader, Gudrun Ensslin und Jan-Carl Raspe. Hanns-Martin Schleyer wird in Mülhausen (Frankreich) ermordet aufgefunden.

25.12. *In Vevey (Schweiz) stirbt Charlie Chaplin.*

1978

10. 1. *Nicaraguas Regimekritiker Chamorro ermordet. Im Land beginnen schwere Unruhen gegen die Diktatur Somozas.*

19. 1. *Im VW-Werk Emden wird der letzte »Käfer« der BRD produziert.*

16. 3. Aldo Moro, Präsident der italienischen »Democrazia Christiana«, wird in Rom entführt.

16. 3. *Der gestrandete Tanker »Amoco Cadiz« verursacht an der bretonischen Küste eine schwere Ölpest; 200 km Strand werden verseucht.*

9. 5. Aldo Moro wird tot in einem Auto in Rom aufgefunden.

18. 6. *Das AKW Brunsbüttel wird nach einem Defekt für Wochen lahmgelegt. Es war radioaktiver Dampf ausgeströmt.*

26. 7. *Das erste in einer Retorte gezeugte Kind wird in Großbritannien geboren, Louise Brown.*

26. 7. *Das Hamburger Landgericht weist die »Sexismus«-Klage mehrerer Frauen, darunter Alice Schwarzer, Inge Meysel und Erika Pluhar, gegen das Magazin »Stern« ab.*

7. 8. Baden-Württembergs Ministerpräsident Filbinger tritt zurück, nachdem in den Monaten zuvor bekannt geworden war, daß er als Marinerichter noch kurz vor dem Ende des Zweiten Weltkrieges an Todesurteilen gegen Soldaten mitgewirkt hat.

17. 9 *Im amerikanischen Camp David schließen Israel und Ägypten Verträge ab, die den Frieden im Nahen Osten fördern sollen.*

16.10. *Der polnische Kardinal Karol Wojtyla wird zum Papst gewählt.*

22.11. *Die Null-Nummer der »tageszeitung« erscheint. Schlagzeile: »Somoza: Alles unter Kontrolle«.*

10.12. *Anwar-al Sadat und Menachem Begin erhalten den Friedensnobelpreis. Sadat nimmt an der Preisverleihung nicht teil.*

11.12. Bisher größte Anti-Schah-Demonstration im Iran: 2 Millionen Menschen.

1979

16. 1. Der Schah von Persien verläßt den Iran. Am 1.2. kehrt Schiitenführer Ajatollah Khomeini aus Paris zurück.

17. 1. *Erster Smog-Alarm in der BRD im Ruhrgebiet und am Niederrhein.*

22. 1. *Amerikanische Fernsehserie »Holocaust« läuft im Deutschen Fernsehen an.*

28. 3. *Bisher schwerster Unfall in einem AKW ereignet sich im Atommeiler Three Mile Island bei Harrisburg (USA).*

3. 5. *Bei Wahlen in Großbritannien siegt die Konservative Partei. Margaret Thatcher wird erste weibliche Premierministerin.*

23. 5. *Karl Carstens wird zum Bundespräsidenten gewählt.*

6. 7. *In Wimbledon gewinnt zum viertenmal hintereinander der Björn Borg im Herreneinzel.*

17. 7. *In Nicaragua wird Somoza gestürzt und geht ins Exil nach Miami.*

16. 9. *Zwei Familien fliehen mit einem selbstgebauten Ballon aus der DDR.*

14.10. *Bisher größte Kundgebung gegen die Atomenergie in Bonn; circa 100000 Menschen demonstrieren.*

15.10. *In El Salvador wird Staatspräsident Romero vom Militär gestürzt.*

4.10. *Die US-Botschaft in Teheran wird gestürmt und besetzt.*

12.12. NATO-Doppelbeschluß: Staaten der NATO beschließen in Brüssel ein »Nachrüstungsprogramm« im Bereich der nuklearen Mittelstreckensysteme. Damit soll der angeblich bestehende sowjetische Rüstungsvorsprung aufgeholt werden.

Rudi Dutschke und Joseph Beuys

24.12. *Rudi Dutschke stirbt in Aarhus (Dänemark).*

26.12. *Die sowjetische Armee marschiert in Afghanistan ein.*

Autoren- und Fotografenverzeichnis

Heinrich Böll 1917–1985, lebte als freier Schriftsteller in Köln, erhielt 1972 den Nobelpreis für Literatur. Bekannteste Werke: Das Brot der frühen Jahre, Haus ohne Hüter, Gruppenbild mit Dame, Ansichten eines Clowns, Die verlorene Ehre der Katharina Blum.

Andi Brauer *1945, Opernsänger, Aushilfsklempner, Rockmusiker, Komponist. Musiken zu rund 30 Dokumentar- und Spielfilmen. Gelegentliche Beiträge für Bücher und Zeitschriften.

Peter Otto Chotjewitz *1934 in Berlin, Autor und Übersetzer, seit 1974 auch Anwalt. Lebte in den siebziger Jahren längere Zeit in Rom. Veröffentlichungen u.a.: Der Mord in Davos; Tod durch Leere.

Uschi Dresing *1950, Fotodesignerin an der Fachhochschule Bielefeld, freiberufliche Fotojournalistin.

Anatol Feid *1942 in Wormitt/Ostpr., Dominikanerpater und Schriftsteller, seit 1975 im Kinderdorf Marienhöhe in Eltville tätig. Engagiert beim Aufbau der Chile-Solidarität, Reisen nach Chile. Publizierte u. a. »Achmed M. im Bahnhofsviertel«, 1983, und »Keine Angst, Maria«, 1985.

Georg Fülberth *1939 in Darmstadt, Professor für Politikwissenschaft in Marburg. War in den Jahren 1972–1979 und wieder ab 1982 im Vorstand des Bundes demokratischer Wissenschaftlerinnen und Wissenschaftler, publizierte u.a. »Leitfaden durch die Geschichte der Bundesrepublik Deutschland«, Köln 1987 und »Neustadt im Odenwald in den letzten sieben Jahrzehnten seiner Selbständigkeit 1900–1971«, Michelstadt 1987.

Petra Gall *1955, Fotografin, lebt in Berlin.

Günter Giesenfeld *1938 in Düren, Hochschullehrer, war in den siebziger Jahren in Marburg, zunächst als Student, dann als Assistent, schließlich Professor. Hat Studententheater gemacht, anschließend Dokumentarfilme. In der Vietnambewegung tätig, übersetzte 1973 das Buch von Le Duan: Die vietnamesische Revolution, gründete 1976 die Freundschaftsgesellschaft Vietnam–BRD, unternahm Reisen nach Vietnam, Laos und Kampuchea. Veröffentlichte »Land der Reisfelder« (1981) und verschiedene Filme.

Silvia Gingold *1946 in Frankfurt/Main, Lehrerin in Hessen, ab 1975 mehrere Jahre Berufsverbot wegen Mitgliedschaft in der DKP.

Klaus Gürtler *1950 in Hannover, Journalist und Verleger. Hat in den Siebzigern studiert, Wannen umgekippt, eine kommunistische Gruppe aufgebaut und Examen gemacht. Viel Liebesleid und -freud. Veröffentlichte u.a. in »Che Schah Shit« und »Trümmer Träume Truman«.

Jürgen Kasten *1954 in Warberg, Industriekaufmann und Doktorand am Institut für Theaterwissenschaft an der FU Berlin, publizierte diverse film- und theaterhistorische Aufsätze, zuletzt »Werner Krauß und Ernst Deutsch«, in: Knut Hickethier (Hg.): Grenzgänger zwischen Theater und Kino (1986).

Uwe Koch *1954 in Düsseldorf, Korrektor, machte sich zusammen mit Georg Heinzen Gedanken über die siebziger Jahre in: »Heimat Stadt« (1982) und »Von der Nutzlosigkeit, erwachsen zu werden« (1985).

Manfred Kriener *1953, Redakteur der tageszeitung. Lebte in den siebziger Jahren im Schwarzwald, wo er als Redakteur gearbeitet hat. Mitherausgeber von »Früher war einmal – Der deutsche Abschied vom Wald«.

Ekkehart Krippendorff *1934 in Eisenach, Universitätsprofessor, war in den siebziger Jahren in Bologna als Hochschullehrer tätig, publizierte das »Reisebuch Italien«, 2 Bde., mit. P. Kammerer (1978/80) und »Staat und Krieg« (1985).

Gabriel García Márquez, *1928 in Aracataca, Kolumbien, Journalist und Schriftsteller. Lebt heute in Mexico. Erhielt 1982 den Nobelpreis für Literatur. Wichtigste Werke: »Hundert Jahre Einsamkeit« (1970), »Laubsturm« (1975), »Chronik eines angekündigten Todes« (1981).

Hans W. Mende *1948 in Brake, Studium an der Hochschule der Künste Berlin, freischaffender Fotograf. Publizierte u.a. die Bildbände »Gleisdreieck« und »Leise Wandlungen«. Viele Ausstellungen im In- und Ausland.

Bahman Nirumand *1936 in Teheran, freier Schriftsteller und Journalist, lebte bis 1979 in Berlin, dann in Teheran, jetzt wieder in Berlin. Aktiv in der iranischen Widerstandsbewegung. Veröffentlichte u.a. »Persien, Modell eines Entwicklungslandes« (1967) und »Hinter den Gittern verdorren die Blumen« (1985).

Ulf Preuss-Lausitz *1940 im heutigen Polen, Grund- und Hauptschullehrer, Dipl.-Soziologe, Professor für Erziehungswissenschaft an der TU Berlin. Publizierte u.a. »Fördern ohne Sonderschule« (1981) und »Kriegskinder, Konsumkinder, Krisenkinder« (1986).

Thomas Reuter *1952 in Münster/Westf., Redakteur bei der tageszeitung. Lebte in der ersten Hälfte der siebziger Jahre in Westdeutschland und West-Berlin, hat studiert und im Sponti-Spektrum Politik betrieben, was ihn schließlich 1976 als politischen Gefangenen in Kenia und Israel im Namen der PLO in den Knast gebracht hat, wo er das Ende der Dekade verbrachte. Zahlreiche journalistische Publikationen.

Klaus Rose *1937 in Hannover, freiberuflicher Fotojournalist. Lebt in Iserlohn.

Witich Rossmann *1951 in Wolfsburg, hat in Marburg Politik, Geschichte, Pädagogik absolviert, Ökonomie, Christentum, Gewerkschaften studiert, gewerkschaftliche Bildungsarbeit und studentische Politik betrieben, Arbeitskämpfe wie Gewerkschaftskonferenzen interessiert begleitet, demonstriert, diskutiert, geschrieben, ’79 noch nicht frustriert, im Prinzip hoffend. Veröffentlichte »Vergesellschaftung, Krise und gewerkschaftliche Gegenmacht. Studien zu Strukturveränderungen der ›industriellen Beziehungen‹ 1969–1984« (1986).

Manfred Scholz *1934 in Essen, Bildjournalist. Veröffentlichungen in Zeitungen, Büchern und Bildbänden, Ausstellungen im In- und Ausland.

Urte Sperling *1947, Soziologin, arbeitslos, eine Tochter, lebt in Marburg. Buchveröffentlichung: »Portugal: Von Salazar zu Soares« (1987). Verbrachte die siebziger Jahre in West-Berlin, machte dort u.a. Lehrlingsarbeit in der Basisgruppe Spandau, war ab 1973 10 Jahre lang hauptamtliche Mitarbeiterin der SEW, hielt sich seit 1974 regelmäßig in Portugal auf.

Michael Sontheimer *1955 in Freiburg, von Hause aus Historiker, nach fünf Jahren tageszeitung in Berlin seit 1985 Redakteur im Dossier der ZEIT in Hamburg. In den Siebzigern nach vier Jahren Diaspora in Bayern (zuletzt in einer niederbayerischen Landkommune) 1974 zurück in die Frontstadt in den Sponti-Sumpf, der dann als Alternativszene hoffähig wurde – bis die Hausbesetzerei der schleichenden Betulichkeit ein Ende bereitete. Veröffentlichte »Potsdamer Straße – Sittenbilder und Geschichten« (1983) und »Antes und Co. – Geschichten aus dem Berliner Sumpf« (1986).

Roman Sprenger *1945 in Liechtenstein, Fotograf. Lebt seit 1967 in Berlin.

Jochen Staadt, Dr. phil. *1950 in Bad Kreuznach. Ab 1968 Studium an der FU Berlin, ad-hoc-Gruppe, Rotzeg und dann 1970–74 KSV-KPDLigagegendenImperialismusIVK-Kader – dann Kader-Renegat, »Agent der Sozialdemokratie«. 1974ff Aktionskomitee gegen Berufsverbote, Langer Marsch. Musik. Deutsch für Ausländer. Heute Wissenschaftlicher Angestellter am ZI 6 der FU Berlin, Forschungsprojekt »Provokations-Eliten«, radikal parteiloser Antiberliner.

Ingrid Strobl *1952 in Innsbruck. Studium in Wien, Aufbau der österreichischen Frauenbewegung, Gründung der österreichischen feministischen Zeitschrift »Auf«. Seit 1979 Redakteurin bei »Emma«, zur Zeit freie Autorin. Veröffentlichte »Das kleine Mädchen, das ich war. Schriftstellerinnen über ihre Kindheit«. Diverse Buchbeiträge, Rundfunkbeiträge und Texte in »Emma«.

Manfred A. Tripp *1934 in Essen, Journalist und Fotoreporter. War in den siebziger Jahren freiberuflich für verschiedene Zeitungen tätig, u.a. für den »Spiegel«.

Günter Zint *1941 in Fulda, Fotojournalist, gründete und betreibt mit Inge Kramer die Agentur Pan-Foto, veröffentlichte »Republik Freies Wendland – gegen den Atomstaat« u.a. War Fotograf in England und Schweden und von 1965 bis 1979 beim »Spiegel«.

Register